PMP 资格认证考试丛书

如何准备PMP考试

HOW TO PREPARE PMP EXAM

张智喨 郭晗 于秀 著

第7版

机械工业出版社
CHINA MACHINE PRESS

图书在版编目（CIP）数据

如何准备 PMP 考试 / 张智嚎，郭晗，于秀著 . —7 版 . —北京：机械工业出版社，
2023.3（2024.3 重印）
ISBN 978-7-111-72503-9

I . ①如…　II . ①张…　②郭…　③于…　III . ①项目管理 – 资格考试 – 自学参考资料
IV . ① F224.5

中国国家版本馆 CIP 数据核字（2023）第 009881 号

如何准备 PMP 考试　第 7 版

出版发行：机械工业出版社（北京市西城区百万庄大街 22 号　邮政编码：100037）

策划编辑：杨振英		责任编辑：杨振英	
责任校对：张爱妮　张　薇		责任印制：刘　媛	
印　　刷：三河市国英印务有限公司		版　　次：2024 年 3 月第 7 版第 3 次印刷	
开　　本：170mm×240mm　1/16		印　　张：17.75	
书　　号：ISBN 978-7-111-72503-9		定　　价：89.00 元	

客服电话：（010）88361066　68326294

序言

如果冬天来了，春天还会远吗

提笔再次为《如何准备 PMP 考试》写序，让我想起 2001 年为《如何准备 PMP 考试》（第 1 版）写序时曾经引用的一位学员写给我们老师的感谢信。虽然已经过去 21 年了，但我仍然记忆犹新。当时 PMP 刚引进中国，国内还没有合适的讲师可以讲授 PMP 考培，所以当时现代卓越讲授 PMP 考培的老师都是由 PMI 推荐的北美等地的外教考培专家。首批学员也基本上是外企的项目管理人员。写这封信的这位学员也在外企工作，刚刚通过 PMP 考试，她写道：

As you predicted, I passed PMP exam on Dec.9. What you presented at the training covers almost what is included in the exam. Some questions in the exam match what you told us in class exactly. Thank you again for your lecture, it really helped me a lot. （正如您所料的那样，我通过了 12 月 9 日的 PMP 考试。您的培训覆盖了考试的所有内容。有些题目和您讲的几乎完全一样。您的指导的确给了我很大帮助，再次谢谢您！）

——Lisa Yu from Gwcom

当时的情况是，如果拿到 PMP 证书，基本上可以立即实现工资待遇翻倍。跨国公司更是到处挖刚刚获取 PMP 证书的人。所以从字里行间可以体会到她通过 PMP 考试以后兴奋的心情。

正如她写的那样，作为国内最早从事 PMP 考培的机构，现代卓越依靠其强大的国内外专家资源，一直为考生提供最直接、最有效的考试培训和指导。这既体现在对

PMP 最新考试要点的把握上，也体现在对仿真模拟题的精细研究打磨上。这正是现代卓越能在 PMP 考培市场上长期赢得学员口碑的重要原因。

为了帮助更多 PMP 考生顺利通过 PMP 考试，现代卓越组织专家团队从 2001 年初开始编著《如何准备 PMP 考试》（第 1 版）。如今 21 年过去了，《PMBOK® 指南》也经历若干次改版。每次改版，现代卓越的专家团队都会第一时间把最新的考试内容吸收到本书中，以便为考生提供及时的指导。这次再版已经是第 7 版了。从第 1 版面世那天起，这本书就成了跨越考培机构的通用考培参考资料，广受 PMP 考生的欢迎。从以下部分读者的反馈中可见一斑。

《如何准备 PMP 考试》的经典之处就在于：它能对考生学习过程中常见的困惑、误解全面和精确把握，并逐一提供透彻、直白的解答，像一个课后的家庭教师。

——三星电子　王强

参加过 PMP 考试后我才发现，我此前做过的所有练习题中，只有《如何准备 PMP 考试》这本书上的题目，和 PMP 考试真题的风格、形式、难易程度、知识点侧重等方面最接近、最相似。看这本书，学习不会走弯路。

——中国电信　赵铭

通过 PMP 考试，就是要熟悉和理解《PMBOK® 指南》。《PMBOK® 指南》对大多数考生来说，是很枯燥、晦涩的，但《如何准备 PMP 考试》能让你事半功倍。

——CA　李迪

对《如何准备 PMP 考试》，我最推崇的是其中对过程、工具的解释和对比，可以用一针见血来形容，越到复习的后期越感觉这本书经典。

——宝钢集团　江四立

《如何准备 PMP 考试》之所以如此受 PMP 考生欢迎，就是因为每次改版写作团队都坚持了以下原则。

- **针对性：** 本书撰写的目的非常明确，就是帮助考生成功通过 PMP 考试。《PMBOK® 指南》涉及的知识点纷繁复杂，对于年轻的项目管理从业者来说，初读起来难免有晦涩难懂的感觉。本书去繁存精，针对 PMP 考试的要点难点，精确指导，直达目标。
- **系统性：** 本书的内容体系完全对应于 PMP 考试的知识体系指南（《PMBOK® 指

南》），既目标明确，又系统清晰，确保对 PMP 考试的讲解既条理清晰，又内容全覆盖。

- **时效性：** 本书之所以数次再版，重要原因就是要及时跟进 PMI 对 PMP 考试内容的更新。这次再版既是现代卓越 22 年考培经验的总结，更是现代卓越强大的国内外 PMP 考培专家团队对 PMP 考试新考纲和基于《PMBOK® 指南》第 7 版最新考题研究成果的汇集。所以本书不光有对最新考试内容的梳理，同时也附带了大量最新研发的仿真模拟题。"现代卓越的模拟题比较新"，这是长期以来业内包括竞争对手都会承认的事实，从侧面反映了本书的时效性。

本书的这次再版是在全球新冠疫情肆虐、大厂普遍裁员、就业形势极其严峻的背景下进行的。但世间万物总是周而复始。正如诗人雪莱说的那样："如果冬天来了，春天还会远吗？"冬天可以碌碌无为，冬天也可以拿来养精蓄锐。当春天再次来临的时候，只有不虚度光阴的你才会有机会把在冬天积蓄的能量变成春天一飞冲天的实力。对于想从事项目管理的人来说，拿下 PMP 证书，你就多了一个能量池；对于想拿下 PMP 证书的人来说，新版的《如何准备 PMP 考试》就是帮助你在春天一飞冲天的加速器！

只是，当春天来临，当你鹏程万里的时候，请不要忘记他们：张智喨老师、郭晗老师和于秀老师。他们既是国内 PMP 考培大咖，也是本书的执笔人。是他们一丝不苟、兢兢业业地编写了这本书的每一章每一节。另外，还请你记住他们：机械工业出版社的编辑，一直以认真负责的态度跟进这本书的出版事宜；张爽、崔志燕，现代卓越的同事，负责组织专家资源，协调写作进度，沟通出版事宜。还有其他现代卓越的专家和同事，不同程度为本书的出版做出了贡献，在此一并致谢。

最后，像以往一样，祝大家顺利通过 PMP 考试！

现代卓越创始人　杨磊

2022 年 10 月 20 日

于金秋北京

目录

序言　如果冬天来了，春天还会远吗

PMP 认证简介

0.1 参加 PMP 认证的意义

首先，参加 PMP 认证是一个学习提高的过程，要获得 PMP 证书，你必须系统、深入地学习美国项目管理协会（PMI）提出的目前最先进的项目管理知识体系；其次，PMP 证书可以有力地推动你个人的职业发展，让你成为一个具有国际公认专业资质的项目管理者，以更加专业的方法，更自信地从事项目管理工作，提高项目的成功率，拓宽你的职业发展之路；最后，一个组织拥有更多通过 PMP 认证的人员，就意味着你和他们之间对项目管理具有共同的认知和理解，拥有共同的语言，这将使你们的配合和协作更加容易，这意味着组织的项目管理水平的提升，组织可以从容应对更大、更复杂的项目。

"吾尝终日而思矣，不如须臾之所学也；吾尝跂而望矣，不如登高之博见也。"学习前人提炼的经验，站在巨人的肩膀上，能使我们的努力事半功倍。参加 PMP 认证的学习与考试，是项目管理人士取得成功的捷径。

0.2 PMP 认证方式

在中国大陆地区，目前 PMP 的认证方式是每年四次的笔试，分别在每季度的最后一个月的下旬。PMP 考试试卷由 180 道题组成，题目是中英文对照的，英文在上，中文在下。考试时间是 230 分钟，中间可休息两次，各 10 分钟。题型为多选题和单选题，多选题会标注选择几项。这 180 道题中有 5 道属于预测式题目，不计分，其余 175 道题中，答对 106 道左右即通过考试。

考试范围是以《PMBOK®指南》为核心的项目管理知识，以及项目管理所涉及的一些通用管理知识。需要注意的是,考试题目不只出自《PMBOK® 指南》。

对考生的资质要求和报名方法在 PMI 和很多机构的网站中有详细说明。

0.3 试题类型

2022 年 6 月起,按 PMI 的分类方式,PMP 试题中各个领域问题所占的比例如表 0-1 所示。

表 0-1 PMP 试题占比

领域	百分比(%)	试题数量(道)
人员	42	76
过程	50	90
业务环境①	8	14
总计	100	180

①此处在考试题目中,可能还被翻译成"商业环境"。

上述各领域的占比在考试中并不明显,考试时考生不需要特别关注上述分类。

0.3.1 PMP 试题中包含的题目类型

(1)《PMBOK® 指南》中的知识点考查题目。

(2)《PMBOK® 指南》中不能直接找到依据,但跟《PMBOK® 指南》有关系的题目。

(3)实战场景题目。

各种类型题目的具体答题策略,请参考本书第 1 章的内容。

0.3.2 2022 年 6 月改革后的题目变化趋势

2022 年 6 月起,PMI 改革后的 PMP 考试内容,在占比上有很大的改变,之前占 3% 的敏捷内容现在已经增加到 50%。也就是说之前我们可能还可以着重去学习《PMBOK® 指南》,但是现在我们两边都要重视,从主观意义上说是给我们增加了负担。但是从另一个角度去想,其实在 PMP 考试中,对于敏捷项目管理的考查是相对比较简单的,考查的路径主要集中在以下两种。

（1）混合型生命周期的管理策略。对于混合型生命周期，它不仅有适应型生命周期，还包含了预测型生命周期，那项目经理应该怎么平衡这两种管理模式的差异，这是作为一个项目管理专业人士需要了解掌握的。

（2）适应型生命周期的核心内核。敏捷项目管理（适应型生命周期）的核心价值观和原则是考试需要重点掌握的内容。考生需要理解敏捷的内核，而不只是敏捷所用的工具。

0.4　答题技巧

0.4.1　运用 PMI 主义

PMP 考试考的是考生对项目管理知识的记忆、理解，以此来建立考生对 PMI 思想、理论体系、方法、工具的认同。管理理念本身是一种最佳实践，没有绝对的正确与否，因此了解并熟悉一些公认的 PMI 思想或理念（简称 PMI 主义），在回答情景题时就有据可依了。部分常见的 PMI 主义列举如下：

- 做题时，需要以《PMBOK® 指南》和相关思想为依据思考答案。
- 项目管理以价值为导向，项目成功是项目经理的最终责任。
- 如无特殊说明，考试默认你是项目经理的角色，项目管理是你的核心职责。
- 项目是系统工程，项目经理是整合者，多重约束牢记在心。
- 一切决策必须以事实为依据，以程序为准绳，正确的程序优先于正确的结果。
- 变更影响项目成功，项目经理应影响变更发生，管理变更。
- 问题重在预防，而非解决。
- 项目干系人很重要，尽早识别全部并让其参与。
- 项目经理要有主观能动性，无论环境如何，先尽到自己的努力。
- 项目经理必须遵守公司规定、职业道德、法律。
- 项目完成或终止，必须进行项目收尾。

……

此类内容，都已隐藏在《PMBOK® 指南》的字里行间，仔细揣摩你将会有更多发现。这些最本质的思想，才是我们学习《PMBOK® 指南》和参加 PMP 考试的终极价值所在。

0.4.2　常用的答题法则

- 相关性法则：跟题干内容相关的才可能是正确答案，如果选项都貌似正确，先排除和题干不相关的选项。

- 相对性法则：PMP 考试的很多题目强调的不是绝对最好或最差，从选项中选相对好的即可，因此可在都正确或都错误的选项间进行比较，选相对好的。

- 焦点法则：题目的题干中会提到现在最关注的焦点是什么，针对这个焦点选择与其最相关的选项。

- 主动性法则：作为一名优秀的项目经理，一个主要的要求就是做事积极主动，所以要优先选择能体现项目经理主观能动性的选项。

- 不改选项法则：如果没有明确的依据，不要在检查时更改选项，除非有绝对可靠的依据。

0.4.3　考试时的默认条件

如果题目中没有特别说明，一般有如下默认：

- 参与项目规模较大，组织是矩阵型组织，你是项目经理。
- 公司有项目管理政策，有流程，包括风险、质量程序。
- 公司有组织过程资产，包括历史信息、WBS 模板等。
- 公司有质量等职能部门，并参与项目。
- 公司处在多项目环境，并且有项目管理办公室（PMO）。

0.5　认证通过标准

按照 PMI 官网上的正式说法，180 道题中，扣除 5 道不计分题（不是事先选定的，是根据考试情况事后选定的），175 道题中答对 106 道即可获得通过。

通过标准按领域分四个等级公布成绩，即考纲的三个领域，分为"Needs Improvement"（需要提高）、"Below Target"（低于目标）、"Target"（目标水平）、"Above Target"（高于目标）四个等级。同时，考生最终得到的总成绩也是按三个领域所获得的成绩再综合评级，如"Needs Improvement"（需要提高）、"Below Target"（低于目标）、"Target"（目标水平）、"Above Target"（高于目标）四个最终的总成绩。

3A 成绩是最优秀的成绩，即三个领域成绩都是"Above Target"（高于目标）。

总成绩判定标准：最终的成绩（两个等级为不通过，两个等级为通过）。

（1）总成绩为"Needs Improvement"（需要提高）、"Below Target"（低于目标）的为不通过（Failing）。

（2）总成绩为"Target"（目标水平）、"Above Target"（高于目标）的为通过（Passing）。

0.6 学习建议

0.6.1 准备时间

一般来说，3 ～ 6 个月的准备时间比较稳妥，也要看实际效率，具体来说需要 250 小时的认真学习。现实中，经常有一些学员直到正式开课才拿到《PMBOK® 指南》，这时离考试只有 60 多天了，按 250 小时来算，需要每天看书 4 小时以上，而大家都忙，每天能坚持学习一小时就不错了，在这样的情况下去参加 PMP 考试，只能说是碰运气。

提醒：绝大多数考试通不过的情况，是因为学习时间不够！

0.6.2 准备方法

1. 认真学习《PMBOK® 指南》

《PMBOK® 指南》是 PMI 发布的考试大纲，是唯一权威的考试依据。作为管理学的一个分支，项目管理源于实践，很多问题是"仁者见仁，智者见智"，没有唯一的答案，而考试中的答案是唯一的，这就出现了一个标准问题,《PMBOK® 指南》作为 PMI 颁布的标准是考试中最核心的依据,优先于你的经验、公司规定甚至其他辅导书籍。

要想顺利通过 PMP 考试,《PMBOK® 指南》要看 4 ~ 6 遍,以达到对《PMBOK® 指南》内容的记忆和理解。当然先要记忆,"书读百遍,其义自见",多读才能记住,读得多了,理解自然会深刻。每读一遍,你都会发现新的内容或前面忽略的一些重点语句,这时可用不同颜色的荧光笔标出,如此书里的重点就逐步突显,记忆就不那么难了。

首先,要在参加考前培训辅导课程前至少看 1 ~ 2 遍《PMBOK® 指南》,看的效果应达到:发现很多不理解或不明白的问题。《PMBOK® 指南》的特点是越看越深,初学者往往觉得《PMBOK® 指南》写得很单调、很枯燥而看不进去,这时需要强迫自己阅读。如果时间充分,建议看英文原版,因为不是母语,必须要用心读才能读懂,这样效果会好些。其他几遍阅读在随后的学习中安排,可以结合做题目来看书。最后要达到:任意给一句话,都能立即知道是否出自《PMBOK® 指南》的原文,或《PMBOK® 指南》中是否有类似的说法。

2. 参加考前培训辅导

对绝大多数考生来说,参加专业的考前培训课程是必不可少的,因为专业的考前培训辅导课程可以快速地提升考生对《PMBOK® 指南》的领悟。另外,考试中出现的《PMBOK® 指南》之外的有关资源、沟通、质量、采购等方面的知识,可以通过考前培训课程集中学习。好的考前模拟考试会在每次 PMP 考试后根据考生反馈分析试题特点和变化,并为下期考生提供相应指导。

国内的考前培训课程一般为 6 ~ 9 天,这段时间对考生来说最重要的是尽可能解决所有疑惑。有条件的话,尽可能选择权威、专业的授课老师。

3. 阅读辅导书籍

《PMBOK® 指南》的风格是言简意赅,很多问题点到为止,没有展开,这也让一些初学者感到不易理解,而课堂培训时间有限,来不及问太多问题,因此一本能将《PMBOK® 指南》内容展开的辅导书就必不可少了,它相当于考生随身的老师。

选择辅导书要注意针对性和权威性。针对性指紧贴《PMBOK® 指南》的内容（包括版本）进行全面解释，内容不宜过简或过繁；权威性是指与 PMI 思想、观点一致，可以作为可靠的答题依据。

4. 做练习题与模拟题

做题的目的有二：第一，检查学习效果，发现未掌握的知识；第二，熟悉题型，培养题感，提高做题速度。想要达到这两个目标，考生应该至少做 1200 道练习题或模拟题。

题目的选择宁缺毋滥，题目风格与真题越接近越好，否则偏离方向适得其反。最好是由权威机构推荐的题目。

做题时的一个原则是，无论对错，都要找到可靠的依据，防止概念的似是而非。首先从《PMBOK® 指南》中找依据，其次和同学商量或问老师，这样，确切掌握的知识点就越来越多。如果答案没有确切依据且争议很大，就权当没有这道题，以免形成错误的概念。

每套试题不要只做一遍，最好间隔着做两三遍，温故而知新，让你对知识的理解更加深刻。

第1章

引　　论

⊙ **本章重点**

- 《 PMBOK® 指南》第 7 版内容概览
- 如何学习《 PMBOK® 指南》第 7 版

⊙ **知识梳理**

　　本章将会对《 PMBOK® 指南》第 7 版的整体结构、主要内容、核心变化进行解读，帮助考生迅速厘清《 PMBOK® 指南》第 7 版的脉络线索和核心思想。同时，本章将会结合新版考纲的相关内容，为考生梳理新形势下备考的策略和原则，助力考生顺利通过 PMP 考试。本章作为后续章节的基础，对于考生理解项目管理的核心思想和备考 PMP 具有重要意义，考生需要认真学习。

1.1 《 PMBOK® 指南》第 7 版的主要内容

　　作为 PMP 考试的重要参考书，在项目管理行业内《 PMBOK® 指南》一直被称为项目管理的圣经，每四年更新一版，它也是项目管理行业发展趋势的重要风向标。由 PMI 编制的最新版本的《 PMBOK® 指南》第 7 版英文版已于 2021 年出版。该书一经出版，就在业内引起了不小的震荡，因为它颠覆了之前版本的过程组、知识域的书写逻辑，不再聚焦于具体的过程管理，而采用抽象度更高的十二大原则和八大绩效域，来对项目管理工作进行梳理。也就是说，《 **PMBOK® 指南》第 7 版从以过程为导向的指南，变成了以原则为导向的标准**，这种变化可以参考图 1-1。这也决定了考生在理解项目管理的思维方法和准备 PMP 考试的具体方式时跟以前会有很大的不同。

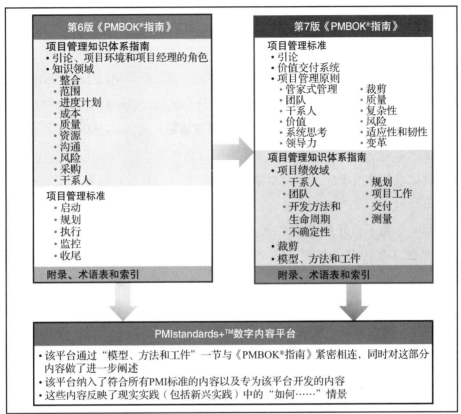

修订了"项目管理标准"，并将《PMBOK®指南》和PMIstandards+™数字内容平台从第6版过渡到第7版

图 1-1　《PMBOK®指南》第 7 版和《PMBOK®指南》第 6 版内容的主要区别

资料来源：PMI 的《PMBOK®指南》第 7 版。

　　《PMBOK®指南》第 7 版在内容编排上分为三大部分：**首先是项目管理标准，然后是项目管理知识体系指南，最后是附录、术语表和索引等其他相关内容**。其中，项目管理标准的主要内容就是项目管理十二大原则，当然还包括对项目运行环境等内容的解读；而项目管理知识体系指南，主要包含**八大绩效域**、裁剪，以及模型、方法和工件三大部分的内容，重点是八大绩效域的内容。

　　另外，我们注意到，《PMBOK®指南》第 6 版把项目管理知识体系指南放到了前面，后面是项目管理标准，也就是以 49 个过程为基础，在这个基础的指导下，梳理出项目管理标准。但是《PMBOK® 指南》第 7 版把项目管理十二大原则放在了前面，这意味着，十二大原则是项目管理的核心思想，在它们的指导下，围绕八大绩效域的具体实践要求，来执行项目管理的相关工作，有效交付项目的成果，从而交付价值。这种变化，更加体现了在环境多变的时代，进行项目管理的核心理念。所以，考生在准备 PMP 考试的过程中，要特别熟练掌握十二大原则的核心思想，以提高在选项中找到正确答案的概率，特别是在情景题目中，当这道题的考点不是很明确的时候，要迅速回忆十二大核心原则，思考正确的行动方法。

将标准和指南改成十二大原则和八大绩效域的原因有很多，其中，有两个重要原因：

第一，**为了更好地应对 VUCA 时代的项目环境**。当前项目的环境，无论是外部还是内部，都变得越来越不可预测。项目面临越来越多的易变性（Volatility）、不确定性（Uncertainty）、复杂性（Complexity）和模糊性（Ambiguity），《PMBOK® 指南》第 7 版对这四大特性做了详细的解释。在这种情况下，单纯依靠过程和工具，很难真正管理好项目。所以，只有以更高层面的原则统领项目管理过程，才能更灵活地管控项目。管理者要抓好大的原则，细则让一线人员参与，进行协同梳理，从而有效地做好项目管理。从更宏观的视角来说，用原则指导行为，而行为则通过八大绩效域的方式进行梳理，在原则和绩效域的要求和指导下，不同行业和领域的项目负责人可以更加灵活地选择出更有效的工具和方法来进行项目管理。

第二，**为了更好地聚焦价值交付**。回归项目的本质，项目是为了实现公司的战略而生的，是为了产生真正的价值。早期版本的《PMBOK® 指南》都强调通过过程管控来交付成果，从 2017 年的《PMBOK® 指南》第 6 版开始，强调聚焦价值交付，2021 年的第 7 版更加强调价值交付体系的构建。如果单纯地通过过程管控，完成可交付物，并不一定能保证项目真正产生价值，《PMBOK® 指南》第 7 版提出的很多原则和绩效域，都是从更加宏观的视角来解释如何更好地聚焦战略，交付价值。

所以，考生在解答 PMP 考试题目的时候，了解这些背景知识，对于正确选择答案会有所帮助。

　　除了《PMBOK®指南》第 7 版改为以十二大原则为导向的标准和以八大绩效域为行为指导的指南，还有一些其他变化值得一提。例如：

- **着重强调裁剪的重要性**。《PMBOK®指南》第 7 版针对如何进行过程裁剪做了详细的描述，便于考生了解针对不同场景如何进行项目管理流程、工具和方法的裁剪。这部分内容在考试中可能以场景题的方式出现。考生需要注意任何项目管理的流程需要根据不同的公司环境和项目类型进行适当的优化，而非机械性地永远遵守既定的项目管理流程。但这种裁剪并不意味着在过程中可以随意发生不经审批的变化，这样会让计划和规则失去严肃性。这种灵活性和稳定性的平衡在考试中考生需要特别注意。

- **对模型、方法和工件进行了集中梳理**。《PMBOK®指南》第 7 版增加了非常多的工具和方法，可谓面面俱到，但是该书中并没有对每个工具都进行了具体展开。本书作者在编写过程中，结合历年考题的侧重点，针对重点工具和方法进行了具体考点介绍，融合进各个章节中，并且在第 6 章针对《PMBOK®指南》第 7 版中所提到的所有模型、方法和工件进行了汇总展示和解释，供考生查阅。

- **增加了 PMIstandards+™ 数字内容平台，更加灵活地整合了各种模型和工具，方便持续整合和集成**。本部分内容在考试中不会涉及特别多，更多的是在实操层面指导项目经理更好地利用数字化工具持续优化和更新项目管理方法，提高项目管理的效率和效果。

　　总之，《PMBOK®指南》第 7 版所有的变化，都给了我们一个重要的信号：**没有一成不变的工具，只有以终为始的灵活**。很显然，要想做好项目管理，需要拥有更加丰富的技能来管事和理人，在复杂的项目环境下为交付价值而努力。所以，备考 PMP 的考生需要特别注意：**在新考纲和《PMBOK®指南》第 7 版的指导下，准备 PMP 考试的方式应从原来的单纯记忆知识点，改为熟练掌握项目管理的十二大原则，具备解决问题的正确思路，找到更匹配选项的答题模式**。

　　《PMBOK®指南》第 7 版中提到的十二大核心原则如下：

- 成为勤勉、尊重和关心他人的管家；
- 营造协作的项目团队环境；
- 有效的干系人参与；
- 聚焦于价值；
- 识别、评估和响应系统交互；
- 展现领导力行为；
- 根据环境进行裁剪；
- 将质量融入过程和可交付物中；
- 驾驭复杂性；
- 优化风险应对；
- 拥抱适应性和韧性；
- 为实现预期的未来状态而驱动变革。

我们再来看一下《PMBOK®指南》第 7 版中提到的八大绩效域。绩效域这个概念，大家第一次听上去会比较陌生。项目绩效域，是指一组对有效交付项目成果和价值至关重要的相关活动。简单理解，八大绩效域就是衡量项目管理绩效成果的八个领域，如果这八个领域没有做好，说明项目管理的结果已经出现了一些问题。《PMBOK®指南》第 7 版将项目管理划分为**干系人、团队、开发方法和生命周期、规划、项目工作、交付、测量、不确定性**八大绩效域。这八个绩效域的区分方式，跟以前版本的十大知识域有非常大的区别。有关十二大原则和八大绩效域的具体内容，将在后续章节展开介绍，建议考生尽早熟记这些内容，以便更好地理解《PMBOK®指南》第 7版的核心内容。

1.2 如何学习《PMBOK®指南》第 7 版

由于《**PMBOK®指南**》第 7 版改变很大，而且内容较为抽象，我们建议大家在学习《**PMBOK®指南**》第 7 版的时候，要注意以下几个方面。

1. 要把思维方法与行动实践相结合

《PMBOK®指南》第 7 版的内容更偏思维方法，更抽象，也就是我们说的"道、法、术"中的"道"，这对于初学者来说，理解起来还是有一些难度的。如果大家留意的话，会发现 PMP 考试的参考书不只是《PMBOK® 指南》第 7 版。笔者建议备考学员有必要学习和了解《PMBOK® 指南》第 6 版中相关的工具和方法，因为《PMBOK® 指南》第 6 版更偏向于"法"和"术"。大家首先对基础知识有了基本了解，然后在思维层面继续提高，在道、法、术上达成相对的一致和统一，最后才能在更灵活的视角上找到适合自己的项目管理方法。所以本书也会加入《PMBOK® 指南》第 6 版中的部分重要工具和方法，便于考生掌握更加全面的知识体系。同时，因为 PMP 考试的题目已经增加了大量的适应型（敏捷型）和混合型生命周期的题目，题目数量占考试总题目的近 50%，这就要求考生必须对 PMI 出版的《敏捷实践指南》进行通读和了解，并对课上老师讲过的敏捷的整体知识模型熟练掌握。本书也会针对敏捷部分的相关重要考点进行详细梳理，助力学员理解项目管理的最新趋势以及 PMP 考题的侧重点，一次性顺利通过 PMP 考试。

2. 要特别注意与项目团队成员的交互原则

在《PMBOK® 指南》第 7 版中，有很多跟人互动的原则和方法的介绍，甚至还加入了诸如戈尔曼的情商模型等内容，让大家深刻理解与人互动的重要性。可以预见的是，在新的 PMP 考试题目中，会有很多与人互动的考题，这些题目涉及项目管理工作者的软技能，考生需要深刻理解书中提到的核心原则，来处理人的矛盾，让干系人更好地参与到项目中来，提高支持性，降低威胁性。解答这些题目的时候，需要特别注意 PMI 倡导的一些与人互动的原则：比如，更好的交流方式是面对面，要认真倾听对方的关注点，先了解问题、分析问题再解决问题等，这些思路对于解答这类问题非常有帮助。

3. 尽可能多阅读一些其他相关标准

《PMBOK® 指南》第 7 版特别强调项目不是孤立存在的，而是存在于系统中的。除前文所说的《敏捷实践指南》是考生必须阅读的，考生在学习《PMBOK® 指南》第 7 版的同时，如果学有余力，最好了解一下 PMI 的《项目集管理标准》《项目组合管理标准》，以及其他相关的实践指南，这样有利于更好地理解项目所处的系统环境，更好地对《PMBOK® 指南》第 7 版的内容从更大的全局视角来思考。这样做的好处是：第一，对于顺利通过 PMP 考试会有很大帮助；第二，有助于考生以后学习其他标准，通过其他高阶认证的考试；第三，有利于大家将学到的知识应用到企业实践中，从更大的全局的视角思考项目管理的要点。PMP 认证涵盖整个价值交付范围内的各种方法。正如前文所说的，在考试中约一半的内容将体现项目管理的预测型方法，另一半将体现适应（敏捷）型或混合型方法。预测型、适应型和混合型方法将体现在表 0-1 中的三个领域之中，而非孤立地用于特定的领域或任务。本书将结合《PMBOK® 指南》第 7 版和前文提到的各个参考书，并在对 PMP 考试大纲详细拆解的基础上，为考生梳理通过 PMP 考试需要重点掌握的核心知识和技巧。

价值交付系统

✪ 本章重点

- 项目对于价值交付的重要性
- 价值交付的整体生态（人和环境）
- 项目生命周期
- 产品生命周期

✪ 知识梳理

　　本章介绍《PMBOK®指南》第 7 版（以下未特别说明版次的，均指第 7 版）对项目的概念、目的、环境的高层次解读，对于考生理解 PMI 语境下的"项目"有重要意义。在考试中，考生需要严格记住本章对项目的定位和终极目标（交付价值而不只是完成任务）的解读。这对于顺利通过考试来说，非常重要。

　　本章的核心考点包括：**项目对于价值交付的重要性、价值交付的整体生态（人和环境）、项目生命周期与产品生命周期的关系与区别**。本章试图从宏观上让考生对项目的意义和价值，以及做好项目的基础保证进行充分理解，防止考生出现"项目管理就是项目经理的事儿，项目管理的目的就是完成交付"之类的错误理念。考生需要注意的是，在 **PMI** 体系中，使用"组件"（component）这个词来表示交付价值的各个部分，可以单独或共同使用多种组件（例如项目组合、项目集、项目、产品和运营）来创造价值。这些组件共同组成了一个符合组织战略的价值交付系统，如图 2-1 所示。

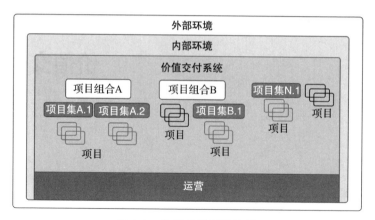

图 2-1 价值交付系统示例

资料来源：PMI 的《PMBOK® 指南》第 7 版。

2.1 价值交付系统的相关概念

考生首先需要掌握两个重要的概念：**组件**和**成果**。价值交付系统中的组件创建了用于产出成果的可交付物。成果是某一过程或项目的最终结果或后果。成果可带来收益，收益是组织实现的利益。收益继而可创造价值，而价值是具有作用、重要性或实用性的事物。考生需要理解从成果到收益、从收益到价值的逻辑关系。

然后，考生还需要理解项目集、项目组合、组织级项目管理、项目的概念和区别。具体重要知识点如下。

1. 项目集相关的重要知识点

- 项目集是指一组相互关联且被协调管理的项目或组件。
- 项目集存在的目的是获得对单个项目分别管理所无法实现的收益和控制（节省时间、成本等）。
- 项目集管理重点关注项目间的依赖关系。

2. 项目组合相关的重要知识点

- 项目组合是指为便于有效管理、实现战略业务目标而组合在一起的项目、项目集、子项目组合和运营工作。

- 项目组合管理包括识别、排序、授权、管理和控制项目、项目集及其他有关工作。
- 重点关注资源分配的优先顺序，确保与组织战略协调一致。
- 项目组合的业务范围随组织战略目标的变化而变化。

3. 组织级项目管理的重要知识点

- 组织级项目管理（Organizational Project Management，OPM）包括项目管理、项目集管理、项目组合管理以及组织驱动因素的整体设计，目的是提升组织能力，实现价值交付，支持战略目标。
- 组织驱动因素包括组织结构、组织文化、组织技术、人力资源实践等。
- 特别要注意组织级项目管理（OPM）和项目管理办公室（Project Management Office，PMO）的区别。前者是一种管理模式；后者是一个职能团体，主要在项目管理标准化、多项目管控、共享资源协调等不同维度支持项目经理。

组织驱动因素中的组织结构通常分为职能型、矩阵型、项目型组织结构。其中，矩阵型组织结构又分为弱矩阵、平衡矩阵、强矩阵三种不同的类型。它们各自有各自的使用场景，考生需要仔细掌握几种常见的组织结构的优点和缺点，以及典型的使用场景。职能型组织结构的典型特点就是各个职能部门各管一个专业领域，专业分工比较明确；项目型组织结构的特点是项目经理权力大，可以控制团队成员的绩效情况；矩阵型组织结构中项目经理和职能经理的关系比较微妙，但是职能经理依然具有对团队成员的绩效考核权，所以项目经理的角色在矩阵型（特别是弱矩阵型）组织结构中，推动跨部门沟通依然具有很大的难度。它们各自的典型优缺点如下。

- 职能型组织结构
  - ✓ 优点：有利于专业技能的培养，上级单一，职业发展路线清晰。
  - ✓ 缺点：兼职的项目经理权力小；项目中无全职项目员工，项目工作容易被忽视，大家更关注自己的职能和专业工作；跨职能沟通难度最大。

- 矩阵型组织结构
  - ✓ 优点：达到短缺资源的最大化利用。
  - ✓ 缺点：多头领导，沟通与管理工作复杂。
- 项目型组织结构
  - ✓ 优点：项目经理权力大，对资源有控制权，员工对项目忠诚度高，能快速沟通。
  - ✓ 缺点：资源使用率低，员工缺乏归属感，可能不利于员工专业技能培养和员工的职业发展。

考生还需要理解项目组合、项目集和项目的区别与联系，以及信息流的逻辑层次，如图 2-2 所示。

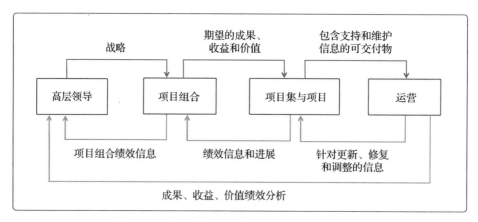

图 2-2　项目组合、项目集和项目的信息流传递

资料来源：PMI 的《PMBOK® 指南》第 7 版。

高层管理者负责制定组织战略，从而指导项目组合的整体选项、立项标准；项目组合在整体上判断所有组件预期产生的成果、收益和价值，为项目集与项目提供方向和指导原则；项目集与项目交付成果给运营团队，运营团队通过持续运营产生成果、收益和价值，并不断向高层反馈汇报，确认当前战略的达成度以及接下来战略的方向如何调整。整个过程自上而下做指导、自下而上做反馈，形成有效的闭环和信息流，确保战略一致性以及有效的价值交付。

2.2　价值交付的整体生态

2.2.1　治理系统

治理（Governance）是指组织各个层面的有组织的或有结构的安排，旨在确定和影响组织成员的行为。治理强调的重点是控制和决策，而项目管理强调的是平衡和协调。所以没有治理的项目管理，就像空中楼阁一样，整个生态是不健康、不稳定的。治理是在组织内通过制定规则、政策、程序等方式行使职权的框架。治理通常通过治理委员会来实现，治理委员会的成员应该是高级管理者。通俗来讲，考生在考试的时候看到"治理"，首先，应该意识到这部分内容会涉及由具有权力的较高层面的管理者（通常被称为项目治理委员会），在项目中通过项目决策会等形式进行项目的决策（如是否立项、进行重大变更等）、控制（如过程审查）等；其次，应该意识到项目治理的具体流程的制定是由 PMO 团队完成的，而利用这个流程做决策的人是较高层面的管理者，不是 PMO（除非在指令型 PMO 的运作模式下）。也就是说，PMO 的成员只负责对项目治理的过程做一些标准化的工作，但是不具体做治理决策工作。他们更像是"搭台子"的人，而不是"唱戏"的人，因为他们不能做项目的高层次决策。

PMO 是对项目治理过程标准化，促进技术共享的组织部门。PMO 可以在项目组合、项目集、项目与企业考评体系（如平衡计分卡）之间建立联系。PMO 所支持或管理的项目不一定彼此关联，PMO 的一个主要职能是通过各种方式对项目经理提供支持，例如：

- 管理共享资源；
- 识别和开发项目管理方法、最佳实践和标准；
- 指导、辅导、培训和监督项目工作；
- 通过项目审计，监督对项目管理标准、政策、程序和模板的遵守程度；
- 制定项目政策、程序、模板和其他共享文件（组织过程资产）；
- 协调项目之间的沟通。

治理系统与价值交付系统协同运作，治理系统提供了一个框架，其中包含指导活动的职能和流程。治理框架可以包括监督、控制、价值评估、各组件之间的整合以及决策能力等要素。考生在 PMP 考试题目中，会看到有关治理计划、治理框架设计的相关题目，旨在让考生知道项目中顶层决策机制的构建是非常重要的。

项目经理在项目管理过程中需要意识到，并不是所有的事情自己都能解决，自己的权力是有限的，需要不断地优化自己的专业能力、提升自己的战略和商业能力、学会用"借势"等方式提升自己的影响力。这也是 PMI 最新发布的人才三角中对项目经理的核心能力的要求，即工作方式、商业敏锐度、影响力技能。PMI 自 2015 年推出人才三角的概念以来，不断对其进行更新，以更好地反映快速变化的世界的重大发展趋势，为项目专业人士在职场发展和个人成长中导航：通过思维和技能的提升，更快地为未来做好准备，把想法变成现实，并取得职场成功。面对这个时代的高速发展与变化，2022 年 PMI 更新了人才三角，它不仅展现了项目专业人士职场竞争力的关键专业技能组合，而且也成为 PMI 品牌的重要视觉标志，包含了 PMI 的核心价值主张的关键元素，以及 PMI 不断拓展的系列产品和服务。考生需要对 PMI 人才三角有一定的认知和了解，结合《PMBOK® 指南》对项目经理的角色定位有统一且清晰的认知。下面逐一解释最新版的人才三角的三个能力，以及它们跟之前版本的主要区别。

- **工作方式**（Ways of Working）。之前版本中这个能力被称为项目管理专业技能（Technical Project Management）。我们可以把 PMI 提出的这个"工作方式"理解为掌握多样性、创造性的方法来完成任何工作。PMI 鼓励每个人理解和采用多种工作方式，包括预测、敏捷、设计思维或其他有待开发的新实践，鼓励专业人士掌握尽可能多的专业技能，这样在面对新挑战时能及时在正确的时机采用正确的解决方案，从而迅速成长并取得成功。

- **商业敏锐度**（Business Acumen）。这个能力在之前的 PMI 人才三角中被称为战略和商业管理（Strategic and Business Management）。商业敏锐度是指在理解影响组织或行业的宏观和微观因素的同时，结合特定领域知识，做出良好判断和快速决策的能力。PMI 鼓励各级专业人士都积极发展商业敏锐度，因为这将帮助他们更好地使所管理的项目与组织战略和全球趋势的大图景保持一致，从而实现有效决策。

- **影响力技能**（Power Skills）。它取代了之前版中的领导力（Leadership）。除了传统的自上而下的领导技能，影响力技能——曾被称为"软技能"——是不同级别专业人士的关键人际交往技能，它使项目经理能够施加影响，激发改变并建立关系。影响力技能包括协作领导能力、沟通能力、创新思维、目标导向和共情能力。掌握这些影响力技能可以让专业人士在组织的不同级别中成为强大的、有影响力的干系人，这是实现变革的关键因素之一。

另外，考生还需要特别注意，考试中如果提到项目经理的能力要求，除了参考人才三角中的定义，还要特别注意考纲中的划分维度。PMP 考纲中对项目管理能力分为人员、过程、业务环境三大维度，这个分类方法考生需要特别注意，这也是比较全面的对项目管理工作者能力要求的宏观分类方法。

2.2.2　项目内部环境

项目的内部环境包括但不限于如下各项，考生在考试中，要特别注意这些内容对于项目的影响。

- **过程资产**。过程资产可能包括工具、方法论、方法、模板、框架、模式或 PMO 资源。考试的时候可能会出现**组织过程资产（OPA）的概念，组织过程资产是指**执行组织所特有的并被其使用的计划、流程、政策、程序和知识库。过程资产是帮助项目成功的，这一点在考试中要特别注意。
- **治理文件**。治理文件包括相关的政策和流程。如本书在 2.2.1 节中所说，治理文件是项目中的监管和指导文件，是项目的重要约束之一。
- **数据资产**。数据资产可能包括以前项目的数据库、文件库、度量指标、数据和工件。考试中经常会出现数据平台的概念，旨在强调数据积累对项目的影响。数据积累对于项目效率的提升非常重要。

- **知识资产**。知识资产可能包括项目团队成员、主题专家和其他员工的隐性知识，考生需要特别注意知识资产需要随时积累，而不是项目结束之后才开始进行。另外，需要不断地将隐性知识显性化。

- **安保和安全**。安保和安全措施可能包括针对设施访问、数据保护、保密级别和专有秘密的程序和实践。PMP 考试题目中在项目安全方面的题目会出现很多，考生要予以重视。

- **组织文化、结构和治理**。这些方面包括愿景、使命、价值观、信念、文化规范、领导力风格、等级制度和职权关系、组织风格、道德和行为规范。PMI 推荐组织要有自己成熟的文化体系。

- **设施和资源的地理分布**。这些包括工作地点、虚拟项目团队和共享系统。

- **基础设施**。基础设施包括现有设施、设备、组织和电信通道，以及信息技术硬件、可用性和功能。

- **信息技术软件**。信息技术软件包括进度计划软件、配置管理系统、在线自动化系统的网络接口、协作工具和工作授权系统。考生需要注意，项目管理信息系统简称为 PMIS（Project Management Information System）。

- **资源可用性**。资源可用性包括签订合同和采购的制约因素、获得批准的供应商和分包商以及合作协议。

- **员工能力**。员工能力包括通用和特定的专业知识、技能、能力、技术和知识。PMP 考试题目中会经常出现"员工能力不够，需要进行培养"的典型场景，意在提醒项目经理，对团队成员的赋能是非常重要的一项工作。

2.2.3 外部环境

外部环境包括如下各项，考生需要特别注意。

- **市场条件**。市场条件包括竞争对手、市场份额、品牌认知度、技术趋势和商标。市场条件分析是项目商业论证的重要内容。

- **社会和文化影响与问题**。主要强调政治文化意识、地域风俗和传统、公共假日和事件、行为规范、道德和观念。PMP 考试题目中会有跨文化的题目，考生需要注意尊重当地的风土人情。

- **监管环境**。监管环境可能包括与安全性、数据保护、商业行为、雇佣、许可和采购相关的全国性和地区性法律与法规。这也是新版的 PMP 考纲中重点强调的考点，考生要特别注意。新版的 PMP 考纲中也多次强调了合规性的重要性，考试题目中会经常出现要求项目经理进行合规操作的题目。
- **商业数据库**。商业数据库包括标准化的成本估算数据和行业风险研究信息。
- **学术研究**。此研究可包括行业研究、出版物和标杆对照结果。
- **行业标准**。这些标准与产品、生产、环境、质量和工艺有关。
- **财务考虑因素**。这些考虑因素包括汇率、利率、通货膨胀、税收和关税。
- **物理环境**。物理环境与工作条件和天气有关。比如有户外操作的项目，在项目执行中就需要特别关注物理环境的变化。

在考试中，考生要特别注意可能会出现**事业环境因素（EEF）的概念。事业环境因素指的是**团队不能直接控制的，将对项目、项目集或项目组合产生影响、限制或指导作用的各种条件，它们通常不能轻易发生变化。另外，考生还需要特别注意，项目具有独特性、临时性、渐进明细性的特点，它通常需要在范围、进度、成本、质量、风险、资源和客户满意度等因素的制约下完成。

2.3　项目生命周期与产品生命周期

《**PMBOK® 指南**》对项目生命周期与产品生命周期进行了明确的阐述。产品生命周期是指一个产品从引入、成长、成熟到衰退的整个演变过程的一系列阶段。产品生命周期内可以包含多个项目、项目集，它们共同完成和优化产品。它们之间的关系如图 2-3 所示。

考生在答题时，要理解项目和产品的关系。考试题目重点考查的是项目生命周期全过程的内容，但应对项目和产品的区别予以理解。另外，需要特别注意的是，在某些情况下，项目集可以涵盖产品或服务的整个生命周期，以便更直接地管理收益并为组织创造价值。也就是说，在某种情况下，一个产品的生命周期可能会等同于一个项目集的生命周期。

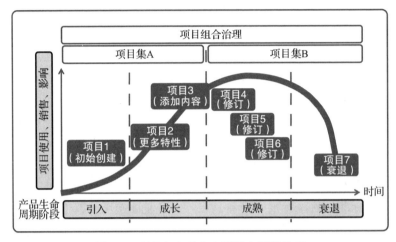

图 2-3　项目与产品生命周期之间的关系

资料来源：PMI 的《PMBOK® 指南》第 7 版。

除了以上提到的价值交付系统的相关知识，PMP 考纲中的"领域 3：业务环境"的"任务 2"也对价值交付的相关内容进行了补充解释。考纲中提到要评估和交付项目的收益和价值。具体包含以下几个方面：

● 调查所识别的收益。

● 记录与所有权相关的共识，以便持续识别收益。

● 核实是否已经建立了可对收益进行跟踪的相关衡量体系。

● 评估将展现价值的交付方案。

● 对获得价值进展的干系人做出评价。

🎥 第 2 章练习题及答案

○ 练习题

1. 一个项目经理正试图完成一个软件开发项目，但无法为项目争取足够的关注。资源都集中在完成与流程相关的工作上，而项目经理几

乎没有分配资源的权力。该项目经理必须在哪种形式的组织中工作?(　　　)

A. 职能型

B. 矩阵型

C. 联络员

D. 协调员

2. 一个项目组成员正在和另一个组员谈话,抱怨说很多人要求他做事情。如果他在一个职能组织中工作,谁有权力给这个团队成员提供指导?(　　　)

A. 项目经理

B. 职能经理

C. 团队

D. 项目管理办公室

3. 在整个组织系统中,交付价值依靠的是(　　　)。

A. 项目组合

B. 项目集

C. 项目

D. 组件

4. 在以下概念中,通常较先产生的是(　　　),最终实现的是(　　　)。

A. 成果

B. 收益

C. 价值

D. 效益

5. 如下关于项目集的解读,哪些是正确的?(请选择三个)(　　　)

A. 项目集是指一组相互关联且被协调管理的项目或组件

B. 项目集管理关注的是如何选择出正确的项目

C. 项目集存在的目的是获得对单个项目分别管理所无法实现的收益和控制(节省时间、成本等)

D. 项目集管理包括识别、排序、授权、管理和控制相关组件

E. 项目集管理重点关注项目间的依赖关系

F. 项目集的概念比项目组合更加宏观，在项目组合之上

6. 组织级项目包括项目管理、项目集管理、项目组合管理以及组织驱动因素的整体设计，目的是提升组织能力，实现价值交付，支持战略目标。其中，组织驱动因素包括（　　　）(请选择四个)。

A. 组织过程资产

B. 组织结构

C. 人力资源实践

D. 项目组合管理流程

E. 组织文化

F. 组织技术

G. 共享资源

7. 使一个组织的注意力集中在其总体战略上的框架是（　　　）。

A. 组织级项目管理

B.《PMBOK® 指南》

C. 项目治理

D. 项目组合管理

8. 项目经理的主要责任是在项目约束条件下交付项目。为了一个制约因素的利益而采取的行动和做出的改变可能会对另一个制约因素产生负面影响。以下哪项最能说明一个项目的主要制约因素？（　　　）

A. 范围、资源数量和成本

B. 范围、成本和进度

C. 范围、进度、成本、质量、风险、资源和客户满意度

D. 进度、成本和变更的数量

9. 你的项目涉及重新设计一个在线培训门户网站，以改进学习者的体验。项目的表现将根据客户的反馈调查来衡量。项目将在多个版本中逐步交付。什么是衡量项目过程中交付的商业价值的最佳方式？（　　　）

A. 一旦所有的版本都完成，将项目前的收入与项目后的收入进行比较

B. 用预期提高的客户满意度除以项目的数量，并监测每个项目是否实现

了它的改进份额

C. 在所有的版本完成后，分析客户满意度的提高

D. 在每次发布后分析客户的反馈，将结果与预定的目标进行比较

10. 如果一个项目经理关心的是收集、整合和传播所有项目管理过程的信息，他应该集中精力改善（　　）。

A. 工作分解结构（WBS）

B. 沟通管理计划

C. 项目管理信息系统（PMIS）

D. 范围管理计划

11. 一个项目经理正在管理他的第二个项目。这个项目是在第一个项目开始后一个月开始的，而且两个项目都还在进行中。他的第一个项目很小，但新项目的规模似乎正在迅速扩大。随着时间的推移，该项目经理感到越来越需要帮助。项目经理最近听说，去年公司里有一个项目与他的第二个项目类似。他应该怎么做？（　　）

A. 联系那个项目的项目经理，请求其帮助

B. 从项目管理办公室（PMO）获得历史记录和指导

C. 等待，看该项目是否会受到范围增长的影响

D. 确保项目的范围得到了所有干系人的同意

12. 在组织及其商业环境的背景下，一个项目经理需要做什么来提供价值？（　　）

A. 了解组织和项目的管理，以及它们如何影响项目

B. 回顾从其他项目中获得的经验，并利用它们来产生组织的流程资产

C. 在了解组织和商业环境的同时，使用人员和流程技能

D. 持续监测外部商业环境的任何变化，如竞争和监管变化

13. 以下哪项是对项目经理的最佳描述？（　　）

A. 精通技术，亲自解决技术难题

B. 与高级管理层人员沟通，取得他们的支持

C. 组织项目团队和其他干系人来完成项目工作

D. 确保项目达到既定的质量要求

14. 项目内部环境包括很多方面的内容，请从下列选项中选择五个属于项目内部环境的正确答案。（　　）

A. 过程资产

B. 治理文件

C. 数据资产

D. 市场环境

E. 基础设施

F. 商业数据库

G. 财务因素

H. 员工能力

15. 治理是指组织各个层面的有组织的或有结构的安排，旨在确定和影响组织成员的行为。治理框架主要包含如下职能，请在答案中选择四个正确答案。（　　）

A. 控制

B. 决策

C. 平衡

D. 沟通

E. 协调

F. 监督

G. 整合

16. 关于项目和产品的关系，如下说法都是正确的，除了（请选择一个正确答案)(　　)。

A. 产品是指可以量化的生产出的工件，既可以是最终制品，也可以是组件制品

B. 产品管理可以在产品生命周期的任何时间点启动项目集或项目，以创建或增强特定组件、职能或功能

C. 项目包含很多产品，项目的概念比产品的概念更大

D. 在某些情况下，项目集可以涵盖产品或服务的整个生命周期，以便更直接地管理收益并为组织创造价值

17. 如下各项都属于外部环境中的市场条件，除了（　　　）。

A. 竞争对手

B. 行为规范

C. 技术趋势和商标

D. 市场份额分析

18. 数据资产被越来越多的企业认为是对企业战略落地来说至关重要的资产。如下各项都属于数据资产，除了（　　　）。

A. 数据库

B. 度量指标

C. 文件库

D. 安保与安全

19. 关于组织级项目管理，如下各项都是正确的，除了（　　　）。

A. 组织级项目管理可以被认为是组织中的战略执行力

B. 组织级项目管理通常包含项目组合管理、项目集管理、项目管理和组织驱动因素四大模块

C. 组织级项目管理的目标是交付价值、实现战略

D. 组织级项目管理是由 PMO 统筹负责的

20. 关于价值系统中的信息流，如下观点都是正确的，除了（　　　）。

A. 高层管理者负责制定组织战略，指导项目组合的整体选项、立项标准

B. 项目组合在整体上判断所有组件预期产生的成果、收益和价值，为项目集和项目提供方向和指导原则

C. 项目集和项目交付成果给运营团队，运营团队通过持续运营产生成果、收益和价值

D. 项目集和项目需要考虑如何向高层领导汇报汇总的各种信息，从而展现组合绩效情况

○ 答案解析

1. 答案：A

解析： 在一个职能型组织中，项目经理对项目的支持最少，而且没有什么权力分配资源。项目协调员是弱矩阵型组织中的角色。

2. 答案：B

解析： 在一个职能型组织中，团队成员向职能经理报告。项目经理可能也向职能部门经理报告。

3. 答案：D

解析： 在 PMI 体系中，使用"组件"（component）这个词来表示交付价值的各个部分，可以单独或共同使用多种组件（如项目组合、项目集、项目、产品和运营）来创造价值。这些组件共同组成了一个符合组织战略的价值交付系统。A、B、C 三个选项过于具体化。

4. 答案：A、C

解析： 成果是某一过程或项目努力之后产生的结果和后果。成果可带来收益，收益是组织实现的利益，包括有形和无形的东西。收益继而可创造价值，而价值是具有作用、重要性或实用性的事物。做一个软件，做完可能产生了成果，但是没有人用，就没有产生收益。即使有人用了，产生了适当的收益，但是综合考虑成本等因素，高层可能认为此项目最终没有产生合理的价值。考生在 PMP 考试中，需要简单理解从成果到收益、从收益到价值的逻辑关系。

5. 答案：A、C、E

解析： B 选项错误，选择出正确的项目是项目组合层面需要关注的（排序与授权）。D 选项描述的识别、排序、授权、管理和控制相关组件是项目组合的管理步骤。F 选项的描述也不正确，项目组合管理比项目集管理的概念更加宏观，项目组合里面可能包含为便于有效管理、实现战略业务目标而组合在一起的项目、项目集、子项目组合和运营工作。

6. 答案：B、C、E、F

解析： 组织驱动因素主要包括组织结构、组织文化、组织技术、人力资源实践。组织驱动因素是组织进行组织级项目管理的重要保证，如果缺失这几个维度的设计，组织级项目管理将会失败，项目组合管理、项目集管理、项目管理也将会失败。A、D 和 G 的描述过于细节化，组织驱动因素是相对宏观的一个概念。

7. 答案：A

解析： 组织级项目管理（OPM）为如何完成项目、计划、组合和组织工作以实现组织的战略目标提供了一个框架和方向。

8. 答案：C

解析："范围、进度、成本、质量、风险、资源和客户满意度"是一个项目经理必须处理的最准确的约束条件或竞争性需求的清单，通常被称为项目的七大制约因素。

9. 答案：D

解析：方案中说，商业目标是改进客户体验，而不是提高收入。因此，比较项目前和项目后的收入不能衡量交付的价值。另外，将预期提高的客户满意度除以项目的数量也是没有用的，因为每个版本都会包括不同的功能。在所有版本完成后评估结果将无法衡量在整个项目中逐步交付的价值。因此，最好的选择是在每次发布后根据预定的目标（记录在质量管理计划中）审查指标，这可以让你在整个项目中监控价值交付。

10. 答案：C

解析：范围管理计划和 WBS 的重点是项目范围。沟通管理计划涉及与谁沟通，何时沟通，以何种形式沟通。唯一涉及收集、整合和传播信息的选择是 PMIS（项目管理信息系统）。考生需要注意，PMIS 是一个专业术语，考试经常出现，指的是用于收集、整合和传播项目信息的系统性工具。

11.答案：B

解析：向其他项目经理寻求帮助并不是最好的选择，因为其他项目经理的建议可能不足以帮助这个项目经理。等待评估对项目的影响是被动的，项目经理应该是主动的。获得所有干系人对项目范围的同意也不是最好的选择，虽然有帮助，但没有具体解决这种情况中的问题。通过联系 PMO，项目经理可以获得许多项目管理的知识以及项目的历史信息。PMO 是项目管理办公室的缩略语，考试默认每个组织都是有 PMO 的，通常涉及跨项目经验共享、跨项目标准化流程的制定等相关工作，首先考虑咨询 PMO。

12. 答案：C

解析：你需要在了解商业环境的同时使用人员和流程的技能。这个答案是最全面的，它包括其他三个答案选项中所描述的任务。此外，这是唯一提到人员和流程领域的答案，为了成功地交付价值（在任何情况下），项目经理需要应用考纲中提到的所有三个领域的技能。

13. 答案：C

解析：A 选项错误，项目经理需要了解技术，但不必是技术方面的专家。B 选项说法不错，但不如 C 全面。C 选项是正确答案。项目经理是组织大家做事的人，要协调项目团队成员和其他人来完成项目工作。D 选项说法不错，但是太片面。

14. 答案：A、B、C、E、H

解析：D、F、G 属于外部环境因素。在考试中，考生要特别注意可能会出现事业环境因素（EEF）的概念。事业环境因素指的是团队不能直接控制的，将对项目、项目集或项目组合产生影响、限制或指导作用的各种条件。

15. 答案：A、B、F、G

解析：《PMBOK® 指南》2.2 节中提到，治理系统与价值交付系统协同运作，可实现流畅的工作流程、管理问题并支持决策。治理系统提供了一个框架，其中包含指导活动的职能和流程。治理框架可以包括监督、控制、价值评估、各组件之间的整合以及决策能力等要素。

治理与管理不同，治理强调控制和决策，而管理强调平衡和协调。管理是在治理框架的基础上进行的，缺失治理系统，管理就不能产生良好的作用。

16. 答案：C

解析：项目和产品的关系比较复杂。在《PMBOK® 指南》2.5 节中详细描述了产品和项目的关系。其中，A、B、D 都是《PMBOK® 指南》中的原话，学员可以仔细品读。C 选项的描述不正确，产品中可能包含很多项目，而不是项目中包含很多产品。在某些情况下，一个产品可能就是一个项目集（如 D 选项所述）。

17. 答案：B

解析：B 选项属于社会和文化影响与问题。考生需要注意 PMP 考题中的否定副词，如本题考查的是哪项不是外部环境中的市场条件（因为有"除了"），注意不要选反了。

18. 答案：D

解析：D 选项安保与安全是与数据资产并列的项目内部环境（见

《PMBOK® 指南》2.2.2 节）。本题需要注意，度量指标是非常重要的数据资产，特别是定量的度量指标，对于数字化来说非常关键，因此把它放入了数据资产中。本题只有 D 选项不属于数据资产的类别。

19. 答案：D

解析：A 选项是正确的。组织级项目管理被认为是一种战略执行力，有了战略之后，通过项目组合管理、项目集管理、项目管理和组织驱动因素各模块来让战略更好地落地，所以 B 选项是正确的。C 选项也是正确的。组织级项目管理是一整套系统，最终的目标不是把项目做完，而是真正创造价值，实现战略。D 选项不正确。组织级项目管理的相关工作可能是由 PMO 拉通的，但是并不一定是由 PMO 统筹负责的，需要治理层、项目组合经理、项目集经理、项目经理等各层级管理人员共同努力，才能做好组织级项目管理的相关工作。

20. 答案：D

解析：参考《PMBOK® 指南》图 2-3。A、B、C 三个选项都是正确的。D 选项的描述有问题。应该是项目组合管理层面需要思考如何汇报和展示组合绩效，而不是在项目集和项目层面。项目集和项目层面需要做的事情是梳理好自己的项目集 / 项目层面的绩效情况，提交给项目组合层面，在项目组合层面需要进行统筹思考和整合展示，以便让高层管理者了解组合内的所有项目 / 项目集的运行情况。

第 3 章

项目管理原则

本章重点

- 项目管理十二大核心原则

知识梳理

　　本书在第 1 章中，讲解了《PMBOK® 指南》增加项目管理十二大原则的背景和原因。项目管理的十二项原则是新版《PMBOK® 指南》中的一个亮点，PMP 考试题目中会以理念考查的方式评测考生对项目管理各项原则的理解程度。考生答题的时候，要以十二大原则为核心，思考每道题的正确答案。本章帮助考生对十二大原则的核心内容进行梳理，便于大家在最短的时间内理解每个原则的思考重点，以及每个原则背后可能包含的答题思路。需要特别注意的是，《PMBOK® 指南》明确提到了，书中列出的原则没有任何特定的权重或顺序。所以，不用过分解读这些原则的优先级，也不用过分拆解它们之间的关系，只需要理解这些原则背后蕴含的信息和考点即可。在 PMP 考试题目中，十二大核心原则通常会以情景题的方式出题，考生需要通过题目的场景迅速回忆起对应的原则。

3.1　原则一：成为勤勉、尊重和关心他人的管家

3.1.1　原则具体解读

　　管家式管理（stewardship）是对项目管理工作者的核心要求和生动的隐喻。将项目管理工作者形容成"管家"，考生需要特别注意四个核心关键词：**诚信、关心、可信、合规**。

1. 诚信

● 管家在所有参与和沟通中都应做到诚实且合乎道德。PMI 认为，管家本身应该成为项目管理的镜子，做好自己才能影响他人。需要秉持最高标准，并反映组织员工所应坚守的价值观、原则和行为。

● 管家应成为楷模，并通过在其参与的事项、工作活动和决策中践行和展现个人与组织价值观来建立信任。所以项目经理在倡导团队成员遵守团队规则和价值观时，首先应该注意自己必须做到，这样才能让团队成员认为有必要执行这些约定。这是对项目经理的重要要求。

2. 关心

● 管家是组织委任实现项目目标的个人，要对被委任的任务走心负责。PMI 对管家的要求比较高，认为管家不但要管理好项目计划内的事情，对于跟项目有关系同时又在计划外的事情，管家同样要拥有同等重要的责任心加以关注，但要注意负责解决具体问题的人不一定是管家本人。他的任务是要先进行私下的沟通，帮助团队成员扫清障碍，如果需要其他人参与，再组织会议共同讨论。

● 管家同时还要关心项目各个维度可能的风险，提前进行预警汇报。

● 管家还要特别"关心"如何营造透明的工作环境、开放的沟通渠道以及让干系人有机会在不受惩罚或不害怕遭到报复的情况下提出顾虑。这一点在考试题目中也可能会出现，项目经理有责任营造一个良好的团队氛围。

3. 可信

● 管家需要名正言顺地推动项目。管家需在组织内外准确地说明自己的身份、角色、所在项目团队及其职权，以便大家清楚管家的角色定位。通常在项目章程中对项目经理进行授权。同时，项目经理需要借助启动会等其他方式，让所有团队成员都知道自己的身份和角色。

4. 合规

- 管家须遵守其组织内外得到适当授权的法律、规则、法规和要求。跟合规要求有关的题目在 PMP 考试中经常会出现，考生需要予以重视。
- 管家须努力遵守旨在保护他们及其组织、干系人和广大公众的准则。如果管家在行动或计划是否符合既定准则方面遇到了相互冲突的准则或问题，就需要寻求适当的建议和指导。管家具有更高层面的系统视角，可以跳出项目看到他对其他项目或相关联内容的影响，从而可以在更高层面的风险上提前预警。

3.1.2 核心考点

（1）项目经理必须被授权（在项目章程中），并且清楚地向干系人表述自己的权责利。考生在答题的时候一定要注意，没有被授权的项目经理是一定要首先获得授权的。

（2）营造透明的工作环境、开放的沟通渠道，并为团队成员扫清障碍，是项目经理特别需要注意的一个重要任务，考试中经常会出现类似的题目。

（3）管家要具有高视角，大处着眼，小处着手。需要了解公司的战略、项目与其他项目的关系，可以看到一些高层次的风险，但是具体重要的决策事项还是要让合适的人来决定。这对于考生来说理解上有难点：项目经理的视角要高，但是涉及决策与控制的相关任务，具体的决策者应该是治理层，项目经理可能只是将风险予以汇报。考生需要对这种"层次感"有所把握。

3.2 原则二：营造协作的项目团队环境

3.2.1 原则具体解读

此条原则对应考纲中"人员"和"过程"的部分。此条原则有三个关键词：**团队共识、组织结构和过程**。考生需要对这三个词对应的核心内容熟练掌握，具体解读如下。

1. 团队共识

团队共识是一套行为限制和工作规范，**由项目团队共同制定**，并通过个人和项目团队的承诺予以维护。团队共识应在项目开始时形成，并不断演变。考生需要特别注意：共识的形成在项目管理中非常重要。在项目初期，团队章程的建立对于后期共识的形成会有非常大的帮助。

2. 组织结构

上一章对三种常见的组织结构（职能型、矩阵型、项目型）进行了简单的总结和梳理。组织结构是指项目工作要素和组织过程之间的任何安排或关系。《PMBOK® 指南》第 6 版对各种组织结构以及相关特征进行了较为全面的总结，具体见表 3-1。

需要特别注意的是，《PMBOK® 指南》第 7 版中特别提到了以下四种可以提升协作水平的组织结构实践：

- 确定角色和职责；
- 将员工和供应商分配到项目团队；
- 有特定目标任务的正式委员会；
- 定期评审特定主题的站会。

这四个最佳实践对于团队协作和稳定来说非常重要。其中站会需要考生认真掌握，本书在第 7 章中会进行详细讲解。

3. 过程

项目团队应该定义能够完成任务和所分配工作的过程。过程管控虽然在《PMBOK® 指南》第 7 版中没有比之前强调得多，但是依然是项目管理中不可忽略的管控内容之一。考生需要注意：在预测型生命周期的项目中，会使用工作分解结构（WBS）来梳理过程任务；在适应型（敏捷型）生命周期的项目中，可能会使用待办事项列表（Backlog）或任务板分解过程任务。团队成员对于过程任务的一致性理解，对于团队士气的打造至关重要。

表 3-1 不同组织结构的项目特征

组织结构类型	项目特征					
	工作组安排人	项目经理批准	项目经理的角色	资源可用性	项目预算管理人	项目管理人员
系统型或简单型	灵活, 人员并肩工作	极少或无	兼职; 工作角色 (如协调员) 指定与否不限	极少或无	负责人或操作员	极少或无
职能 (集中式)	正在进行的工作 (如设计、制造)	极少或无	兼职; 工作角色 (如协调员) 指定与否不限	极少或无	职能经理	兼职
多部门 (职能可复制, 各部门几乎不会集中)	其中之一: 产品, 生产过程, 项目组合, 项目集, 地理区域, 客户类型	极少或无	兼职; 工作角色 (如协调员) 指定与否不限	极少或无	职能经理	兼职
矩阵——强	按工作职能, 项目经理是一个职能	中到高	全职; 指定工作角色	中到高	项目经理	全职
矩阵——弱	工作职能	低	兼职; 作为另一项工作的组成部分, 并非指定工作角色, 如协调员	低	职能经理	兼职
矩阵——均衡	工作职能	低到中	兼职; 作为一种技能的嵌入职能, 不可以指定工作角色 (如协调员)	低到中	混合	兼职
项目导向 (复合、混合)	项目	高到几乎全部	全职; 指定工作角色	高到几乎全部	项目经理	全职
虚拟	网络架构, 带有与他人联系的节点	低到中	全职或兼职	低到中	混合	可为全职或兼职
混合型	其他类型的混合	混合	混合	混合	混合	混合
PMO[①]	其他类型的混合	高到几乎全部	全职; 指定工作角色	高到几乎全部	项目经理	全职

① PMO 是指项目组合、项目集或者项目管理办公室或组织。

3.2.2　核心考点

（1）无论是制定计划还是项目管理的相关原则，团队的成员（或核心成员）必须参与并在前期形成共识。所以，项目管理计划并不是由项目经理一个人做的，团队规则也不是由管理者自己制定的。《PMBOK® 指南》在考试题目中特别考查计划和规则的共识性，这也是 VUCA 时代项目管理的主要特征之一。

（2）在答题时，考生需要默认自己的组织结构是矩阵型组织结构，资源在职能经理手里掌握着，项目经理需要申请资源。

（3）职能型组织结构的主要优点是专业化，主要缺点是沟通效率不高；项目型组织结构的主要优点是沟通效率高，主要缺点是资源利用率比较低；矩阵型组织结构的主要优点是资源利用率高，主要缺点是多头（职能经理和项目经理）管理，管理复杂度高。

（4）WBS（Work Breakdown Structure）是预测型生命周期的项目的重要考点。它是以可交付物为导向的分解结构。待办事项列表是适应型生命周期的项目梳理需求的主要载体，也是考试非常喜欢考查的内容。

（5）澄清角色和职责可以改善团队文化，让团队更有凝聚力和士气。

（6）协作的项目团队要对项目成果共同负责，PMI 鼓励跨职能团队的搭建与协作，而不是孤军奋战。很重要的一点是，跨职能团队的团队规则需要尽早建立。

（7）多元化的项目团队可以将不同的观点汇集起来，丰富项目环境。构建多元化项目团队是复杂项目的必要条件。

3.3　原则三：有效的干系人参与

3.3.1　原则具体解读

干系人（stakeholders）是项目管理中非常重要的概念。干系人可以是个人、团队或组织，会影响项目，也可能受到项目的影响，还可能自认为会受到项目的影响。"干系人"可能被翻译成"相关方"等其他表述，干系人的持续参与对项目的成功来说特别关键。考题中如果涉及某些重要干系人不满意、不支持项目、保持中立等各种场景的出现，考生要立刻留意该题是否在考查干系人参与的考点。提高支持、降低威胁是让干系人参与的重要原则。特别是对于不支持项目、影响又比较大的干系人，必须持续地考虑如何与其进行良好互动，从而保证项目的成功。

如果想让干系人更好地参与到项目中，需要识别干系人、制订干系人参与计划、管理干系人参与、监督干系人参与，并通过一些工具和方法（如图 3-1 所示的权力 / 利益方格）让干系人更好地支持项目。

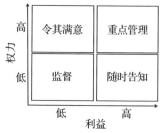

图 3-1　权力 / 利益方格

3.3.2　核心考点

（1）需要在项目过程中持续识别干系人，并尽早开始识别。

（2）制订干系人参与计划非常重要，需要判断干系人当前对项目的态度属于哪一类：支持、反对还是中立，并针对与期望的偏差，进行策略梳理。应先了解情况，再分析问题，最后制定策略。

（3）管理干系人参与可以提高支持，降低威胁。制订沟通管理计划可以让沟通效率更高、效果更好。干系人参与度高可以解决期望的问题，沟通管理计划制订得好可以解决沟通效率的问题，两者的区别要注意理解。干系人登记册包含的信息包括干系人的要求和期望，以及他们的兴趣和影响水平。干系人参与评估矩阵以图示方式说明了干系人参与的当前和期望水平，这一信息可用于确定消除这些水平之间的差距所需的行动。

3.4　原则四：聚焦于价值

3.4.1　原则具体解读

考生必须理解，项目成功的最终指标和驱动因素是价值实现，而不是完成某项具体任务。做完项目，项目不一定能够成功；产生价值，才叫真的成功。价值、收益和成果的关系是：价值以收益的实现作为基础，收益以成果的实现作为载体，具体如图 3-2 所示。虽然在 PMI 体系下，对于成果、收益

和价值有明确的区分，但考生在 PMP 考试备考过程中，只需要知道三者的
关系即可，而且之前的 PMP 考题中有时会将收益和价值混用，题目的表述
不是很严谨，考生不必在此问题上过于纠结。

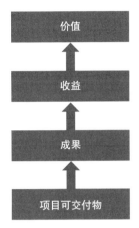

图 3-2　价值实现流

　　另外，考生需要知道价值和收益可以从定性和 / 或定量、有形和 / 或无
形的角度来定义。有形收益可包括经济价值、固定设施等，无形收益可包括
商誉和品牌认知度的提升、公共利益的改善等。

　　因为项目聚焦于价值和收益，所以商业论证很重要。商业论证主要包括
商业需要、项目理由和战略背景。对于项目经理来说，不但要知道做什么，
还要知道为什么做，这就是商业论证的作用。知道"出发"的目的，才能更
好地交付项目的价值。

3.4.2　核心考点

　　（1）价值具有主观性。如果某人对项目产生的收益没有价值感，那么对
他来说，这个收益就没有价值。不同人对不同的收益有不同的价值感，所以
聚焦价值的核心是做好干系人分析，知道当下要如何平衡不同干系人对不同
收益的价值感，从而确定项目的整体价值。

　　（2）商业论证要持续进行。如果执行现状与商业论证文件中的信息存
在偏差，组织可以选择终止对此项目的投入。也就是说，"不再有商业价值"
是项目提前终止的重要原因。

（3）商业论证属于商业文件而不是项目文件，项目经理不可对其进行更新或修改，只可提出相关建议。

（4）尽管商业论证中还包含无形的价值和收益，但考生需要了解净现值、内部收益率、回收期、收益成本分析、投资利润率等基本概念（见表3-2），具体指标的讲解和计算，详见本书 4.8.2 节。

表 3-2　商业论证中的常见概念

概念	解释	说明
项目优先级	项目重要程度，代表获得资源的能力	越高越好
净现值（NPV）	·NPV = 未来收益的现金流折现 − 初始投资额 ·NPV 考虑了风险 ·$NPV = \sum_{t=0}^{n}(CI-CO)_t(1+i_c)^{-t}$	越大越好
内部收益率（IRR）	净现值为 0 时的折现率	越大越好
回收期（Payback）	收回成本所需时间，分动态、静态两种	越短越好
收益成本分析（BCR）	净利润与成本之比	越大越好
投资利润率（ROI）	ROI = 年利润总额 / 总投资额 × 100%	越大越好

3.5　原则五：识别、评估和响应系统交互

3.5.1　原则具体解读

项目不是孤立存在的，在组织中它可能在某一个项目集中，项目集可能又在一个项目组合里。这就导致项目经理不能只在项目层面思考项目，要在整个系统体系中思考项目，如图 3-3 所示。另外，项目的环境也会发生变化，内外部环境的变化是动态的，项目会受到这些因素的影响，如果忽视这些因素，项目就成了一个孤岛，是很难真正成功的。这条原则的核心是让项目经理有大局观，在更全面的视角上思考项目，更好地让项目成功。

大局观的搭建还需要尽早识别不同项目团队的基本假设。小到公司部门，大到不同组织的合作，都会有自己原有的假设和立场。此项原则要求项目管理团队必须有能力尽早识别和评估这些固有的假设条件，以及可能产生抵触或者消极方面的情绪。尽早地识别和评估这些系统性的风险，对于项目的成功至关重要。除此之外，还应该尽早对这些系统性的思考做出响应，制定应对策略和优化方案，以让项目适应组织的要求，交付最大的价值。

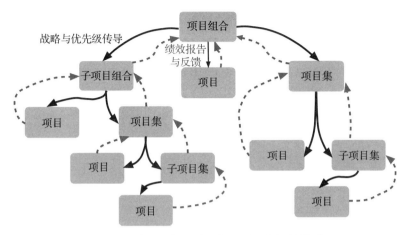

图 3-3　项目组合、项目集、项目之间的关系

3.5.2　核心考点

（1）项目集中的各个项目，需要分析相互的关系，目标是让项目集的收益最大化。战略的变化可能会让项目组合变化，从而影响项目的决策。

（2）项目集经理需要对项目集整体的计划负责，特别关注项目之间的依赖关系。项目经理需要关注项目管理计划以及项目内部各个模块的依赖关系。

（3）项目会受到各干系人约定俗成的习惯和假设的影响，也会受到各个其他相关模块的进度影响。这些假设条件和制约因素，通常是风险产生的起因，项目早期要开始识别，并持续跟踪。

（4）需要考虑系统的时序要素，也就是随着时间的推移项目要交付什么，完成什么。特别要注意：项目完成所有工作之后，后期的移交（通常是移交给运营团队）也是系统时序中的重要工作，否则价值和收益可能无法实现。

3.6　原则六：展现领导力行为

3.6.1　原则具体解读

领导力是 PMP 考试中一定会出现的考点。项目通常涉及多个组织、部门、职能或供应商，它们会不定期互动，产生不同的冲突。所以项目中的任何团队成员可能都需要展现出领导力行为，推动协同。高绩效项目会有更多的人更频繁地展现出有效的领导力行为。领导者需要特别关注干系人的能力和意愿。考生需要注意的是，在《PMBOK® 指南》第 6 版中，特别强调项目经理需要具有领导力，在《PMBOK® 指南》第 7 版里，弱化了特定的角色，提出项目经理、项目团队成员等均需要在不同的场合中具备领导力，当然考试考查的主要还是项目经理的领导力。有效的领导力只有在适合的特定情形中才会表现出来，根据不同情景变换领导风格，是需要掌握的能力。比如：

- 在混乱无序的时刻，指令型的行动比协作型解决问题更清晰、更有推动力；
- 对于拥有高度胜任且敬业的员工的环境，授权比集中式协调更有效；
- 发生冲突时，中立地引导要比提出详细建议更有帮助。

领导力不是权力，领导力更多的是通过影响他人而产生良好结果的能力，而非通过职权压力让他人服从。

3.6.2　核心考点

（1）任何组织在不同时期所需要的领导力风格是不同的。常见的领导力风格包括专制型、民主型、放任型、指令型、参与型、自信型、支持型、共识型。领导力风格理论（Average Leadership Style，ALS）重点分析了三种领导力风格，即专制型、民主型和放任型领导力风格。专制型（autocratic）的领导者只注重工作的目标，仅仅关心工作的任务和工作的效率，对团队的成员不够关心，权力被掌握在领导者个人手中。民主型（democratic）团队的权力由全体成员掌握，领导者只起到一个指导者或委员会主持人的作用，其主要任务就是在成员之间进行调解和仲裁。团队的目标和工作方针要尽量公之于众，征求大家的意见并尽量获得大家的赞同。具体的工作安排和人员调配等问题，均要经共同协商决定。放任型（laissez-faire，free-rein）团队的权力被掌握在每一个成员手中，领导者置身于团队工作之外，只起到一种被动服务的作用，其扮演的角色有点像一个情报传递员和后勤服务员。领导者较少做出关于团队目标和工作方针的指示，对具体工作安排和人员调配也不做明确指导。每种领导风格适用于不同的公司环境和场景，没有对错，只有是否适合。PMP 考试题目中曾经考查过几种不同领导力风格的使用场景，考生需要注意。

（2）试题中可能会出现共享型领导力（shared leadership）的概念。共享型领导力是指由领导者和其下属成员组成的管理团队来共同承担领导责任，领导者必须摆脱传统独自负责和控制一切的观念，使下属成员更愿意担任责任并更具主动性。在共享型领导力中，团队成员对整体工作的成败负有较大的责任，都参与组织的管理职能，都必须对组织的成败和管理负责，思考问题的角度也从自己领域的利益转向全局。共享型领导力在团队发展不同的阶段效果不一样，有些情况下还有必要使用传统的独裁方式来领导团队。企业要根据不同场景灵活加以选择。

（3）跨职能团队的合理搭建可以增加团队领导力的效果。不同的人朝着项目的目标去思考，而不是自己部门的职能绩效。这是跨职能团队追求的目标，需要跨职能团队的所有参与者均具备一定的领导力。

（4）任何项目团队成员或干系人，不论其角色或职位如何，都可以激励、影响、教练和培养项目团队。考试中发现团队成员目标不一致，要特别注意使用领导力对团队成员施加影响。

3.7　原则七：根据环境进行裁剪

3.7.1　原则具体解读

项目具有独特性，既有独特的交付成果，又有独特的项目环境。选择刚好适合项目的流程、工具和开发方法是非常重要的，这需要根据项目的环境进行定制化的裁剪。裁剪是对有关项目管理方法、治理和过程做出深思熟虑的调整，使之更适合特定环境和当前任务。裁剪的目的是让项目交付最大的价值，并且在项目管理过程中降低管理成本、提高管理效率。还需要特别注意的是，对方法进行裁剪是迭代的，因此在整个项目进行期间，这种裁剪是一个持续的过程。关于裁剪的其他具体内容，详见本书第 5 章。

3.7.2 核心考点

（1）裁剪的主要目的是适应项目的独特性，让管理更有效，减少非必要的浪费。

（2）内部项目裁剪可能只需要项目经理批准即可，而对外部团队有影响的裁剪变更可能需经 PMO 或 VDO（价值交付办公室）批准。PMO 或 VDO 可以通过提供其他项目团队的想法和解决方案来帮助项目团队对自己的方法进行裁剪。

（3）项目可以裁剪的方面包括生命周期和开发方法的选择、过程、参与人员、工具、方法和工件。

3.8 原则八：将质量融入过程和可交付物中

3.8.1 原则具体解读

质量是产品、服务或成果的一系列内在特性满足需求的程度。质量包括满足客户陈述的或隐含的需求的能力。要对项目的产品、服务或成果进行测量，以确定是否符合验收标准。

项目质量管理包括执行组织确定质量政策、目标与职责的各过程和活动，从而使项目满足其预定的需求。

在《PMBOK® 指南》第 6 版里，质量管理分为规划质量管理、管理质量和控制质量三个过程。其中，规划质量管理要识别质量标准，并描述如何达到；管理质量把组织的质量政策用于项目，并将质量管理计划转化为可执行的质量活动，做质量审计，对项目过程进行分析；控制质量要对可交付物做检查和测试，确保项目输出完整、正确，并满足客户期望。

质量管理的五个基本理念是：客户满意，预防胜于检查，持续改进，管理层的责任，与供应商的互利合作关系。质量管理的一个根本前提是：项目质量管理需要兼顾项目管理（过程）与项目产品（结果）两个方面。

3.8.2 核心考点

（1）质量政策（policy）是由**高级管理层颁布**的、确定组织质量工作方向的高层次文件。执行组织的产品质量政策经常**可"原样"照搬**到项目中使用。如果执行组织没有正式的质量政策，或项目涉及多个执行组织（如合资项目），项目管理团队就需要为项目制定质量政策。无论质量政策源自何处，项目管理团队必须通过适当的信息发布，**确保干系人完全了解项目所使用的质量政策**。

（2）质量可能有几个不同的维度，需要特别注意。

- **绩效**。可交付物的功能是否符合项目团队和其他干系人的预期？
- **一致性**。可交付物是否适合使用，是否符合规格？
- **可靠性**。可交付物在每次执行或生成时是否会产生一致的度量指标？
- **韧性**。可交付物是否能够应对意外故障并快速恢复？
- **满意度**。可交付物是否会获得最终用户的积极反馈？这包括可用性和用户体验。
- **统一性**。和相同方式生成的其他可交付物相比，可交付物是否具有相同性？
- **效率**。可交付物是否能以最少的输入和人力投入产生最大的输出？
- **可持续性**。可交付物是否会对经济、社会和环境参数产生积极影响？

（3）项目团队根据需求使用测量指标和验收标准来测量质量。验收标准最好是定量的，在项目初期就定义好，并在过程中根据情况进行调整。如果对验收标准进行调整，需要走变更流程。质量测量指标可允许的变动范围叫公差。

（4）质量成本（COQ）是指在整个**产品生命周期**中的、**评价产品或服务是否符合要求，以及因未达到要求而发生的**所有成本。质量成本包括一致性成本和非一致性成本，具体如图 3-4 所示。

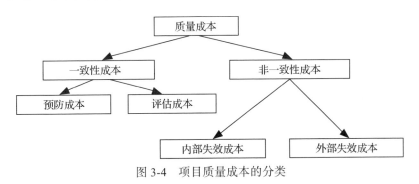

图 3-4　项目质量成本的分类

（5）使用鱼骨图可以找到质量问题发生的根本原因，使用帕累托图可以找到问题发生的最主要原因，使用流程图可以按顺序找到问题的原因，使用散点图可以找到两个问题的共同原因。考生需要对这几个常见的图进行梳理和记忆。

（6）按有效性递增排序的五种质量管理水平如下：

- 让客户发现缺陷。这种方法可能会导致担保问题、召回、商誉受损和返工成本。
- 先通过控制质量检测和纠正缺陷，再将可交付物发送给客户。该过程会带来相关成本，主要是评估成本和内部失效成本。
- 通过质量保证检查纠正过程，不仅仅是特殊缺陷。
- 将质量融入项目和产品的规划和设计中。
- 在整个组织内创建一种关注并致力于实现过程和产品质量的文化。

3.9 原则九：驾驭复杂性

3.9.1 原则具体解读

此项原则直接考点较少，主要强调项目的复杂性是由人类行为、系统交互、不确定性和模糊性、技术创新造成的。该原则旨在提醒当今的项目环境瞬息万变，项目难度越来越大，驾驭复杂性对项目成功来说是非常重要的一项能力。项目的复杂性可能会出现在任何领域和项目生命周期的任何时点，使项目受到影响。

3.9.2 核心考点

驾驭复杂性的方法通常是：

（1）持续关注项目组件和整个项目、项目团队，随时留意出现复杂性的迹象，识别贯穿整个项目的复杂性要素。

（2）了解系统思考、复杂的自适应系统以及过往项目工作的经验。

以上方法可以增强项目团队驾驭复杂性的能力，更好地警惕出现复杂性的迹象。

3.10 原则十：优化风险应对

3.10.1 原则具体解读

风险是一个中性词，包含机会和威胁。项目风险管理的目的是持续评估风险敞口，最大化机会，最小化威胁。

需要注意的是，不但要分析项目的单个风险，还要分析项目的整体风险。风险的识别需要在整个项目期间持续进行。风险管理包括规划风险管理、识别风险、定性风险分析、定量风险分析、规划风险应对、实施风险应对、监督风险。

本原则中的"优化"风险应对，旨在强调对风险应对方案的审视与细化，在落地性上进行深度思考。建议将本原则与本书 4.9 节不确定性绩效域结合起来学习。

3.10.2 核心考点

对于风险应对措施，应该着重考虑如下各项内容：

（1）与风险的重要性相匹配。高优先级的风险，应对措施应该更详细，备选方案应该更多。

（2）具有成本效益。应该考虑风险管理的性价比，如果投入过大，则需要分析风险应对措施的成本效益比。

（3）在项目环境中切合实际。风险的应对措施应该符合当前的项目环境，切实有效地处理风险隐患。

（4）与相关干系人达成共识。对于某些风险应对措施，不同干系人可能存在不同的想法。这需要引导大家达成共识，从而更好地执行风险应对措施。

（5）由一名责任人承担。每项风险应配有责任人，对风险应对负责。责任人应该尽早指定，最好在风险识别之后就指定。

3.11 原则十一：拥抱适应性和韧性

3.11.1 原则具体解读

适应性是指应对不断变化的情形的能力。韧性是指吸收冲击的能力和从挫折或失败中快速恢复的能力。聚焦于成果而非输出，有助于增强适应性。

也就是说，关注项目真正的收益和价值，而不是交付的工作，对于拥抱适应性和韧性会更有帮助。

3.11.2 核心考点

在项目环境中，支持适应性和韧性的能力包括：

- 较短的反馈循环，以便快速适应；
- 持续学习和改进；
- 拥有宽泛技能组合的项目团队，同时还有在每个所需技能领域具有广博知识的个人；
- 定期检查和调整项目工作，以识别改进机会；
- 多样化的项目团队，以获得广泛的经验；
- 开放和透明的规划，让内部和外部干系人参与；
- 小规模的原型法和实验，以测试想法和尝试新方法；
- 充分运用新的思考方式和工作方式的能力；
- 平衡工作速度和需求稳定性的过程设计；
- 组织的开放式对话；
- 具有宽泛的技能组合、文化和经验的多样性项目团队，同时还有各个所需技能领域的主题专家；
- 对过去相同或类似工作中所获学习成果的理解力；
- 预测多种潜在情景，并为多种可能的情况做好准备的能力和意愿；
- 将决策推迟到最后责任时刻；
- 管理层支持；
- 平衡速度和稳定性的开放式设计。

3.12 原则十二：为实现预期的未来状态而驱动变革

3.12.1 原则具体解读

变革管理是一种综合的、周期性的和结构化的方法，可使个人、群体和组织从当前状态过渡到实现期望收益的未来状态。变革管理是一套系统性的方法，有效的变革管理采用激励型策略，而不是强制型策略。变革管理更强调的是大家从内在认可变革的价值，主动地发生改变，参与到变革过程中，而不是从外在强迫他人服从变革。

变革管理与变更管理不一样。变更管理是指项目中执行的工作与计划的基准不一样，需要走变更流程；而变革管理是指让组织从 A 状态顺利过渡到 B 状态的一整套方法。变革管理涉及的知识内容更加丰富，考生在答题的过程中要特别注意。变革管理可以加速组织战略转型的成功，通过一系列的步骤和方法让大家更容易接受状态的变化，从外在和内在两个维度分别加速变革的进程。这个原则也是对之前很多原则的一个综合，整个十二大原则之间不是割裂的，而是相辅相成、相互作用的。

3.12.2　核心考点

考生需要了解常见的变革管理的一些步骤和方法，比如科特的变革八步法。

- 第 1 步：营造紧迫感。
- 第 2 步：组建强大的联盟。
- 第 3 步：创建变革愿景。
- 第 4 步：沟通愿景。
- 第 5 步：清除障碍。
- 第 6 步：创造短期成果。
- 第 7 步：促进深入变革。
- 第 8 步：巩固企业文化中的变革。

🌐 第 3 章练习题及答案

○ 练习题

1. 你的公司合规办公室刚刚发布了一项新的要求，即在每个高关键性产品发布之前必须提交一份复杂的安全检查表。由于这个表格原来并不需要，所以你没有制订完成它的计划。你的发布日期快到了，

递交检查表的日期也快到了，你应该怎么做？（　　　）

A. 确保检查表填写准确并按时提交

B. 把完成和提交检查表的任务委托给你的项目的业务分析员

C. 根据历史记录，自己完成检查表

D. 要求 PMO 完成检查表

2. 一个项目经理被任命为一个技术性很强的项目的负责人，而这个人对这个领域的熟悉程度有限。项目经理将制定进度、估算成本、确定活动和估算活动资源的过程全部委托给不同的项目组成员，自己基本上偶尔充当裁判和活动的协调者。这种方法的结果可能是（　　　）。

A. 团队在整个项目中以非常高的水平运作，显示出较高的创造力和承诺度

B. 团队最初经历了一些混乱，但经过一段时间后，成为一个有凝聚力的有效单位

C. 团队的生产力不高，但由于项目经理所创造的工作环境，大家保持在一起

D. 团队的特征为业绩差、士气低、冲突多、人员流动大

3. 首席财务官是你的敏捷项目的一个关键干系人。有一天，他给你发邮件写道："我刚刚看到了积压的内容，我们有一个问题！我们需要更新故事 12.4 到 12.6 的描述，以反映我们新的数字业务战略。"你应该如何回应？（　　　）

A. 积压的工作已经根据能增加的商业价值进行了优先排序

B. 我注意到了这一点，并且已经把这个请求提交给了变更控制委员会进行审批

C. 团队已经做了这些更新，它们将被包括在下一个积压的版本中

D. 我将把这个请求提交给产品负责人，由他来决定如何处理

4. 干系人是项目管理中非常重要的概念。干系人可以是个人、团队或组织，会影响项目，也可能受到项目的影响，还可能自认为会受到项目的影响。关于项目干系人，如下说法除了哪一项其他都是正确的？（　　　）

A. 需要在项目过程中持续识别干系人，并尽早开始识别

  B. 制订干系人参与计划非常重要，需要判断干系人当前对项目的态度属于哪一类，是支持、反对还是中立，并且针对与期望的偏差，进行策略梳理

  C. 管理干系人参与可以提高支持，降低威胁

  D. 在干系人参与计划中可以明确跟不同干系人沟通的频率

5. PMI 人才三角指出了项目经理需要具备的三个关键技能，其中不包括（ ）。

  A. 工作方式

  B. 商业敏锐度

  C. 影响力技能

  D. 谈判技能

6. 在一个需要高度创新的科研项目中，项目经理应该主要使用哪种领导力风格？（ ）

  A. 放任型

  B. 服务型

  C. 交易型

  D. 交互型

7. 大家都愿意跟随某个项目经理做项目，因为他赏罚分明，团队成员按时实现每个里程碑都有奖金，突出贡献者还有额外奖励。这位项目经理主要采用了哪种领导力风格？（ ）

  A. 变革型

  B. 服务型

  C. 交易型

  D. 魅力型

8. 在一个敏捷项目中，谁负责确保最终产品的质量？（ ）

  A. 项目经理应该在发布前检查产品的质量

  B. 客户应该在产品完成后对其进行审查，以确保它适合商业目的

  C. 开发团队应该在构建产品的同时验证、确认和测试产品

  D. 用户应该试用第一个版本，并向团队发送反馈和错误报告

9. 在一个设计和生产餐厅厨房使用的新工具的项目中，成本已被确定为最优先的制约因素。项目组在其质量计划中包括了对这些工具的随机抽样。虽然成本是一个关键因素，但产品也必须符合高质量标准。以下哪些是非一致性成本的例子？（请选择三个）（　　）

A. 返工

B. 质量培训

C. 废品

D. 保修费用

10. 在过去的几次迭代中，你注意到你的敏捷团队的周期时间一直在逐步上升。起初，这似乎只是正常的变化，但你现在已经确定这是一个确定的趋势，并希望在团队的下一次回顾会上解决这个问题。你应该怎么说？（　　）

A. 让我们集思广益，找出问题的根源，了解它发生的原因

B. 我们将做一个根本原因分析，在下一次迭代之前确定问题的来源

C. 让我们找出我们一直在做的更有效的事情，以确保我们在此基础上继续发展

D. 我们的周期时间终于上升了！感谢大家为达到这个里程碑而付出的努力

11. 在迭代审查之前，你发现你的敏捷团队的首席开发人员编写的代码中存在一个重大错误。你应该怎么做？（　　）

A. 打电话给人力资源部门，安排一个培训课程来提高开发人员的编码技能

B. 在团队的下一次回顾会上提出来，作为一个例子说明什么是不应该做的

C. 提醒测试部门注意其他代码中是否有类似问题

D. 与开发人员先私下讨论这个问题，暂时不告诉其他团队成员

12. 大部分的项目风险将在哪个风险管理过程中被识别？（　　）

A. 进行定量的风险分析和风险识别

B. 识别风险和监控风险

C. 进行定性的风险分析和风险监控

D. 识别风险和执行定性风险分析

13. 你的团队正在为一条药品生产线设计一个包装机器人。产品负责人是个工程师，他告诉你，创建一个风险调整后的待办事项列表是在浪费团队的时间。你回答说这个工具可以让团队（ 　　 ）。

A. 使关键产品功能的预期货币价值最大化

B. 交付最高价值的功能，同时减轻最严重的威胁

C. 在持续改进和逐步阐述之间取得平衡

D. 计算出应对所有机会和威胁所需的应急储备

14. 项目经理刚刚被雇用来管理一个提高会计部门数据处理效率的项目，他最关心的是管理项目的风险。项目周期很短，发起人的期望很高。以下哪项最能帮助项目经理对项目的风险进行初步评估？（ 　　 ）

A. 敏感性分析

B. 项目规划过程中的项目范围说明书

C. 对企业环境因素的审查

D. 与一个从事类似项目的项目经理的谈话

15. 为确保你的敏捷团队不断改善他们的流程和生产力，什么是最好的选择？（ 　　 ）

A. 鼓励团队在每次迭代后做一次决策树分析

B. 在每次产品演示后，进行一次迭代回顾

C. 邀请关键的干系人参加团队的会议，以提供即时的反馈

D. 进行定期的风险审查，讨论计划中的风险应对措施的有效性

16. 你知道你的组织中的一些团体会对需求提出意见，这可能会影响你制定一个现实的进度。管理干系人的期望总是很重要的，但要达到让干系人满意，某些团体比其他团体更重要。以下所列的都是团队干系人管理工作的一部分，除了（ 　　 ）。

A. 确定干系人的需求

B. 识别干系人

C. 给予干系人附加价值

D. 管理干系人的期望

17. 在管理一个变化驱动的项目中，干系人管理的哪一方面是最重要的？（ ）

A. 确保团队成员在任何时候都有充分的时间

B. 规划团队成员与其他干系人的互动

C. 让团队单独解决自己的问题

D. 确保对项目目标有共同的理解

18. 你正在计划一个项目，为一个大型医疗中心开发一个网站，该网站将被病人、医务人员、支持人员和保险公司代表使用。哪种工具能最好地帮助你确定干系人对这个项目目前的态度，以及你需要从这些群体中的每一个人那里得到的参与程度？（ ）

A. 干系人登记册和干系人参与评估矩阵

B. 趋势分析和需求追踪矩阵

C. 数据分析和资源管理计划

D. 假设和制约因素分析

19. 作为项目经理，你无法像你希望的那样分配时间与你的干系人互动。你将优先了解以下哪个干系人？（ ）

A. 干系人是项目产品的专家，但对在他的部门实施项目不感兴趣

B. 将要使用项目产品的部门经理，众所周知，他对变革有抵触情绪

C. 项目发起人，你曾与他成功合作过许多项目

D. 对项目产品不熟悉的部门员工，但他对该产品对其工作环境的影响持开放态度

20. 某研发项目刚刚召开完启动会，项目经理发现大家对项目的重要性有了一定的理解，但是大家针对项目的沟通机制、基本原则等的理解还不是很统一，对此，项目经理应该做什么？（ ）

A. 向各团队成员的职能经理阐明项目的重要性

B. 向团队成员明确说清楚做不好项目会受到什么样的惩罚

C. 跟团队成员一起商讨项目的沟通机制，努力营造信任的团队环境和氛围

D. 让发起人去影响更多的干系人

21. 在项目进行过程中，行政部的专员向项目经理抱怨，他不清楚项目经理在项目中的工作职责和身份，不知道如何协助其他人做好这个项目。项目经理本应该在项目早期怎么做以防止此类问题的发生？（　　　）

A. 在项目早期，通过不同的沟通方法，在组织内外准确地说明自己的身份、角色、所在项目团队及其职权，以便大家清楚他作为项目管家的角色定位

B. 在项目启动阶段，转发带有项目章程的附件的邮件，告诉此行政专员项目章程中已经写清楚项目经理和发起人的职责

C. 在召开的启动会上，让大家反馈不清楚的问题。如果有人问起项目经理的职责范围，再单独制作一个文件，说明项目经理的职责

D. 通过发起人的力量，在项目的早期借力搞定诸多细节问题，没有必要在细枝末节的问题上浪费太多的时间和精力

22. 项目团队成员来自不同的国家和地区，项目经理在管理团队的时候，应该注意（　　　）。

A. 在保证项目基本原则的基础上，让团队成员充分表达意见，并尊重个人的文化习惯

B. 推动强有力的标准化规则，让团队成员努力遵守，提高项目的效率

C. 充分尊重项目团队成员的文化和习惯，在不同的规则下进行项目运作

D. 询问项目发起人的意见，让发起人制定相关的统一规则，来约束不同地区的项目成员

23. 项目经理观察到项目团队成员在项目开始时感觉没什么信心。在项目开工会议（Kick-off Meeting）上，项目经理与团队成员进行头脑风暴的好处是（　　　）。

A. 让消极者离开

B. 为团队成员灌输信心

C. 从一开始就识别风险

D. 帮助沟通

24. 某项目都由职能经理控制，项目经理的角色是（　　　）。

    A. 协调员、联络员

    B. 技术主管

    C. 发起人

    D. 促进者

25. 以下关于不同场景下的领导力，哪项表述是错误的？（　　　）

    A. 当发生冲突时，中立地引导要比提出详细建议更有帮助

    B. 对于拥有高度胜任且敬业的员工的环境，授权比集中式协调更有效

    C. 在混乱无序的时刻，指令型的行动比协作型解决问题更清晰、更有推动力

    D. 无论在何种情况下，广泛听取大家的意见都是正确的选择

26. 关于共享型领导力，如下哪种说法是正确的？（请选择四个)(　　　）

    A. 共享型领导力是指由领导者和其下属成员组成的管理团队来共同承担领导责任

    B. 共享型领导力虽然强调团队参与，但领导者还是可以独自决策的

    C. 在共享型领导力的模式下，领导者必须摆脱传统的独自负责和控制一切的观念

    D. 在共享型领导力的模式下，团队成员对整体工作的成败负有更大的责任，都参与组织的管理

    E. 在共享型领导力的模式下，团队成员思考问题的角度要从自己领域的利益转向全局

    F. 共享型领导力鼓励角色互换，领导者和团队成员的角色可以进行转换甚至轮岗，让大家感受彼此的职责

27. 关于质量成本，如下哪一个说法是错误的？（　　　）

    A. 质量成本包括一致性成本和非一致性成本

    B. 一致性成本包括检查成本和评估成本

    C. 供货商调查属于一致性成本

    D. 破坏性测试导致的损失属于评价成本

28. 关于变革管理，如下哪个说法是不正确的？（请选择两个)(　　　）

A. 变革管理是一种综合的、周期性的和结构化的方法，可使个人、群体和组织从当前状态过渡到实现期望收益的未来状态

B. 有效的变革管理采用激励型策略，而不是强制型策略

C. 变革管理的第一步是组建强大的联盟

D. 变革管理是一种内在的过程，工具、方法、流程不能真正推动变革的发生

E. 变革管理更强调的是大家从内在认可变革的价值，主动地发生改变，参与到变革过程中，而不是从外在强迫他人服从变革

29. 项目目标是为汽车行业开发改进部件。对原型测量后发现，许多数据都超出技术规定界限，分析显示造成这些差异的原因有多种。项目团队如何确定应先解决哪个原因？（　　　　）

A. 鱼骨图

B. 控制图

C. 帕累托图

D. 趋势图

30. 项目的复杂性是由人类行为、系统交互、不确定性和模糊性、技术创新等因素造成的。项目的复杂性可能会出现在任何领域和项目生命周期的任何时点，并使项目受到影响。驾驭复杂性的原则有很多，通常包括如下方法：（请选择两个)（　　　　）。

A. 持续关注项目组件和整个项目、项目团队，随时留意出现复杂性的迹象，识别贯穿整个项目的复杂性要素

B. 通过早期制订非常详细的计划，试图减少复杂性对于项目的影响。因为详细的计划可以帮助团队在前期进行很好的预判

C. 了解系统思考、复杂的自适应系统以及过往项目工作的经验

D. 项目的复杂性会随着新技术的诞生而逐渐减少，团队成员可以通过知识经验梳理逐渐减少复杂性对项目的影响

○ 答案解析

1. 答案：A

解析：本题考查原则一。项目经理的责任是确保满足合规要求。在这种

情况下，这意味着找到合适的人完成表格并确保按时提交。

2. 答案：D

解析： 本题考查原则一。作为管家，项目经理必须管理和整合一个项目的所有方面。如果所有的活动都被委托出去，就会出现混乱，团队成员会花更多的时间争夺位置而不是完成活动。

3. 答案：D

解析： 敏捷项目欢迎变化，所以你不会告诉 CFO 积压的工作已经被优先处理了，不能做任何改变。你也不会自己处理变更，因为敏捷项目的变更是由产品负责人和团队管理的。剩下的任何一个答案都可能是合理的，但这听起来不像是团队在没有与产品负责人讨论的情况下自己处理的日常变化。另外，敏捷积压通常没有"版本"，它们是不断被编辑和更新的动态文件。因此，最好的回答是，你将把这个请求提交给产品负责人，由他来决定如何处理这个问题。

4. 答案：D

解析： 制订干系人参与计划的目的是影响干系人的期望，而沟通管理计划的目的主要是确认沟通频率和沟通方式。所以干系人参与计划重点关注的不是沟通效率和效果，而是影响干系人的策略。

5. 答案：D

解析： PMI 人才三角中的关键技能包括工作方式、商业敏锐度、影响力技能。D 为正确答案。谈判能力是项目经理需要具备的技能，但不是 PMI 人才三角中提到的关键技能。本题的考点是 PMI 的人才三角，具体见本书 2.2 节讲解的内容。

6. 答案：A

解析： 对于高度创新型项目和能力很强的人，可以进行松散式管理。A 选项正确。服务型领导力通过为团队成员提供服务来使他们愿意跟随自己。交易型领导力通过给团队成员奖励来激励他们。交互型领导力是交易型、变革型和魅力型领导力的混合体，与题干不符。本题考点是领导力风格。虽然 B 选项和 C 选项也有一定道理，但是 A 选项最切题。放任型领导力不是放任不管，而是让团队做决策，适时监督。此题考查原则六：展现领导力行为。

7. 答案：C

解析：变革型领导力是用项目将实现的变革来激励大家，A 选项不切题。服务型领导力是通过为团队成员提供服务来使他们愿意跟随自己，B 选项不切题。交易型领导力通过给团队成员奖励来激励他们，C 选项与题干情景最符合。魅力型领导力是以个人魅力来领导大家，D 选项不切题。本题考点是领导力风格与交易型领导力的特点。

8. 答案：C

解析：在敏捷环境中，开发团队负责在构建解决方案时完成大部分的质量保证工作（一些质量保证工作也可以由一个单独的测试团队完成，但这个选项没有在这里列出）。为了做到这一点，该团队遵循一个迭代的过程，包括许多重叠的验证和确认周期。同时，客户会定期给它反馈，以确保它的工作适合商业目的。然而，客户的审查并不是为了发现测试或质量保证问题。在发布前或发布后检查质量的两个答案选项是不正确的，因为它们发生的时间太晚。在成品上"提高"质量是非常昂贵的；相反，质量应该在开发过程中"内置"。本题考查原则八：将质量融入过程和可交付物中。

9. 答案：A、C、D

解析：质量培训是一致性成本。其他选项都是非一致性质量要求的成本。具体可参考本书本章中对质量成本的分类解读。

10. 答案：A

解析：如果你的团队周期时间开始上升，这是一个值得关注的问题，而不该庆祝。虽然根本原因分析可能是最好的选择，但敏捷回顾是一个合作的过程，所以直接告诉团队该怎么做是不合适的。因此，最好的方法是开始讨论和集思广益。A 选项比 B 选项好，敏捷倡导使用团队的力量。B 选项像是在布置任务，又像是要自己完成。在理念上，A 选项更佳。

11. 答案：D

解析：作为敏捷团队的仆人式领导者，营造一个开放的环境是非常重要的。在这个环境中，人们可以放心地失败和犯错。在这样的情况下，应该先与开发人员私下讨论这个问题。在回顾会上向整个团队提出这个问题是不合适的，除非你和犯错误的人事先达成共识，认为这对其他团队成员来说是一个很好的学习机会。未经私下讨论就提出这个问题，只会让开发人员感到尴尬，并使他们处于防御状态，应创造一个相反的即安全和开放的环境。

12. 答案：B

解析：尽管风险可以在整个项目的任何时候被识别，但大多数风险是在识别风险的过程中被识别的。新出现的风险在监控风险过程中被识别。

13. 答案：B

解析：风险调整后的待办事项列表允许敏捷团队在交付最高价值的功能和减轻最高影响的威胁之间取得平衡，根据影响的大小，将这些功能放在一个列表中进行优先排序。虽然创建积压涉及对产品功能的预期货币价值的估算，但它不会改变（或最大化）它们的价值。带有风险项的待办事项列表不是用来计算应急储备的，而是用来平衡功能和威胁的。

14. 答案：D

解析：敏感性分析是定量风险分析的一个工具，用于比较已经确定的项目的风险。审查范围说明书只能提供对项目范围方面风险的评估。企业环境因素涉及企业文化和组织，这也不足以评估整个项目的风险。与从事过类似项目的项目经理的谈话将提供很大的价值，因为他在那个项目上处理的风险很可能与这个项目经理在这个项目上将经历的风险相似。

15. 答案：B

解析：定期举行回顾会议，可以使敏捷团队在工作进行过程中不断改善他们的流程和生产力，这样他们可以立即应用所学到的经验。这就是正确的答案。风险回顾用来评估已经实施的风险对策的有效性。团队的日常工作会议是为了让团队成员互相分享他们的进展。决策树分析是计算不同风险应对措施或其他决定的预期价值的工具。

16. 答案：C

解析：识别所有的干系人，确定他们的需求，并管理他们的期望，这些都是良好的干系人管理的一部分。给予干系人附加价值（包括需求中没有记载的额外内容）被称为"镀金"，这不是有效的干系人或质量管理。

17. 答案：D

解析：对项目愿景和目标有共同的理解对于一个变革驱动的团队成功交

付价值至关重要。项目经理应该注意评价的鸿沟，并确保团队没有误解预期的结果，或基于他们自己的假设而走往不同的方向。由于敏捷团队是自我组织和自我指导的，项目经理不需要管理团队与其他干系人的互动，或者确保他们一直在忙于工作。虽然变化驱动的项目团队成员被授权自己解决问题，但这并不意味着项目经理应该忽视他们。

18. 答案：A

解析：干系人登记册包含的信息包括干系人的要求和期望，以及他们的兴趣和影响水平。干系人参与评估矩阵以图示方式说明了干系人参与的当前和期望水平。这一信息可用于确定消除这些水平之间的差距所需的行动。

19. 答案：B

解析：部门经理是一个关键的干系人，对他所在部门的其他干系人有很大的影响力。他对变化有抵触情绪的事实表明他需要项目经理的个人保证，否则他可能会发挥他的影响力来破坏项目。

20. 答案：C

解析：项目管理原则一是"成为勤勉、尊重和关心他人的管家"。这个原则背后蕴含着丰富的哲理，PMI 不推荐项目启动阶段就通过权力压服他人，而是通过制定透明的沟通机制，让项目团队成员形成正向的项目团队文化，这是考查的重点。C 选项为正确答案，是首先要做的事情。其他选项在理念上、顺序上都不是最佳答案。

21. 答案：A

解析：本题考查的是对"原则一：成为勤勉、尊重和关心他人的管家"中"可信"的理解。管家需要名正言顺地推动项目，需在组织内外准确地说明自己的身份、角色、所在项目团队及其职权，以便大家清楚管家的角色定位。A 选项为正确答案。B 选项的问题是，项目章程里没有对项目经理角色职责的详细梳理，更多的是证明授权了项目经理。C 选项的问题是项目经理的角色职责应该尽早制定。D 选项的问题是应该由项目经理主动解决的问题，项目经理还是要积极面对。

22. 答案：A

解析：在"原则二：营造协作的项目团队环境"中，提到多元化的项目团队可以将不同的观点汇集起来，丰富项目环境。但是多元化的前提是得有一个基本规则，在基本规则的要求下，保持大家的特色，才是高效的项目运作方法。A 选项更符合原则的核心思想和项目管理实践。

23. 答案：B

解析：Kick-off Meeting 的发生时期在计划结束后，执行开始前。开工会的主要作用是相互认识，获得承诺，明确责任，灌输信心。开工会的召开是遵循"原则三：有效的干系人参与"的重要方法。

24. 答案：A

解析：《PMBOK® 指南》第 5 版（2012 版）2.1.3 节中强调："弱矩阵型组织保留了职能型组织的大部分特征，其项目经理的角色更像协调员或联络员。"A 选项为最佳答案。关于组织结构的相关知识，建议考生要掌握。关于组织结构的具体解读，可参考《PMBOK® 指南》第 5 版（2012 版）的内容。

25. 答案：D

解析：在不同的项目环境下，施展领导力的方法是不一样的。D 选项的表述过于绝对。在某些情况下，指令型的方式更适合领导团队开展项目工作。

26. 答案：A、C、D、E

解析：考试中可能会出现共享型领导力的概念。本题 A、C、D、E 选项的表述都是对共享型领导力的正确解读。B 选项和 F 选项不属于共享型领导力的要点。

27. 答案：B

解析：一致性成本应该包含预防成本和评估成本。其他选项的答案都是正确的。本题考查的是"原则八：将质量融入过程和可交付物中"。

28. 答案：C、D

解析：C 选项不正确。在科特的变革八步法中，第一步是营造紧迫感，到了第二步才是组建强大的联盟。D 选项不对，科学的流程和方法对于推动变革有非常重要的作用和影响。

29. 答案：C

解析：首先解决的原因是最重要的原因，而帕累托图是找到问题发生最主要原因的重要工具。本书 3.8 节对质量管理常用工具做了基本阐述，要注意鱼骨图和帕累托图的区别和联系。

30. 答案：A、C

解析：B 选项不准确。对于预测型生命周期，可以在早期制订详细的计划来增加稳定性，但是对于需求多变且缺少经验的适应型生命周期的项目，可能预测得越多，计划得越细，就错得越多。D 选项不精准。经验只能解决已经出现的问题，真正的复杂性源于未知的情况。

第 4 章

项目绩效域

◉ **本章重点**

- 项目八大绩效的目标、内容、方法及成果

◉ **知识梳理**

作为《 PMBOK® 指南 》的核心内容，本章将对《 PMBOK® 指南 》中的八大绩效域分别展开结构化的讲解，围绕每个绩效域的主体思想、核心考点以及对应的考纲来展开，内容涵盖八大绩效域的目标、内容、方法和成果。这些是作者结合多年备考经验而抽取、组织的项目管理精华，能帮助考生准确捕捉开展项目工作时的重要关注点。核心考点部分能助力考生锁定必考知识，从而高效备考。本章是考生顺利通过 PMP 考试的关键，请务必认真且深入地学习。

4.1 项目绩效域概述

本章涉及《 PMBOK® 指南 》的主体内容，既详细描述了项目管理工作的八个主要方面，也简略介绍了具体的管理方法和模型，在个别地方还给出了根据需要对相关工作进行裁剪的指导。

项目绩效域涉及干系人绩效、团队绩效、开发方法和生命周期绩效域、规划绩效、项目工作绩效、交付绩效、测量绩效、不确定性绩效域，共八个，即八大绩效。其中干系人绩效域主要涉及与干系人有关的管理工作；团队绩效域主要与团队成员相关，他们负责产生项目可交付物，从而获得商业成果；开发方法和生命周期绩效域需要确定优化项目成果所需

的开发方法、交付节奏和项目生命周期；规划绩效域、项目工作绩效域、测量绩效域、交付绩效域分别涉及项目工作的规划、执行、测量和项目可交付物的交付；不确定性绩效域涉及与风险、不确定性相关的工作。

4.1.1　八大绩效域之间的关系

八大绩效域本身是一个整体，相互关联，相互交叉，互相依赖。其中，对于规划绩效域、项目工作绩效域、测量绩效域、交付绩效域，我们可以按照做项目的流程规划—执行—监控—交付来简单理解。项目的特点决定项目所用的开发方法和生命周期。同时，在整个项目期间，人和不确定性对项目的影响是持续的，需要项目经理和项目团队持续关注。这部分内容与实际的项目工作高度一致，完全可以作为指导我们开展项目工作的手册。考生要注意运用"项目管理原则五：识别、评估和响应系统交互"的思路强化对八大绩效域之间关系的理解。

4.1.2　八大绩效域在本书中的定位

八大绩效域是《PMBOK® 指南》第 7 版的核心内容。它既是项目管理原则、价值交付系统的具体实践的集合，也贯通了后面两章，即项目在项目裁剪的指导下，融合敏捷管理理念，具体运用模型、方法与工件，从而最终实现项目价值。

4.1.3　八大绩效域与《PMBOK® 指南》第 6 版的关系

八大绩效域承接了《PMBOK® 指南》第 6 版中的启动、规划、执行、监控、收尾五大过程组的大部分内容，也对项目干系人管理、项目资源管理、项目风险管理等知识领域的内容进行了提炼，并增加了部分知识。

考生如果对《PMBOK® 指南》第 6 版有一定的了解，就不难看出：干系人绩效域是对干系人管理知识领域的总结和升级；团队绩效域涵盖了项目资源管理中团队的组建、建设和管理的内容；不确定性绩效域是对项目风险管理的扩展；规划绩效域与五大过程组中的规划过程组的内容高度重合；项目工作绩效域与项目执行过程组相对应；测量绩效域与监控过程组的工作关系密切；交付绩效域将《PMBOK® 指南》第 6 版中范围管理和质量管理两个知识领域的内容从价值交付的角度进行了整合；开发方法和生命周期绩效域从《PMBOK® 指南》第 6 版第 1 章中单独分离出来成为一个独立的绩效域，可见项目管理新的发展趋势更强调对开发方法和生命周期管理的重视。

4.1.4　八大绩效域与新考纲的关系

八大绩效域的内容与新考纲的映射关系非常强。新考纲分为三个领域：人员、过程、业务环境，所占比例分别为 42%、50% 和 8%。其中人员领域对应八大绩效域中的干系人绩效域和团队绩效域，其 42% 的比例说明，项目管理越来越重视人这个因素。相对应的题目也会非常灵活，贴近项目经理工作实际场景。

考纲中的过程领域对应八大绩效域中的规划绩效域、项目工作绩效域、交付绩效域、测量绩效域、不确定性绩效域。考纲从这五个绩效域的工作中提炼出项目经理应关注的重点，针对每一关注点提出项目经理的关键工作任务，从整体上对项目经理的工作给予引导。这部分考试题目主要围绕每个绩效域的内容、管理方法及成果，也会融合模型、方法与工件的知识一并考查。

考纲中的业务环境包括八大绩效域中的开发方法和生命周期绩效域的内容及部分项目管理原则的内容。

关于此部分的学习，建议考生在整体学习完项目绩效域和模型、方法及工件这两章的内容后，借鉴《PMBOK® 指南》第 6 版中各过程的 ITTO（输入—工具与技术—输出）对应考纲的三大领域梳理总结相关知识点。

比如，干系人绩效域中干系人参与的步骤中"识别"描述了在整个项目期间，可以利用问卷调查、头脑风暴等来识别干系人。干系人被识别出之后，其基本信息、分类、评估等内容会被记录在干系人登记册中。该步骤的描述刚好对应《PMBOK® 指南》第 6 版中项目干系人管理这个知识领域的第一个过程：识别干系人，其 ITTO 如图 4-1 所示。

ITTO 是《PMBOK® 指南》第 6 版的特色，它结构化地呈现了完成一个工作的闭环，操作性极强。输入代表识别干系人需要参考的文件，工具与技术代表识别干系人的方式方法，输出为识别干系人的成果。工具用到了问卷调查、头脑风暴等；输出会得到干系人登记册。以上涉及的问卷调查、头脑风暴、干系人登记册都能在模型、方法及工件章节找到。

输入	工具与技术	输出

1. 项目章程
2. 商业文件
  • 商业论证
  • 效益管理计划
3. 项目管理计划
  • 沟通管理计划
  • 相关方参与计划
4. 项目文件
  • 变更日志
  • 问题日志
  • 需求文件
5. 协议
6. 事业环境因素
7. 组织过程资产
	1. 专家判断
	2. 数据收集
	  • 问卷调查
	  • 头脑风暴
	3. 数据分析
	  • 相关方分析
	  • 文件分析
	4. 数据表现
	  • 相关方映射分析/表现
	5. 会议
		1. 相关方登记册
		2. 变更请求
		3. 项目管理计划更新
		  • 需求管理计划
		  • 沟通管理计划
		  • 风险管理计划
		  • 相关方参与计划
		4. 项目文件更新
		  • 假设日志
		  • 问题日志
		  • 风险登记册

图 4-1　识别干系人的 ITTO

注：《PMBOK® 指南》第 7 版将相关方译为干系人。

资料来源：PMI 的《PMBOK® 指南》第 6 版。

新考纲中对应的考点为：过程领域的任务 4，如图 4-2 所示。

任务4	让干系人参与进来
	• 分析干系人（例如权力/利益方格、影响力、作用） • 将干系人归类 • 按类别让干系人参与进来 • 制定、执行并确认干系人参与策略

图 4-2　考纲中过程领域任务 4 的内容

考生如果能将绩效域与新考纲、模型、方法、工件、《PMBOK® 指南》第 6 版中相关过程的 ITTO 对应，理解得会更加深入和透彻，学习效率自然倍增。

4.1.5　核心考点

考生需要重点关注八大绩效域，掌握每个绩效域的目标、内容、管理方法及成果。对本章提到的方法和一些文件，可以结合本书第 6 章模型、方法及工件深入学习，并注意区分和总结，这些是往年考试中非常典型的出题点。

4.2　干系人绩效域

本绩效域是"项目管理原则三：有效的干系人参与"的具体实践，其目标包括与干系人建立起富有成效的工作关系、争取干系人对项目目标表示同意及持续评估干系人的满意度。项目经理和团队利用人际关系技能和领导力，正确识别、分析并合理引导所有干系人参与，同时根据干系人的满意度调整管理策略。

本绩效域的重要知识点：**有效的干系人参与的流程、识别干系人的方法、对干系人排序的权力 / 利益方格、干系人参与度评估矩阵**。考试主要考查对以上方法的理解和运用，以及区分**干系人登记册**与**干系人参与计划**的能力。

4.2.1　干系人参与

干系人参与的活动始于项目开始之时或之前，其流程如图 4-3 所示，需要在整个项目期间持续不断开展。

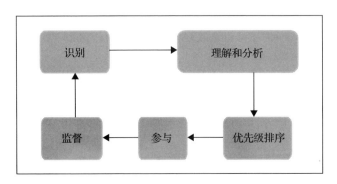

图 4-3　干系人参与流程

1. 识别

干系人识别应遵循尽早识别、全员参与、全面识别、全生命周期识别的原则。高层级的干系人在制定项目章程时或组建项目团队之前识别。在整个项目期间，可以利用问卷调查、头脑风暴等来详细识别干系人。考生需要理解以上各方法，并掌握头脑风暴的特点。干系人被识别出之后，其基本信息、分类、评估等内容会被记录在干系人登记册中，该文件的内容需要掌握。

2. 理解和分析

识别干系人后，项目经理和项目团队应努力了解干系人的感受、情绪、信念和价值观，同时利用干系人分析法分析每个干系人并获得其权力、利益、作用、影响程度、期望、态度、信念等信息。这些信息被记录在干系人登记册中，有助于项目团队考虑可能影响干系人的动机、行动和行为的相互作用。这些信息应注意保密。此部分需掌握干系人分析的作用。

3. 优先级排序

根据以上步骤得到的干系人信息，项目团队对干系人进行优先级排序，重点关注权力和利益最大的干系人。优先级排序需要在整个项目期间重复进行。

排序的方法涉及权力/利益方格、权力/影响方格、凸显模型等，其中凸显模型适合干系人关系复杂的项目。考生需要重点掌握权力/利益方格。

4. 参与

项目团队可以运用干系人参与度评估矩阵来评估干系人的参与情况。为争取干系人参与，可以运用软技能，如积极倾听、人际关系技能、冲突管理，以及创建愿景、批判性思维等领导力技能。考纲中人员领域任务 9 "与干系人协作"中这样描述：评估干系人的参与需求；使干系人的需要、期望和项目目标趋于一致；构建信任，并影响干系人，以实现项目目标。通过评估干系人的需求、构建信任、与干系人协作，能提高干系人的参与度，解决分歧，从而最终实现项目目标。

5. 监督

在整个项目期间，保持与干系人互动，监督干系人参与的数量、有效性、参与策略的效果。通过定期识别和分析来发现新的干系人或删除已经不适合的干系人。干系人满意度可以通过与干系人对话、调研、访谈、焦点小组来确定，也可以通过迭代审查会、产品审查会、阶段关口等获得定期反馈。面对大量的干系人，可以使用问卷调查来评估其满意度。必要时，甚至可以通过更新干系人参与策略来提高干系人满意度。审查项目的问题日志和风险登记册，可以识别与单个干系人有关的挑战。考生需要对以上方法及干系人参与计划非常熟悉。

4.2.2 核心考点

1. 权力 / 利益方格（Power/Interest Grid）

根据干系人的职权（权力）大小及对项目结果的关注（利益）程度进行分类，参见图 3-1 权力 / 利益方格。

2. 干系人参与度评估矩阵（Stakeholder Engagement Assessment Matrix）

干系人参与度评估矩阵用于将干系人当前参与水平与期望参与水平进行比较，如图 4-4 所示。

干系人	不知晓型	抵制型	中立型	支持型	领导型
干系人 1			C	D	
干系人 2	C			D	
干系人 3				D、C	

图 4-4　干系人参与度评估矩阵

干系人参与度可分为以下几种。

- **不知晓型**：不知道项目及其潜在影响。
- **抵制型**：知道项目及其潜在影响，但抵制项目工作或成果可能引发的任何变更。此类干系人不会支持项目工作或项目成果。
- **中立型**：了解项目，但既不支持，也不反对。
- **支持型**：了解项目及其潜在影响，并且会支持项目工作及其成果。
- **领导型**：了解项目及其潜在影响，并且积极参与以确保项目取得成功。

在图 4-4 中，C（Current）代表每个干系人的当前参与水平，而 D（Desire）是项目团队评估出来，为确保项目成功所必不可少的参与水平（期望的）。项目团队应根据每个干系人当前的与期望的参与水平的差距，开展必要的沟通，有效引导干系人参与项目。

3. 干系人分析

干系人分析用来收集干系人的基本信息，如权力、利益、作用、影响程度、期望、态度、信念等。根据这些信息，项目团队可以制定干系人管理策略并记录在干系人参与计划中。

4. 干系人登记册与干系人参与计划的区别

干系人登记册会记录项目的干系人及其基本信息、分类评估排序的内容，而干系人参与计划会记录干系人的参与度、干系人之间的关系及管理干系人的策略。干系人管理策略可以根据干系人登记册中的基本信息来制定，并根据干系人参与度评估矩阵反映的参与度偏差来修订相关的管理策略。

4.2.3 链接考纲

根据考纲，本绩效域的工作主要涉及的领域为人员和过程，要求项目经理对干系人进行指导、培训、教练和辅导，识别干系人并对其归类，制定相应的参与策略，经常评估干系人并获取有价值的信息，从而引导干系人朝有利于项目成功的方向动态变化。

考纲中与本绩效域相关的任务及驱动因素（注意：链接考纲的内容以其主要工作所在绩效域为准进行归类，其实很多驱动因素横跨多个绩效域，以下同）如表 4-1 所示。

表 4-1 考纲中关于干系人绩效域的任务及驱动因素

领域	任务	驱动因素
人员	4. 向团队成员和干系人授权	根据团队优势进行组织
		支持对团队实行任务问责
		评估任务问责的表现情况
		决定和授予决策权的级别
	5. 确保团队成员 / 干系人完成适当培训	确定培训后必须具备的能力以及培训的组成部分
		根据培训需要确定培训方案
		为培训分配资源
		衡量培训结果
	9. 与干系人协作	评估干系人的参与需求
		使干系人的需要、期望和项目目标趋于一致
		构建信任并影响干系人，以实现项目目标
	13. 指导有关的干系人	安排时间进行指导
		识别并利用指导机会

（续）

领域	任务	驱动因素
过程	4.让干系人参与进来	分析干系人（例如权力/利益方格、影响力、作用）
		将干系人归类
		按类别让干系人参与进来
		制定、执行并确认干系人参与策略

4.3 团队绩效域

本绩效域强调在整个项目期间，项目经理和项目团队成员需要展现领导力素质和技能，其目标是所有项目团队成员共担责任，并展现出领导力，从而打造信任、协作、有韧性、被赋能的高绩效团队。在进行项目规划时和在整个生命周期内，与干系人沟通项目愿景和收益，明确项目目标，为团队创建文化和环境；在参与项目工作时，运用批判性思维、问题解决和决策方法，解决和消除团队面临的障碍、妨碍和阻碍；在整个规划绩效域和测量绩效域中都要说明谁应对成果负责。

本绩效域的内容与敏捷团队的理念有交叉，敏捷团队作为自组织型团队有自己独特的文化和运行机制，考生需要结合第 7 章敏捷管理专题综合复习。

本绩效域的重要知识点：**团队的责任分配矩阵、人际关系技能中的情商、决策方法和冲突管理**。考生需要达到理解和运用的水平。

4.3.1 项目团队的管理和领导力

管理与领导力不同，管理关注实现项目目标的手段，领导力关注人。关于领导力，《PMBOK® 指南》第 6 版特别强调项目经理需要具有领导力，但在第 7 版中，弱化了特定的角色，提出领导力非某个角色所独有。本绩效域特别强调所有团队成员应具备和实践领导力。在领导力技能运用中，除需要特别关注人际关系技能中的情商、冲突解决外，还需要通过建立和维护愿景，善用批判性思维，利用各种决策方法，了解首要激励因素并促进团队成员合作，最终达成项目可交付物。敏捷促进者应具备的仆人式领导力（也可翻译为服务型领导力），考生需要结合本书 7.2.2 节重点学习。

集中式管理和领导力与分布式管理和领导力异同对比，如表 4-2 所示。

表 4-2　集中式管理和领导力与分布式管理和领导力的异同对比

对比项	集中式	分布式
管理	某位个人对成果负责	在传统组织中，项目管理团队实施项目管理活动，团队成员负责完成工作。在敏捷组织中，项目团队自组织完成项目，团队成员可轮流充当领导者
领导力	所有项目团队成员实践领导力	利用虚拟技术（如视频会议、鱼缸窗口、远程结对等，见本书 7.2.3 节）营造在线团队沟通环境，通过规划沟通明确期望，理解文化差异 仆人式领导力包括**消除障碍，避免分心，鼓励和发展机会**
共同点	愿景、角色和职责、团队运作、指导、成长 可通过制定责任分配矩阵或 RACI 图来明确团队成员的角色和职责 可通过培训、结对、回顾会等提升团队成员技能，促进成长	

考纲中人员领域任务 2"领导团队"中涉及确定适当的领导力风格。领导力风格除了表 4-2 中的仆人式领导力外，还包括以下几种。

- 放任型：允许团队自主决策和设定目标。
- 交易型：关注目标、反馈和成就，以确定奖励、例外管理。
- 变革型：通过理想化特质和行为、鼓舞性激励、促进创新和创造、个人关怀，提高追随者的能力。
- 魅力型：能够激励他人，精神饱满，热情洋溢，充满自信，说服力强。
- 交互型：结合了交易型、变革型和魅力型领导力的特点。

4.3.2　团队文化

项目经理可以通过制定项目团队规范、把期望的行为树立为典范来打造团队文化。具体手段包括保持信息透明，诚信公布项目状态，遵守职业道德，尊重团队成员多样性，积极讨论解决分歧，面对挑战提供支持，有勇气尝试，庆祝成功，认可队员。

这些手段遵循了项目管理"原则一：成为勤勉、尊重和关心他人的管家""原则二：营造协作的项目团队环境"和"原则六：展现领导力行为"。

其中，勇气、尊重属于敏捷极限编程的五大核心原则，而透明是敏捷

Scrum 的三大支柱之一。可见，《PMBOK® 指南》融入了很多敏捷的理念。考生需要理解每个手段的具体含义，并以此为指导应对考试中可能出现的情景题。

考生还应该认识到，敏捷文化的打造有自己独特的方式，它可以通过创建安全的环境、评估文化及项目领导力加速文化兼容性等手段来激发实施人员的承诺和热情，并快速向敏捷组织转型。关于敏捷文化的打造请参见本书 7.4.2 节。

4.3.3 高绩效项目团队

高效领导力的一个目标是打造高绩效项目团队。有助于打造高绩效项目团队的因素有**开诚布公的沟通、共识、共享、信任、协作、适应性、韧性、赋能、认可**。

通过开诚布公的沟通，不仅可以了解团队成员的绩效或工作态度，发现问题并及时纠正，还能帮助团队成员消除误解，达成共识。项目经理可以依据塔克曼团队发展阶梯理论，判断团队处于形成阶段、震荡阶段、规范阶段、成熟阶段、解散阶段中的哪个阶段，并有针对性地开展团建活动，促进团队尽快建立信任，提升凝聚力。团队的多样性会增强团队的韧性，还能在一定程度上使团队成员互相成就。

其中共识与项目管理"原则二：营造协作的项目团队环境"的第一个关键词相匹配；适应性和韧性与项目管理"原则十一：拥抱适应性和韧性"直接对应。以上部分因素与 4.3.2 节团队文化的手段有重叠，请考生联系起来并结合项目管理原则、考纲中人员领域的任务 6、7 一起理解、运用。

4.3.4 核心考点

1. 情商

情商是领导力的基础，主要指识别自己和他人情绪的能力，以及对个人感受认可、表现出同理心、采取适当行动的能力。情商的组成部分如图 4-5 所示，其中社交技能是情商各维度的巅峰。

2. 制定决策

决策可由项目经理单方面做出，也可以群体决策。项目团队决策通常

遵循发散 / 聚合模式，比如投票、罗马式表决、宽带德尔菲估算和举手表决等，目的是快速做出决策，以包容和尊重的方式吸收团队多样化的知识。考生需要掌握如表 4-3 所示的三种决策方法的特点。

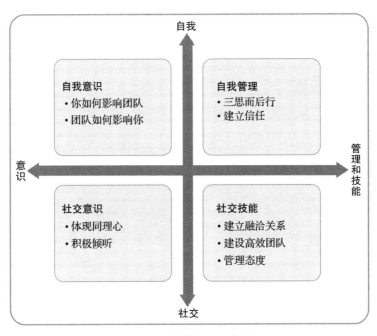

图 4-5　情商的组成部分

表 4-3　三种决策方法的特点

决策方法	特点
罗马式表决	以拇指向上表达赞同，向下表达反对。汇总两种意见的数量，按照决策规则做出最终决定 优点：简单、快速地达成共识 缺点：无法现现有方案进行打磨，或者会错过更好的方案
宽带德尔菲估算	团队成员聚在一起演示用户故事，讨论面临的挑战，然后背靠背进行估算。估算结果会被匿名标注在图表上，然后团队就故事点范围进行讨论，并尝试达成共识 在敏捷管理中对用户故事规模进行准确估算 优点：降低某个人对结果的影响 缺点：需要更多的精力和协调工作
举手表决	每个团队成员通过举起紧握的拳头或竖起的手指数来展示他们的支持级别。五个手指代表完全支持，而拳头代表不支持。可进行多轮表决，直到达成共识 具体操作见本书 7.2.3 节中的团队决策

3. 冲突管理

所有项目都会发生冲突，采用团队章程（基本规则）可以减少冲突的数量。如果冲突发生，项目经理最好能在冲突超出有益辩论的范畴而升级之前加以解决。沟通冲突时要开诚布公，表现出对对方的尊重；聚焦于问题，而非针对人；聚焦于当前和未来，而非过去。通过沟通，冲突双方一起合作，寻找解决方案并达成共识，对解决冲突有所帮助。冲突如果处理得当，可以是健康和富有成效的；可以增强项目团队成员之间的信任度，加深他们对成果的承诺。不恰当地解决冲突可能会导致成员不满，缺乏信任，士气和积极性下降。考生需要结合考纲中人员领域任务 1 "管理冲突" 中的描述深刻理解这些原则，并根据原则，掌握如图 4-6 所示的冲突解决流程。

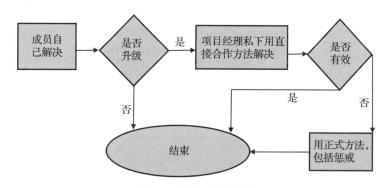

图 4-6　冲突解决流程

肯・托马斯（Ken Thomas）和拉尔夫・基尔曼（Ralph Kilmann）提出，在重点关注个人之间的相对权力和维持良好关系的愿望的基础上，有六种解决冲突的方法，如表 4-4 所示。

表 4-4　冲突解决方案的对比

解决方案	使用场景	关注点
撤退 / 回避	1. 降温 2. 无法取胜	无
缓和 / 包容	1. 实现总体目标比分歧更重要 2. 希望与权力高的一方保持良好的关系	人
妥协	1. 双方不会完全满意 2. 冲突双方拥有平等的权力	事与人
强迫	1. 没有足够的时间合作 / 解决问题 2. 需要立即解决健康和安全方面的冲突	事

（续）

解决方案	使用场景	关注点
合作	1. 冲突双方已建立信任 2. 冲突双方有时间达成共识	事与人
面对 / 解决问题	1. 冲突双方的关系很重要 2. 双方对彼此解决冲突的能力有信心	事与人

4.3.5 链接考纲

在考纲中，与本绩效域相关的任务及驱动因素如表 4-5 所示。

表 4-5　考纲中关于团队绩效域的任务及驱动因素

领域	任务	驱动因素
人员	1. 管理冲突	解释冲突的来源和所处阶段
		分析冲突发生的背景
		评估 / 建议 / 协调适当的冲突解决方案
	2. 领导团队	设定清晰的愿景和使命
		支持多样性和包容性（例如行为类型、思维过程）
		重视服务型领导力（例如将仆人式领导力的原则与团队联系起来）
		确定适当的领导力风格（例如指导型、协作型）
		激发、激励和影响团队成员 / 干系人（例如团队合同、社会合同 /团队章程、奖励制度）
		分析团队成员和干系人的影响力
		区分领导各类团队成员和干系人的不同选项
	4. 向团队成员和干系人授权	根据团队优势进行组织
		支持对团队实行任务问责
		评估任务问责的表现情况
		决定和授予决策权的级别
	5. 确保团队成员 /干系人完成适当培训	确定培训后必须具备的能力以及培训的组成部分
		根据培训需要确定培训方案
		为培训分配资源
		衡量培训结果
	6. 建设团队	评估干系人的技能
		推断项目资源需求
		持续评估并更新团队技能，以达到项目要求
		保持团队和知识相互交流
	7. 解决和消除团队面临的障碍、妨碍和阻碍	确定团队面临的各种障碍
		确定团队面临的各种障碍的优先级
		使用网络实施解决方案，以消除团队面临的各种障碍
		持续进行重新评估，以确保团队面临的各种障碍正在得到解决

（续）

领域	任务	驱动因素
人员	10. 凝聚共识	对情况进行详细分析，发现产生误解的根本原因
		对所有必要的参与方进行调研，以达成共识
		为各方协议的结果提供支持
		对潜在误解进行调查
	11. 让虚拟团队参与进来并为其提供支持	审视虚拟团队成员的需要（例如环境、地理、文化、全球区域等）
		研究让虚拟团队成员参与进来的备选方案（例如沟通工具、集中办公）
		实施让虚拟团队成员参与进来的方案
		持续评估虚拟团队成员参与的有效性
	12. 定义团队的基本规则	将组织原则告知团队和外部干系人
		营造遵守基本规则的环境
		管理和纠正违反基本规则的行为
	14. 运用情商提升团队绩效	使用个性指标对行为做出评估
		分析个性指标并适应关键项目干系人的情感交流的需要

4.4 开发方法和生命周期绩效域

本绩效域旨在确定优化项目成果所需的开发方法、交付节奏和项目生命周期。考生需要掌握**各开发方法的特点**，并根据项目的特点和可交付物的类型选择合适的开发方法。

4.4.1 开发方法、交付节奏和生命周期之间的关系

项目可交付物的类型决定了开发方法，可交付物的类型和开发方法会影响项目交付的次数和节奏，可交付物的开发方法和所期望的交付节奏决定了项目生命周期及其阶段。

就交付而言，项目可以一次性交付、多次交付、定期交付、持续交付。项目团队可以围绕产品、服务或结果、项目和组织三个要素来选择并确定具体的开发方法。

4.4.2 核心考点

1. 常用的开发方法对比

常用的开发方法有四种：预测型、迭代型、增量型和适应型，其中适应型开发方法就是敏捷，兼具迭代型和增量型的特征。预测型与适应型的混合为混合型。四者有各自的特点和适合的项目类型，如图 4-7 所示，请考生务必掌握。

预测型	迭代型　　增量型	适应型（敏捷）
适合项目需求明确或想在早期降低风险的项目	适合需求频繁变化，但可交付物可以模块化或由不同团队交付的项目	适合需求频繁发生变化的项目
需求在开发前预先确定	需求在交付期间定期细化	需求在交付期间频繁细化
针对最终可交付物制订交付计划，在项目终了时一次性交付最终产品	分次交付整体产品的各种子集	频繁交付对客户有价值的各种子集（隶属于整体产品）
尽量限制变更	定期把变更融入项目	在交付期间实时把变更融入项目
关键干系人在特定里程碑时点参与	关键干系人定期参与	关键干系人持续参与
基于基本可知情况编制详细计划而控制风险和成本	用新信息逐渐细化计划而控制风险和成本	通过需求和制约因素的显现而控制风险和成本

图 4-7　不同开发方法的比较

请注意：没有哪种方法能够完美地适用于所有的项目。项目经理可以根据产品、服务或结果、项目和组织三个要素来选择合适的开发方法。如果组织计划进行敏捷转型，项目经理不应该追求一步到位，可以采取混合型方法作为渐进的过渡，或者在一个风险不大、具有中低程度不确定性的项目中尝试敏捷，逐步推进敏捷转型。此部分详见本书 7.4 节。

2. 生命周期与阶段工作

请考生掌握生命周期每个阶段的工作内容，如图 4-8 所示。

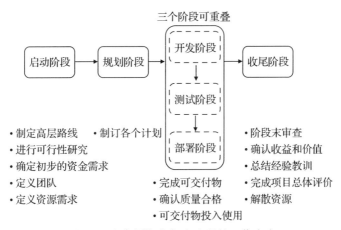

图 4-8　生命周期中每个阶段的工作内容

4.4.3　链接考纲

在考纲中，与本绩效域相关的任务及驱动因素如表 4-6 所示。

表 4-6　考纲中关于开发方法和生命周期绩效域的任务及驱动因素

领域	任务	驱动因素
过程	13. 确定适当的项目方法论 / 方法和实践	评估项目的需要、复杂性和重要性
		提出项目执行策略（例如合同签订、财务）方面的建议
		提出项目方法论 / 方法（例如预测法、敏捷方法、混合方法）的有关建议
		在整个项目生命周期中采用迭代式和循序渐进的实践（例如经验教训、干系人参与、风险管理）

4.5　规划绩效域

本绩效域聚焦于在整个项目期间，规划推进项目、交付可交付物的方法，并根据需要不断演化。学习本绩效域时，可以参考《PMBOK® 指南》第 6 版中的规划过程组，以便从整体上建立项目规划工作的框架结构。

针对本绩效域，考生需要掌握**估算方法、编制进度计划流程、进度压缩方法、制定预算方法、变更控制流程、收尾流程**。

4.5.1　规划概述

高层级规划开始于项目批准授权之前，初始项目文件由项目团队制定，并随着项目进展而渐进明细。在预测型生命周期中，项目管理计划一旦被批准，会对项目执行、监控和收尾进行指导，而且必须通过实施整体变更控制过程才能更新。在规划时，在考虑合规性的前提下，项目团队对实物资源、沟通、采购、变更、度量指标及其相互之间的一致性都需要同时考虑，并与工件整合。其实，项目的交付方式要求项目有与之相匹配的规划方法，考生需要了解预测型、迭代型和增量型开发方法各自独特的规划方法。规划需要估算工作投入、持续时间、成本、人员和实物资源，考生要熟悉这些方法，并重点掌握估算方法、编制进度计划流程和进度压缩方法。特别是项目执行过程中如出现变更，需要采取变更控制流程，重新确定待办事项列表的优先级排序，或者重新确定项目基准。已签订合同的项目需要遵循已定义的合同变更流程。

为了及时了解项目偏差，项目团队需要正确认识度量指标并规划合适的指标。规划还应为项目收尾做出各项安排，并根据收尾流程做好项目关闭。

4.5.2　核心考点

1. 估算方法（见表 4-7）

表 4-7　各种估算方法比较

估算方法		说明
绝对估算	类比估算	· 使用**相似**活动或项目的历史数据来估算 · 成本低，速度快，准确度低
	参数估算	· 利用历史数据之间的**统计关系**和其他变量来估算
	三点估算	· 当单个活动的成本或持续时间估算不易确定时，取其**最乐观、最悲观和最可能**的平均值或加权平均值 · 能提高估算的准确度
	自下而上估算	· 通过从下到上逐层汇总 WBS 组件的估算而得到项目估算 · 该估算方法最准确
相对估算	计划扑克	· 团队成员各自在索引卡上写下估计结果，然后通过讨论达到相对一致 · 估计结果多以斐波那契数列、T 恤尺码等来表示
	亲和估算	· **快速估计大规模**需求未完项的一种技术 · 利用 T 恤尺码、咖啡杯尺寸或者斐波那契数列中的数据，将用户故事快速置于规模类似的群组中

2. 编制进度计划流程

进度计划是执行项目活动的模型，包括持续时间、依赖关系和其他规划信息。规划进度时可以采用预测型方法或适应型方法。

预测型方法制订进度计划的流程如图 4-9 所示。

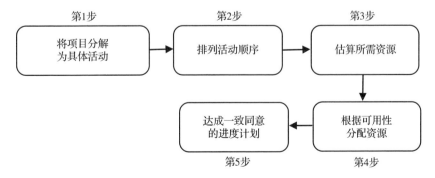

图 4-9　预测型方法制订进度计划流程

适应型进度计划可基于迭代和发布计划来确定，如图 4-10 所示。

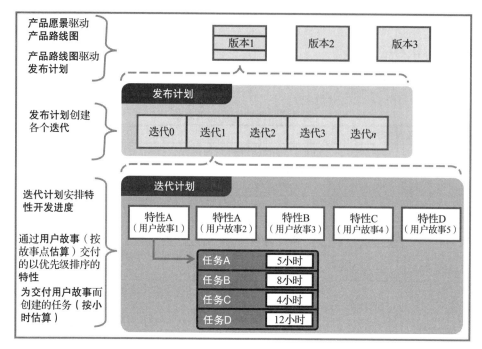

图 4-10　基于迭代和发布计划的适应型进度计划

3.进度压缩方法

如果进度计划与最初期望的结束日期不符，则可采用进度压缩方法，包括赶工和快速跟进。

赶工旨在以增加最低的成本来缩短持续时间，包括为活动增加人员、加班或通过付费的方式加快交付进度。

快速跟进将正常情况下按顺序进行的活动或任务改为至少部分按并行方式开展，它通常需要在网络路径上应用提前量和滞后量。提前是指加速开展紧后活动，滞后是指延迟紧后活动，如图 4-11 所示。

4.制定预算方法

项目预算是从商定的项目估算演变而来的，先估算活动的成本，然后将活动成本汇总，以制定成本基准。成本基准包括应急储备，以应对不确定性。项目预算应包括管理储备，以应对与项目范围内的工作有关的意外活动，如图 4-12 和图 4-13 所示。

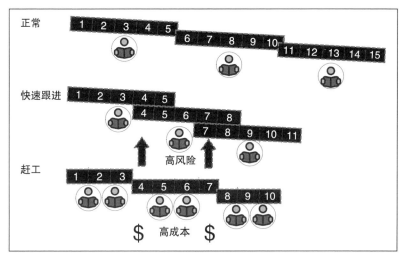

图 4-11 进度压缩方法

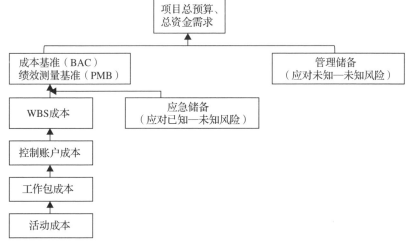

图 4-12 项目预算构成

合同总价			
可用预算			利润
成本基准		管理储备	
WBS成本	应急储备		

图 4-13 项目预算逐渐累积

5. 变更控制流程

整个项目期间会发生很多变更。项目团队应制定相应的流程，以便在整个项目期间可以调整计划。这可能包括采取变更控制流程、重新确定待办事项列表的优先级排序，或者重新确定项目基准。已签订合同的项目需要遵循合同中定义的变更流程。

其中使用预测型开发方法的项目会采取变更控制流程，其步骤如图 4-14 所示。

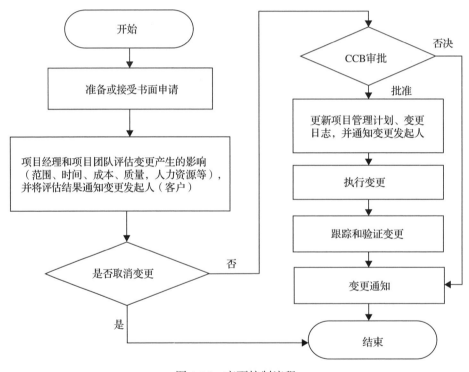

图 4-14　变更控制流程

- **识别变更**：识别并选择过程或项目文件的变更项。
- **记录变更**：将变更记录为合适的变更请求。
- **做出变更决定**：审查变更，批准、否决、推迟对项目文件、可交付物或基准的变更或做出其他决定。
- **跟踪变更**：确认变更被登记、评估、批准、跟踪，并向干系人传达最终结果。

6. 收尾流程

完成项目的产品范围或全部技术工作并不等于项目结束，项目必须经过正式的收尾过程才能关闭。从项目管理的角度来说，项目正常完成或被提前终止时，即使项目经理被任命负责管理新的项目，都必须通过如图 4-15 所示的流程来正式关闭。此工作不能省略，也不能草草完成。

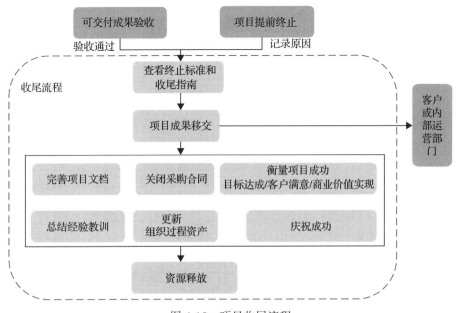

图 4-15　项目收尾流程

4.5.3　链接考纲

在考纲中，与本绩效域相关的任务罗列得比较详细，特别提到了进度、预算、范围、质量、采购、收尾及合规性，其具体任务及驱动因素如表 4-8 所示。

表 4-8　考纲中关于规划绩效域的任务及驱动因素

领域	任务	驱动因素
过程	5. 规划并管理预算和资源	根据项目范围和过往项目的经验教训估算预算需要
		规划和管理资源
		预测未来会遇到的预算挑战
		监督预算差异，并使用治理过程做出必要的调整

（续）

领域	任务	驱动因素
过程	6. 规划和管理进度计划	估算项目任务（里程碑、依赖关系、故事点）
		使用基准和历史数据
		基于相关方法论编制进度计划
		基于相关方法论衡量进展情况
		基于相关方法论对进度计划做出必要的修改
		与其他项目和其他业务进行协调
	7. 规划和管理产品 / 可交付物的质量	确定项目可交付物必须达到的质量标准
		根据质量差距提出改进方案方面的建议
		持续调查项目可交付物的质量
	8. 规划和管理范围	确定各项需求及其优先级
		细化范围（例如工作分解结构、待办事项列表）
		监督和确认范围
	9. 整合项目规划活动	整合项目 / 阶段的计划
		评估经整合的项目计划，了解依赖关系、差距和持续的商业价值方面的情况
		对所收集的数据进行分析
		收集并分析数据，以做出明智的项目决定
		确定至关重要的信息需求
	10. 管理项目变更	预测并接受变更需要（例如遵循变更管理实践）
		确定管理变更的策略
		根据有关方法论执行变更管理策略
		确定变更应对措施，以推进项目
	11. 规划和管理采购	定义资源需求和需要
		传达资源需求
		管理供应商 / 合同
		规划和管理采购策略
		制订交付解决方案
	17. 规划和管理项目 / 阶段的收尾或过渡工作	为成功结束项目或阶段确定相关标准
		确认已为过渡（例如过渡至运营团队或下一个阶段）准备就绪
		完成各项活动，以结束项目或阶段（例如最终的经验教训、回顾、采购、财务、资源）
业务环境	1. 规划和管理项目的合规性	确认项目合规要求（例如保护措施、健康和安全、监管合规）
		对合规类别进行分类
		确定合规面临的潜在威胁
		采用相关方法为合规提供支持
		分析不合规的后果
		确定必要的方法和行动来满足合规需要（例如风险、法律方面的）
		衡量项目的合规程度

4.6　项目工作绩效域

本绩效域涉及开展各项项目工作，保持有效率且有效果的项目绩效，以便使项目团队能够交付预期的可交付物和成果。开展项目工作时，根据规划绩效域制订的计划，开展与干系人的沟通，并对实物资源、采购和变更保持有效管理。学习本绩效域时，可以参考《PMBOK® 指南》第 6 版中的执行过程组，以便从整体上了解项目执行中需要关注的工作内容。

对于本绩效域，考生需要重点掌握**问题处理、满足干系人的信息需求、投标人会议、合同类型、显性知识与隐性知识的区别、持续改进**。

4.6.1　项目过程

项目经理和项目团队应建立开展工作的过程，并定期审查，从而确定项目工作是否有效率、有效果，并对存在的障碍因素及已发生的问题加以解决。

工作时，既要关注项目团队的工作量和满意度，也要确保干系人的信息需求按照沟通管理计划得到满足。

项目涉及采购时，考生要充分了解招标过程，认识到不同合同类型所蕴含的风险并据此为采购选择合适的合同。

为促进组织的持续成长，项目团队需要在项目期间，持续不断地通过各种手段总结经验教训，如回顾会、经验教训总结会等，并在组织内以培训、结对等形式分享知识，从而促使显性知识和隐性知识在组织内流动和转移。

4.6.2　核心考点

1. 问题处理

在整个项目生命周期中，项目经理通常会遇到问题、偏差或不一致，这就需要项目经理必须对问题、偏差或不一致加以确认，分析原因后采取行动进行处理，以免影响项目绩效。作为记录和跟进所有问题的项目文件，问题日志可以帮助项目经理有效跟进和管理问题，确保它们得到调查和解决。在敏捷项目中，团队成员在每日站会上提出碰到的障碍，会后加以解决，详见本书 7.3.1 节的每日站会。

2. 满足干系人的信息需求

大部分项目工作都与沟通有关。通过沟通，满足干系人的信息需求是争取干系人有效参与的重要手段。

项目经理应在充分了解干系人的信息需求和沟通偏好的基础上，编制沟通管理计划，以明确和谁沟通、沟通什么、怎样沟通、谁来负责沟通、以什么频率沟通等策略。在项目实施过程中，收集、生成的信息依据沟通管理计划，利用项目管理信息系统（PMIS）分发和存储，促使信息在项目团队和干系人之间有效流动。项目经理应确保项目信息及时更新，并且所有干系人均可获得。

与干系人沟通时，应谨慎使用推式沟通，它会妨碍项目经理对干系人的反应和参与意愿的解读，而拉式沟通可间接察觉干系人的顾虑。交互式沟通包括与一个或多个干系人交换信息。敏捷项目要充分利用信息发射源，如看板、任务板、燃尽图、燃起图等来满足干系人的信息需求。

如发现项目干系人对沟通不满意，应审查沟通管理计划以确认问题所在。优化信息的流动可能会引发沟通管理计划的更新。

3. 投标人会议（Bidder Conference）

投标人会议又称承包商会议、供应商会议或标前会议。它是卖方提交建议书之前，在买方和潜在卖方之间召开的会议，其目的是确保所有潜在投标人（卖方）对采购要求都有清晰且一致的理解，并确保没有任何投标人（卖方）会得到特别优待，即确保公平。之后，买方要把对问题的回答，以修正案的形式纳入采购文件中，发给所有潜在投标人（卖方）。

4. 合同类型（Contract Types）

项目团队与供应商的合作关系由合同来描述，合同是对双方都有约束力的协议。当项目团队与供应商无法就某项工作是否要完成、完成的标准存在分歧时，可以查阅合同条款加以确认。当一方违约或索赔产生时，应先谈判，若双方仍无法达成一致，可依据合同规定进行处理。在合同收尾前，若双方达成共识，可以根据合同中的变更控制条款，对合同进行修改。

对项目经理而言，不同合同类型蕴含的风险不同，项目经理可以根据项目的特点来选择合适的合同类型。

（1）总价合同。此类合同为既定产品、服务或成果的采购设定一个总价。这种合同应在明确定义需求且不会出现重大范围变更的情况下使用。

- 固定总价（Firm Fixed Price，FFP）合同。大多数买方都喜欢这种合同，因为货物采购的价格在一开始就已确定，并且不允许改变。卖方有义务完成工作，并承担因不良绩效导致的任何成本增加。项目的风险主要在乙方那里。
- 总价加激励费用（Fixed Price Incentive Fee，FPIF）合同。这种合同为买方和卖方提供了一定的灵活性，允许一定的绩效偏离，并对卖方实现既定目标给予相关的财务奖励（通常取决于卖方的成本、进度和技术绩效）。该合同中会设置价格上限（天花板），高于此价格上限的全部成本将由卖方承担。
- 总价加经济价格调整（Fixed Price with Economic Price Adjustment，FPEPA）合同。此类合同适用于卖方履约期将跨越几年时间，或将以不同货币支付价款。但合同中包含了特殊条款，允许根据条件变化，如通货膨胀、某些特殊商品的成本增加（或降低），以事先确定的方式对合同价格进行最终调整。

（2）成本补偿合同。当工作范围预计会在合同执行期间发生重大变更，或项目工作存在较高风险时，就可以采用成本补偿合同。此类合同买方向卖方支付为完成工作而发生的全部合理实际成本（可报销成本），外加一笔费用，作为卖方的利润。

- 成本加固定费用（Cost Plus Fixed Fee，CPFF）合同。买方为卖方报销履行合同工作所发生的一切可列支成本，并再向卖方支付一笔固定费用。该费用以项目初始估算成本的某一百分比计列。除非范围发生变更，否则费用金额维持不变。

    合同总价 = 实际成本 + 固定费用
- 成本加激励费用（Cost Plus Incentive Fee，CPIF）合同。买方为卖方

报销履行合同工作所发生的一切可列支成本，并在卖方达到合同规定的绩效目标时，向卖方支付预先确定的激励费用。成本加激励费用合同中没有天花板，如果成本低于或高于原始估算成本，则买方和卖方需要根据事先商定的成本分摊比例来分享节约部分或分担超支部分。

合同总价 = 实际成本 + 目标利润 + （目标成本 − 实际成本）× 分摊比例

- 成本加奖励费用（Cost Plus Award Fee，CPAF）合同。买方为卖方报销一切合理成本，但只有在卖方满足合同规定的、某些笼统主观的绩效目标的情况下，才向卖方支付大部分费用。奖励费用完全由买方根据自己对卖方绩效的主观判断来决定，并且通常不允许申诉。

（3）工料（Time and Material，T&M）合同。在无法快速编制出准确的工作说明书的情况下扩充人员、聘请专家或寻求外部支持时选择该类合同。

（4）不确定交付和数量合同。在某些建筑、工程或信息技术的项目中，规定了卖方必须在固定期间内提供不确定数量（但规定了下限和上限）的商品或服务的合同。

（5）敏捷合同。敏捷合同有多种形式，具体参见本书 7.4.3 节。

5. 显性知识与隐性知识（见表 4-9）

表 4-9　显性知识与隐性知识

类型	说明	使用的工具
显性知识	将个人知识提取出来，以便传递	文字、图片或数字、信息管理工具
隐性知识	难以明确表达和分享的个人知识	人际交往、访谈、工作跟随、论坛讨论、研讨会等

6. 持续改进

由休哈特提出，经戴明完善的"计划—实施—检查—行动"（PDCA）循环是持续改进的基础。

项目经理可以通过审计确定项目活动是否遵循了组织和项目的政策、过程与程序，尤其是针对质量管理、风险管理和采购管理过程，在识别最佳实践或差距的同时总结经验教训。项目团队可以利用控制图、核对单、过程周期效率、看板等检查在项目工作中是否存在非增值的环节，从而识别持续改进的机会。针对浪费或非增值的环节，项目经理应该鼓励项目团队成员参与持续改进过程，在冲刺回顾会上或阶段及项目收尾时，利用根本原因分析、因果图、帕累托图等方法确定流程效率低下的原因。项目团队可以使用 PDCA、六西格玛、限制 WIP 等方法改进流程，提升工作效率。此部分内容考生请结合本书 5.4.4 节、7.3.1 节及 7.3.3 节来学习。

4.6.3 链接考纲

在考纲中，与本绩效域相关的任务集中在向干系人传递项目信息、管理供应商、知识分享、处理变更和持续关注价值交付上。具体任务及驱动因素如表 4-10 所示。

表 4-10　考纲中关于项目工作绩效的任务及驱动因素

领域	任务	驱动因素
人员	7. 解决和消除团队面临的障碍、妨碍和阻碍	确定团队面临的各种障碍
		确定团队面临的各种障碍的优先级
		使用网络实施解决方案，以消除团队面临的各种障碍
		持续进行重新评估，以确保团队面临的各种障碍正在得到解决
	8. 谈判确定项目协议	分析谈判协议的范围
		评估优先级并确定最终目标
		核实是否已达到项目协议的目标
		参与协议谈判
		确定谈判策略
过程	1. 执行需要紧急交付商业价值的项目	评估可循序渐进地交付价值的机会
		审视项目整个实施过程中的商业价值
		支持团队对项目任务进行细分，以便发现最小可行性产品
	2. 管理沟通	分析所有干系人的沟通需要
		确定适用于所有干系人的沟通方法、渠道、频率、时长和详细程度
		有效传达项目信息和更新情况
		确认相关消息已被理解而且收到反馈
	7. 规划和管理产品 / 可交付物的质量	确定项目可交付物必须达到的质量标准
		根据质量差距提出改进方案方面的建议
		持续调查项目可交付物的质量
	11. 规划和管理采购	定义资源需求和需要
		传达资源需求
		管理供应商 / 合同
		规划和管理采购策略
		制订交付解决方案

（续）

领域	任务	驱动因素
过程	12. 管理项目工件	确定管理项目工件的需求（何事、何时、何地、何人等）
		确认项目信息的更新都是最新内容（即版本控制）并且所有干系人均可获得
		持续评估项目工件管理的有效性
	15. 管理项目问题	识别风险何时会演变为问题
		采取最优行动解决问题，以使项目取得成功
		与有关的干系人就解决问题的方法开展协作
	16. 确保进行知识交流，使项目得以持续开展	讨论团队内的项目职责分工
		概述对于工作环境的期望
		确认知识交流的方法

4.7　交付绩效域

本绩效域聚焦于交付可交付物以实现商业价值，这需要建立在团队对需求的认识比较清晰和干系人对可交付物满意的基础上。考生应重点掌握**商业论证、需求管理、范围管理、质量成本**，这些是考试中经常出现的知识点，请高度重视。

4.7.1　价值交付

价值实现是项目成功的最终指标和驱动因素，预期的商业价值通过商业论证来确定，产品负责人会按照价值对产品待办事项列表中的用户故事进行优先级排序。价值交付是一个系统，由高管，以项目组合、项目集、项目、运营等共同协作才能建立、维护和实现。考生请结合本书第 2 章价值交付系统和第 3 章中"项目管理原则四：聚焦于价值"，深入领会不同开发方法对价值实现的操作。

采用预测型开发方法的项目会在初始部署后产生价值，而采用适应型开发方法的项目，可以在整个项目期间向业务、客户或其他干系人交付价值。可交付物之所以能产生价值，取决于交付的内容和质量，交付的内容由项目需求和范围来确定，如图 4-16 所示。

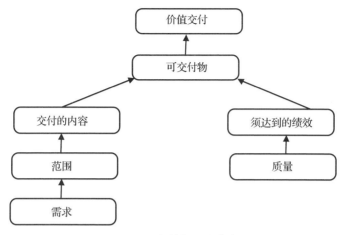

图 4-16　可交付物的价值产生

4.7.2　核心考点

1. 需求管理

需求管理的内容如表 4-11 所示。

表 4-11　需求管理的内容

需求管理	内容	方法	备注
需求启发和记录	引导说出、产生或唤起需求	访谈、焦点小组、头脑风暴、亲和图、标杆对照、分析数据、观察过程、审查缺陷日志等	记录需求的标准：清晰、简洁、可核实、一致性、完整、可跟踪
需求澄清与演变	澄清未预先明确定义的需求	原型 /MVP、演示、故事板和模型	适用于采用迭代型、增量型或适应型开发方法的项目
管理需求	平衡需求的灵活性与稳定性，处理需求变更	专用软件、待办事项列表、索引卡、跟踪矩阵等	确保新的和变化的需求得到干系人的同意

对于表 4-12 中涉及的方法，需要重点关注**焦点小组、头脑风暴、亲和图、标杆对照、MVP** 等方法。其中焦点小组是由一位受过训练的主持人引导团队进行互动式讨论的方法；头脑风暴是引导团队成员主观说出多种需求的方法；标杆对照是通过与其他可比组织的实践进行比较，识别最佳实践，形成改进意见的方法；亲和图是对大量创意进行分组的方法；MVP 即最小可行性产品，是通过识别可交付价值的最少数量的特性或需求，定义向客户首次发布解决方案的范围的方法。

2. 范围管理

范围可以预先被定义好，也可以随着时间的推移而演变或被发现。在预测型开发方法中，范围被批准后，其更新需要结合变更控制流程来处理；在适应型开发方法中，新的和变化了的需求由产品负责人确认并更新产品待办事项列表。

在进行项目分解时，WBS 可分解到工作包层级，符合渐进明细，其验收标准在范围说明书中阐明。

敏捷项目由主题分解到用户故事，在最后责任时刻定义用户故事的细节。用户故事必须符合完成的定义（DoD），如图 4-17 所示。此知识点可结合本书 7.3.1 节中**产品待办事项列表**来学习。

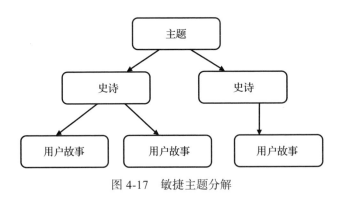

图 4-17　敏捷主题分解

3. 质量成本

质量需求会反映在**验收标准、完成的定义（DoD）**、工作说明书或需求文件中。在项目中，质量需求应与满足质量的成本之间取得平衡。

质量成本（COQ）指在整个产品生命周期中所产生的所有成本，即为预防产品或服务不符合要求而进行的投资，为评估产品或服务是否符合要求而产生的成本，以及因产品或服务未达到要求而带来的损失。需要在质量预防和质量评估之间找到恰当的投资平衡点，以避免缺陷或产品失败。与质量相关的成本有四类：预防、评估、内部失效和外部失效成本，如图 4-18 所示。

"项目管理原则八：将质量融入过程和可交付物中"要求既关注过程适

当而有效，又要求可交付物达到验收标准，最终满足客户期望。在项目工作
绩效域和交付绩效域中时时关注质量成本很有必要。

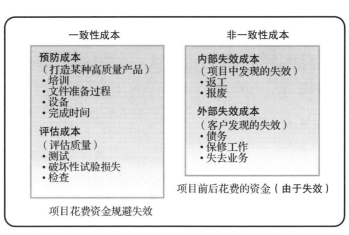

图 4-18　质量成本

4.7.3　链接考纲

在考纲中，强调对收益的识别、跟踪、评估和最终交付。与本绩效域相
关的任务及驱动因素具体如表 4-12 所示。

表 4-12　考纲中关于交付绩效域的任务及驱动因素

领域	任务	驱动因素
过程	7. 规划和管理产品 / 可交付物的质量	确定项目可交付物必须达到的质量标准
		根据质量差距提出改进方案方面的建议
		持续调查项目可交付物的质量
业务环境	2. 评估并交付项目收益和价值	调查所识别的收益
		记录与所有权相关的共识，以便持续实现收益
		核实是否已建立可对收益进行跟踪的相关衡量体系
		评估将展现价值的交付方案
		对获得价值进展的干系人做出评价

4.8　测量绩效域

本绩效域聚焦于利用规划绩效域中的度量指标，评估项目实际的绩效与
计划是否存在偏差，帮助团队确定有效、适当的措施来解决偏差问题，并通
过及时而明智的决策确保商业价值的实现。

学习本绩效域时，可以参考《PMBOK® 指南》第 6 版中的监控过程组，以便深入了解和分析项目可能出现的偏差及解决偏差的思路。

对于本绩效域，考生需要重点区分和掌握**各类测量指标，尤其是计算题目中，比如挣值、前置时间、周期时间、过程周期效率、商业价值等分析法。熟悉各测量指标的展示方法及其解读，还需要充分了解测量指标陷阱，以便及时加以纠正。**

4.8.1　制定有效的测量指标

测量和展示数据的目的是学习和改进，这就要确保测量指标是有效的，其特征包括具体的、有意义的、可实现的、相关的、及时的。常见的测量指标类别包括可交付物测量指标、交付、绩效基准、资源、商业价值、干系人、预测。每类测量指标都有自己的具体指标专门用来衡量项目的某个方面，所以了解具体指标的含义很有必要。各指标的数据在计算后，须利用展示图表及时向干系人传达。展示图表包括仪表盘、信息发射源和可视化监控手段。对考生而言，通过读图判定项目的具体状态是一种能力。

但是每种指标都有其局限性，甚至会因为解读不当，得出错误的结论。测量陷阱的存在会降低指标的权威。

4.8.2　核心考点

1. 关键绩效指标

项目的关键绩效指标（KPI）是用来评估项目成功与否的可量化测量指标。其有两种类型：领先指标和滞后指标。

● 领先指标。领先指标可预测项目的变化或趋势，提供潜在问题的预警信号。

● 滞后指标。滞后指标反映的是过去的绩效、项目可交付物或事件。其在事后提供，可用于寻找成果与环境变量之间的相关性。

2. 具体指标解读

● 前置时间。从用户故事或工作项进入待办事项列表，到迭代或发布结束时实际消耗的时间量。

- 周期时间。项目团队从开始执行到完成任务所需的时间量。
- 利特尔法则（Little's Law）。单位时间可完成待开发任务的比率，即平均吞吐量（Delivery Rate），它体现一个团队的处理能力。

$$平均吞吐量（Delivery Rate）= \frac{在制品数量（WIP）}{前置时间（Lead\ Time）}$$

- 过程周期效率。过程周期效率是精益系统中使用的一种优化工作流程的指标，它区分增值时间和非增值时间。

$$过程周期效率（Process\ Cycle\ Efficiency）$$
$$= \frac{总增值时间（Total\ Value\ Added\ Time）}{周期时间（Total\ Cycle\ Time）}$$

$$周期时间（Total\ Cycle\ Time）= 增值时间（Value\ Added\ Time）+$$

$$非增值时间（Non\text{-}Value\ Added\ Time）$$

3. 挣值分析

挣值分析（Earned Value Analysis）是综合了范围、进度和成本，客观测量项目绩效和进展的一种管理方法，把本不能直接进行对比的范围、进度和成本数据统一成可以直接对比的单位（货币单位或人工时）进行综合对比，用实际完成工作预算价值（EV）与计划完成工作的预算价值（PV）、完成工作实际花费的成本（AC）、全部工作的预算（BAC）进行对比，以衡量项目进度、成本绩效以及预测尚需时间、成本或效率。注意，挣值计算中提到的预算，指的是成本基准，即 BAC。挣值分析的主要指标，如表 4-13 所示。

表 4-13　挣值分析的主要指标

指标	名称	英文全称	含义
BAC	完工预算	Budget at Completion	完成项目的总预算，即成本基准
PV	计划值	Planned Value	计划完成工作的计划价值（计划的计划）（Budget Cost of Work Schedule，BCWS）
EV	挣值	Earned Value	实际完成工作的计划价值（实际的计划）（Budget Cost of Work Performed，BCWP）
AC	实际成本	Actual Cost	实际完成工作的实际成本（实际的实际）（Actual Cost of Work Performed，ACWP）
SV	进度偏差	Schedule Variance	>0，进度提前 =0，符合计划进度 <0，进度落后

（续）

指标	名称	英文全称	含义
SPI	进度绩效指数	Schedule Performance Index	>1，进度提前 =1，符合计划进度 <1，进度落后
CV	成本偏差	Cost Variance	>0，成本节约 =0，符合计划成本 <0，成本超支
CPI	成本绩效指数	Cost Performance Index	>1，成本节约 =1，符合计划成本 <1，成本超支
EAC	完工估算	Estimation at Completion	截至目前项目完成时的估算
ETC	完工尚需估算	Estimation to Completion	截至目前完成剩余项目工作的估算
TCPI	完工尚需绩效指数	To-Completion Performance Index	利用剩余资金完成剩余工作的难度 >1，难以完成 =1，按计划完成 <1，轻易完成
VAC	完工偏差	Variance at Completion	>0，项目可能低于预算完成 =0，项目可能按预算完成 <0，项目可能超出预算完成

（1）**挣值**。挣值的计算公式为：

$$SV=EV-PV$$

$$CV=EV-AC$$

$$SPI=EV/PV$$

$$CPI=EV/AC$$

根据图 4-19 和图 4-20 可判断项目的状态。

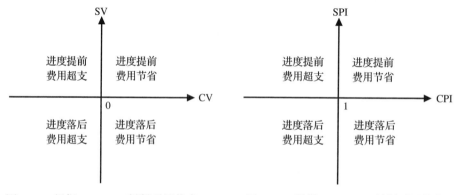

图 4-19　根据 SV、CV 判断项目状态　　图 4-20　根据 SPI、CPI 判断项目状态

（2）**完工尚需估算**。完工尚需估算（ETC）的计算方法有四种。

- 剩余工作重新估算：ETC= 自下而上重新估算的结果。
- 基于典型原因造成的偏差：ETC=（BAC-EV）/CPI。此前的绩效偏差 CV 是由非特殊原因造成的（例如，由于当前工作难度比当初想象的要困难），将持续发生直到项目完成，因此剩余工作的绩效将与此前一致。
- 基于特殊原因造成的偏差：ETC=BAC-EV。此前的绩效偏差 CV 是由特殊原因造成的（例如，由资源请假造成的偏差），以后不会再发生，剩余工作仍可按预期的绩效完成。
- SPI 与 CPI 同时影响 ETC 估算：ETC=（BAC-EV）/（SPI×CPI）。一般对于长周期的项目，可能会考虑资金的时间价值的影响。

（3）**完工估算**。

$$EAC=AC+ETC$$

由于 ETC 的计算公式有四个，因此 EAC 也有四种情况。

- 基于剩余工作重新估算：EAC=AC+ 自下而上估算的 ETC。
- 基于典型原因造成的偏差：EAC=AC+（BAC-EV）/CPI=BAC/CPI。
- 基于特殊原因造成的偏差：EAC=AC+（BAC-EV）=BAC-CV。
- SPI 与 CPI 同时产生影响：EAC=AC+（BAC-EV）/（SPI×CPI）。

（4）**完工尚需绩效指数**。完工尚需绩效指数（TCPI）是指必须在剩余的成本基准内完成剩余的工作时，所必须达到的成本效率，即剩余的工作除以剩余的资金。

- 无预算调整：TCPI=（BAC-EV）/（BAC-AC）。在不会有额外的资金提供的情况下，剩余的资金为 BAC-AC。
- 预算调整：TCPI=（BAC-EV）/（EAC-AC）。当批准的 BAC 已经无法完成当前项目时，需要根据 EAC 的结果，按照实施整体变更控制流程来更新项目完工预算，此时剩余的资金为 EAC-AC。

（5）**完工偏差**。完工偏差（VAC）用来判断项目能否按批准的预算完成。

$$VAC=BAC-EAC$$

（6）**挣值管理案例**。一个项目有 10 项任务，完工预算为 1000 元，工期为 10 天。假定每项任务完全一样，每天完成一项任务，每项任务预算为 100 元，所有任务均由同一个人来完成。

项目横道图（甘特图）如图 4-21 所示。

	第1天	第2天	第3天	第4天	第5天	第6天	第7天	第8天	第9天	第10天
任务1	100元									
任务2		100元								
任务3			100元							
任务4				100元						
任务5					100元					
任务6						100元				
任务7							100元			
任务8								100元		
任务9									100元	
任务10										100元

图 4-21　项目横道图（甘特图）

以下是第三天的项目状态：根据进度计划，在第三天应该完成任务 1、任务 2、任务 3，实际完成了任务 1、任务 2。根据费用支出计划，前三天应该支出 300 元，实际支出 300 元。请问项目的各项挣值指标是多少？

答：根据定义，可以得出 BAC=1000（元），PV=300（元），EV=200（元），AC=300（元），因此可以根据相关公式得出：

$$SV=EV-PV=-100（元）$$

$$SPI=EV/PV=2/3$$

$$CV=EV-AC=-100（元）$$

$$CPI=EV/AC=2/3$$

（1）ETC 的计算。根据公式，可以得出：

典型原因：ETC=（BAC-EV）/CPI=1200（元）。

特殊原因：ETC=BAC-EV=800（元）。

（2）EAC 的计算。根据公式，可以得出：

典型原因：EAC=AC+ETC=AC+（BAC-EV）/CPI=1500（元）。

特殊原因：EAC=AC+ETC=BAC-CV=1100（元）。

（3）TCPI 的计算：根据公式，可以得出：

无预算调整：TCPI=（BAC-EV）/（BAC-AC）=8/7。

有预算调整且 EAC 考虑典型原因：TCPI=（BAC-EV）/（EAC-AC）=2/3。

（4）VAC 的计算。根据公式，可以得出：

EAC 考虑典型原因：VAC=BAC-EAC=-500（元）。

4. 商业价值分析

测量商业价值的财务指标包括收益成本比 / 成本收益比、与实际收益交付相比的计划收益交付、投资回报率（Return on Investment，ROI）、净现值（Net Present Value，NPV）、投资回收期（Payback Period，PBP）、净推荐值、情绪图等。

（1）**收益成本比（BCR）/ 成本收益比（CBR）**。这是针对具有初始成本的投资预期现值的测量指标，用于确定项目的成本是否超过其收益。如果成本高于收益，除非有监管、社会利益或其他原因需要做该项目，否则该项目不应考虑。

$$BCR = \frac{收益}{成本}$$

$$CBR = \frac{成本}{收益}$$

（2）**与实际收益交付相比的计划收益交付**。实际收益交付 / 计划收益交付，大于 1 时，继续该项目；小于 1 时，取消该项目。

（3）**投资回报率**。ROI 是一种将财务回报金额与成本相比较的测量指标，它通常作为开展项目决策的一种输入。在整个项目生命周期中，可能会在不同时点对 ROI 进行估算，以确定继续投入组织资源是否有意义。

（4）**净现值**。NPV 是一段时间内资本流入的现值与资本流出的现值之差。通过在整个项目期间测量 NPV，项目团队可以确定继续投入组织资源是否有意义。NPV 越大越好，NPV > 0，说明项目在考虑货币贬值的情况下依然值得投资。

（5）**投资回收期**。PBP 是追回投资所需的时间。

（6）**净推荐值**。净推荐值（NPS）可测量干系人（通常是客户）愿意向他人推荐产品或服务的程度。净推荐值为推荐者占比和批评者占比之差，该指标简单透明。

推荐者——受访者打 9 或 10 分，代表忠诚或热情的客户。

被动者——受访者打 7 或 8 分，代表一定程度满意但不想推荐的客户。

批评者——受访者打 0 到 6 分，代表不满意且不太可能复购，甚至会阻止他人购买的客户。具体如图 4-22 所示。

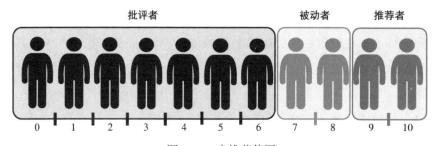

图 4-22　净推荐值图

如果有 100 位受访者，其中 25 位打分在 9 或 10 分，那么有 25% 的推荐者；如果有 55 位受访者打分在 7 或 8 分，则有 55% 的被动者；剩余的 20 位受访者打分在 0 ～ 6 分，则有 20% 的批评者。

$$NPS=25（\%）-20（\%）=5$$

NPS > 0 通常被认为是好的。注意，NPS 通常取百分号前的整数。

（7）**情绪图**。情绪图可以跟踪一组非常重要的干系人（如项目团队）的情绪或反应，有助于确定潜在问题和需要改进的领域，但该指标非常具有主观性（见图 4-23）。

	周日	周一	周二	周三	周四	周五	周六
Tom	☺	☺	☺				
Lucy	☹	☺	☺				

图 4-23　情绪图

5. 展示信息的方法（见表 4-14）

表 4-14　展示信息的方法

展示方法	展示的信息	信息收集方式	举例
仪表盘	高层级的概要数据	以电子方式收集信息并生成描述状态的图表	信号灯图、横道图、饼状图和控制图等
信息发射源	详细信息	手动	燃尽图、燃起图、组合燃烧图或风险登记册等
可视化监控	实际和预期绩效	手动或电子方式	任务板、燃烧图、障碍日志等

4.8.3　链接考纲

在考纲中，与本绩效域相关的任务及驱动因素如表 4-15 所示。

本部分考纲主要涉及团队绩效评估和外部业务环境评估，并未涉及具体指标的含义和运用。但考生应该掌握以上测量指标，作为监控项目绩效的抓手。

表 4-15　考纲中关于测量绩效域的任务及驱动因素

领域	任务	驱动因素
人员	3. 支持团队绩效	根据关键绩效指标评估团队成员的绩效
		支持并认可团队成员的成长和发展
		确定适当的反馈方法
		核实绩效提升情况
过程	5. 规划并管理预算和资源	根据项目范围和过往项目的经验教训估算预算需要
		规划和管理资源
		预测未来会遇到的预算挑战
		监督预算差异，并使用治理过程做出必要的调整
	6. 规划和管理进度计划	估算项目任务（里程碑、依赖关系、故事点）
		使用基准和历史数据
		基于相关方法论编制进度计划
		基于相关方法论衡量进展情况
		基于相关方法论对进度计划做出必要的修改
		与其他项目和其他业务进行协调
	7. 规划和管理产品 /可交付物的质量	确定项目可交付物必须达到的质量标准
		根据质量差距提出改进方案方面的建议
		持续调查项目可交付物的质量
	8. 规划和管理范围	确定各项需求及其优先级
		细化范围（例如工作分解结构、待办事项列表）
		监督和确认范围

（续）

领域	任务	驱动因素
过程	9.整合项目规划活动	整合项目/阶段的计划
		评估经整合的项目计划，了解依赖关系、差距和持续的商业价值方面的情况
		对所收集的数据进行分析
		收集并分析数据，以做出明智的项目决定
		确定至关重要的信息需求
业务环境	3.评估并应对外部业务环境变化对范围的影响	调查外部业务环境（例如法规、技术、地理区域政治、市场）的变化
		评估外部业务环境变化对项目范围/待办事项列表的影响，并确定其优先级
		提出针对范围/待办事项列表变更（例如进度计划、成本变更）的方案的建议
		持续审视外部业务环境，关注其对范围/待办事项列表的影响

4.9 不确定性绩效域

本绩效域涉及风险和不确定性管理，通过考虑环境因素识别项目中的不确定性，积极探索应对方案，并通过持续监控，降低负面影响或改进项目绩效。由于项目环境瞬息万变，广义的不确定性与模糊性、复杂性、风险相关。其中复杂性、风险与项目管理原则九、原则十可直接对应，考生应结合起来学习。同时面对易变性，考生可以结合"项目管理原则十一：拥抱适应性和韧性"学习如何处理易变性，增强适应性，从而理解和掌握具体的处理方法。

总之，考生需要**理解易变性、不确定性、复杂性和模糊性（VUCA），重点掌握应对风险的措施、储备分析和风险处理流程。**

4.9.1 VUCA 对比

VUCA 对比如表 4-16 所示。

表 4-16　VUCA 对比

特性	含义	应对方法
易变性	快速且不可预测的变化发生的可能性	备选方案分析，储备
不确定性	缺乏对问题、事件、要遵循的路径或要追求的解决方案的理解和认识	收集信息，为多种结果做好准备，基于集合的设计（SBD），增加韧性

（续）

特性	含义	应对方法
复杂性	由于人类行为、系统行为的模糊性而难以管理的项目集、项目或其环境的特征	• 基于系统：解耦、模拟 • 重新构建：多样性、平衡 • 基于过程：迭代、参与、故障保护
模糊性	状态不清晰，难以确定原因，有多个选项	• 概念模糊性：确立规则、定义术语 • 情景模糊性：渐进明细、实验、原型法
风险	会对一个或多个项目目标产生积极或消极影响的不确定事件或条件	• 机会应对：上报、接受、开拓、提高、分享 • 威胁应对：上报、接受、规避、减轻、转移

4.9.2 核心考点

1. 威胁的应对措施

威胁是指一旦发生，会对一个或多个目标产生消极影响的事件或条件。针对威胁，有五种备选策略。

- **上报**。如果项目团队或项目发起人认为某威胁不在项目范围内，或提议的应对措施超出了项目经理的权限，就应该采取上报策略。

- **规避**。规避是指项目团队采取行动来消除威胁，或保护项目免受威胁的影响。具体措施包括消除威胁的原因，延长进度计划，改变项目策略或缩小范围。项目早期的风险，可以通过澄清需求、获取信息、改善沟通或取得专业技能来加以规避。

- **转移**。转移涉及将应对威胁的责任转移给第三方，让第三方管理风险并承受威胁发生的影响。具体措施包括购买保险，使用履约保函，使用担保书，使用保证书等，也可以通过合同把具体风险的归属和责任转移给第三方。

- **减轻**。减轻是指采取措施来降低威胁发生的概率和 / 或影响。降低概率的措施包括使用简单的流程，进行更多测试，选用更可靠的供应商、原型法。如无法降低概率，就减轻风险的影响，如增加冗余部件。

- **接受**。接受是指承认威胁的存在，但不主动规划措施。主动接受风险可以包括制定在事件发生时触发的应急计划或建立应急储备，也可以包括被动接受，即什么都不做。

2. 机会的应对措施

机会是指一旦发生，会对一个或多个项目目标产生积极影响的事件或条件。针对机会，也有五种备选策略。

- **上报**。如果项目团队或项目发起人认为某机会不在项目范围内，或提议的应对措施超出了项目经理的权限，就应该采取上报的应对策略。
- **开拓**。开拓是指项目团队采取行动以确保机会出现的一种应对策略。具体措施包括分配最有能力的资源，采用全新技术或技术升级。
- **分享**。机会分享涉及将应对机会的责任分配给最能获得该机会收益的第三方。具体措施包括建立合作伙伴关系、合作团队、特殊公司或合资公司。
- **提高**。提高是指项目团队采取行动提高机会发生的概率或扩大机会带来的影响。具体措施包括为早日完成活动而增加资源等。
- **接受**。接受机会是指承认机会的存在，但并不主动规划措施。主动接受策略是建立应急储备，包括预留时间、资金或资源，以便在机会出现时加以利用。被动接受策略则不会主动采取措施，只是定期对机会进行审查，确保其并未发生重大改变。

3. 储备分析中的应急储备和管理储备对比（见表 4-17）

表 4-17　应急储备和管理储备对比

储备分析	对应风险	应对措施	是否在基准内	动用原则
应急储备	已知 – 未知	应急计划	在	项目经理可直接动用
管理储备	未知 – 未知	权变措施	不在	须变更控制委员会（CCB）同意

4. 风险处理流程

风险会在整个项目生命周期中发生。项目团队应持续监督和管理风险，确保项目处于正轨，并且突发性的风险得到处理。这可能包括根据风险处理流程对新识别到的风险进行分析并规划风险应对措施，对发生的已知风险实施风险应对措施，对未识别到的风险制定权变措施并执行。风险登记册随着风险处理流程的推进而随时被更新。

采用预测型开发方法的项目使用的风险处理流程如图 4-24 所示。

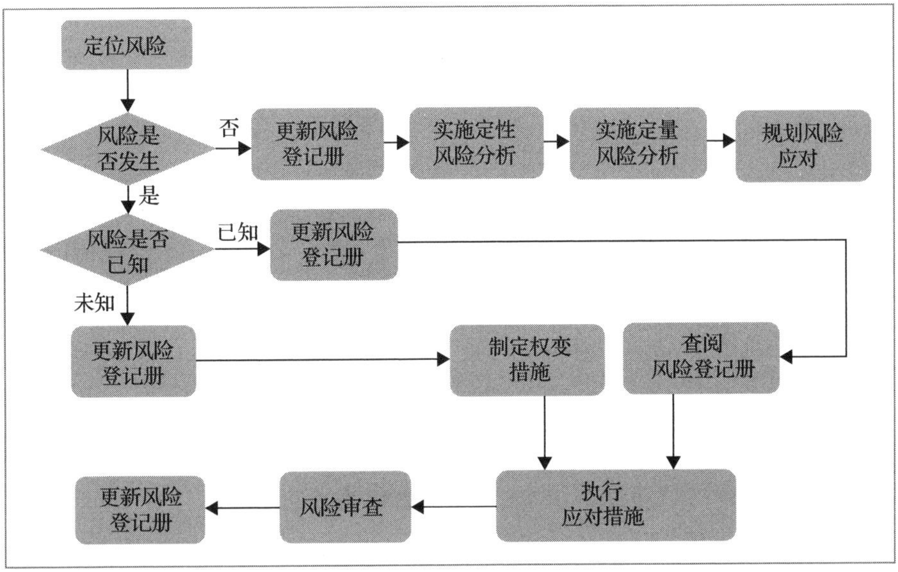

图 4-24 风险处理流程

4.9.3 链接考纲

在考纲中，与本绩效域相关的任务及驱动因素如表 4-18 所示。

考纲中的过程领域中的任务 2 秉承在项目的整个生命周期中持续不断地评估风险的理念。任务 15 提到了风险与问题的转化。

表 4-18 考纲中关于不确定性绩效域的任务及驱动因素

领域	任务	驱动因素
过程	2. 评估和管理风险	确定风险管理方案
		以迭代方式评估风险并确定其优先级
	15. 管理项目问题	识别风险何时会演变为问题
		采取最优行动解决问题，以使项目取得成功
		与有关的干系人就解决问题的方法开展协作

● 第 4 章练习题及答案

○ 练习题

1. 项目经理中途接手一个项目，经过对项目进行评估，发现团队成员

对任务是否完成意见不一致，团队士气低下，项目进度比计划慢，项目已经偏离进度。项目经理应该怎么办？（　　）

A. 告知项目干系人，由于之前团队管理问题导致了进度延误

B. 提交变更，根据现有情况估算进度并延长项目工期

C. 和项目团队开会讨论并解决

D. 压缩项目进度以弥补绩效的偏离

2. 项目进入后期执行阶段，一名项目工程师坚称自己没有收到任何要求交付成果的告知，但项目经理拥有成果完成的记录并有该项目工程师批准的记录。请问项目经理应该怎么做？（　　）

A. 寻找项目工程师主管，了解是否可以更换项目工程师

B. 和项目工程师沟通，了解并确认后续处理方法

C. 在下次项目会议上，和各位干系人强调项目目标

D. 给人力资源部发函，反映项目工程师的不专业

3. 项目经理被分配到一个备受关注的项目上。通过对比以前的类似项目，此项目被定为中等复杂性，项目将即用型产品交付给客户。在这种情况下，项目经理应在整个项目生命周期中关注什么？（　　）

A. 干系人分析和经验教训

B. 成本管理和风险管理

C. 时间管理和干系人参与

D. 资源管理和经验教训

4. 发起人希望发布一款新产品，预计需要 18 个月。在 1 个月后，发起人希望提前发布产品，并且将组织内高级人才资源分配到该项目上，以便更快发布新产品。在这个场景中，项目采用了哪种风险管理策略？（　　）

A. 分享

B. 开拓

C. 提高

D. 接受

5. 项目启动会即将召开，项目经理了解到干系人无法同时到场参加。

项目经理应如何处理该问题？（　　　）

A. 召开虚拟会议

B. 单独一对一开会

C. 等待各方可共同参会的时间

D. 要求各方必须参会

6. 项目处于规划阶段，项目经理发现有两名内部成员对即将到来的项目需求缺乏技术技能。身为服务型领导者的项目经理应如何解决该问题？（　　　）

A. 与 HR 讨论提供新资源

B. 与职能经理讨论替换资源

C. 用预算对团队成员进行培训

D. 让团队成员自己学习所需的技能

7. 一个项目在规划阶段，其中货运列车运输货物需要路过三个村庄。有消息透露，新的环境法规定，村庄五公里范围内不允许有列车通过。如果货运列车改道，需要重新铺设铁轨。为了预防这种情况发生，项目经理应该怎么做？（　　　）

A. 拒绝

B. 接受

C. 减轻

D. 规避

8. 项目经理发现有一名团队成员在会议中不发言，但会后积极参与项目并发送电子邮件。项目经理应该做什么？（　　　）

A. 告诉该团队成员遵循团队章程

B. 鼓励团队成员在会议中积极发言

C. 和所有团队成员进行团队建设

D. 从团队中剔除该团队成员

9. 跨国合作项目的规划阶段结束，项目管理计划获得审批，两周后召开项目启动会，但各个国家的干系人对项目管理计划有不同理解，项目经理应如何处理？（　　　）

A. 在启动会上确认干系人对于项目管理计划的理解

B. 在启动会后确认干系人对于项目管理计划的理解

C. 在启动会后发送会议纪要，要求干系人确认

D. 在项目管理计划获得审批后立刻执行

10. 项目团队成员来自不同的国家和地区，具有不同的语言和文化差异，目前沟通管理计划已经拟定。为保证项目按照正确流程来推进，避免出现各种障碍，项目经理应该如何做才能保证团队之间没有误解和分歧？（　　）

A. 关注文化差异

B. 举行虚拟会议，讨论政治差异

C. 修改沟通管理计划，其中包含文化差异

D. 举行跨国文化意识培训

11. 在项目执行期间，职能经理多次拒绝计划审批的工作。项目经理应如何保证项目正常执行？（　　）

A. 要求团队成员直接执行项目工作

B. 上报发起人并与职能经理进行沟通

C. 与职能经理沟通，找到拒绝的原因并解决问题

D. 放弃审批

12. 一位项目经理在项目执行期间，发现了一些障碍。请问项目经理该怎么做？（　　）

A. 上报发起人以寻求支持

B. 为这些障碍排列优先级，以便予以解决

C. 实施解决方案，消除这些障碍

D. 让项目团队开展别的活动

13. 项目经理在一个有多个采购供应商的项目结束后，对结束流程进行审查，发现财务尚有结余。以下哪项能帮助项目经理理解这种情况？（　　）

A. 采购审计

B. 组织过程资产（OPA）

C. 经验教训

D. 项目审计

14. 组织结构的调整造成项目的多位关键干系人由新的干系人代替，新的干系人提出了多项新需求。以下哪项能够帮助项目经理确保项目按时交付？（　　）

A. 向多位新的干系人解释，项目目前所处阶段不允许提出新需求

B. 想办法争取到修改项目期限和预算的审批，以完成所有新需求

C. 向发起人上报新需求，寻求发起人的支持，维持原有需求

D. 与各干系人共同审查新需求，并确定其优先级，以确定执行哪些变更请求

15. 组织启动了一个使用尚在开发阶段的新技术来制造产品的创新项目，但项目管理办公室只管理过预测型的项目。在这种情况下项目经理应该如何做？（　　）

A. 使用预测型方法管理该项目，以便利用 PMO 在使用该方法中获得的经验教训

B. 建议使用混合型方法，以利用敏捷法的优势减少新技术带来的不利影响

C. 回顾过去的经验教训，以确定该类创新项目可使用的最佳方法

D. 请项目发起人决定在该类创新项目中使用何种方法

16. 在项目早期，项目经理发现风险应对措施未能及时实施，从而影响了进度计划，干系人对进度延期表示担忧。项目经理应该如何解决这个问题？（　　）

A. 确定适当的风险应对措施，并监督执行

B. 与干系人沟通，确定适当的应对措施

C. 积极监控问题

D. 识别并报告问题

17. 项目经理无法获得一名干系人对可交付物的验收，并且不能验收的原因与验收标准无关。项目经理应该怎么做？（　　）

A. 上报发起人，获得对干系人不能验收的问题的指示

B. 运用情商能力说服干系人进行验收

C. 制定放弃验收说明，并记录干系人的顾虑，寻求日后解决

D. 找到另一位熟悉项目的干系人，获得他的支持并验收成果

18. 项目经理向相关干系人分享了项目进度计划，但干系人要求比预计日期提前两个月完成项目。项目经理该怎么做？（　　　）

A. 与项目负责人和干系人开会，就对项目期限和范围的期望达成一致

B. 通过删减需求来缩减项目范围

C. 修改项目进度计划

D. 更新成本管理计划，增加更多资源，以使项目范围不变且提前完成项目

19. 项目经理与项目团队在两个建筑项目上共事过，在之前的两个项目上，项目经理在微观层面对项目成员进行管理，现在项目经理想改变领导风格，让他们自己做决定。项目经理应该采用什么类型的领导风格？（　　　）

A. 变革型

B. 魅力型

C. 放任型

D. 互动型

20. 一家公司为开展项目已经投入了大量资金，现在得到消息，竞争对手 F 公司可能要收购这家公司并给项目带来风险。项目经理应该怎么做？（　　　）

A. 直接实施风险应对措施

B. 重新编制风险管理计划

C. 更新风险登记册

D. 重新评估项目可行性

21. 库存不足可能导致项目产品延期交付，项目经理想要所有干系人参与其中。以下哪项是正确的？（　　　）

A. 与项目发起人协商延长交付时间

B. 组织团队和产品负责人一起商定后续计划

C. 与项目发起人开会请求其指导

D. 组织团队制订交付计划

22. 一个项目的一些海外关键干系人进度延期，调查后发现他们正处于假期时间。请问项目经理应该怎么做？（　　）

A. 让海外干系人加班

B. 提交进度报告并说明延期问题，上报发起人

C. 请求聘请更多的第三方

D. 提交报告说明情况并协调内部其他资源完成该工作，以解决延期问题

23. 一个项目的完成时间未知，项目范围也不确定，目前项目已完成一些可交付物。现有新干系人加入项目，对完成的可交付物不满意。项目经理应首先做什么来解决这个问题？（　　）

A. 制订详细的项目进度计划并获得批准

B. 邀请干系人参加确定的迭代审查会

C. 制定详细的 WBS

D. 详细说明项目的基准细节，并从规划过程开始评估输入数据

24. 一个业务涉及不同国家和地区的解决方案类项目，项目经理负责安排对该解决方案进行整体部署和落实，各区域经理落实各区域内的方案。项目经理发现各区域存在相同的问题，项目经理应该做什么以做好协同工作？（　　）

A. 要求各区域出具更加个性化的项目规划和行动计划

B. 要求发起人安排新的区域经理

C. 经常召开电话会议

D. 组织会议，邀请区域经理参加，探讨问题，制订解决方案

25. 在项目结束阶段，客户表示一个可交付物没有满足其期望。项目经理接下来要做什么？（　　）

A. 要求客户发起一个相关信息变更的报告

B. 向发起人寻求帮助，以在交付谈判中获得支持

C. 审查客户需求及交付标准

D. 要求完成检验

26. 在对某国际的公司进行文档审计时，审计人员发现，尽管项目经理知道项目管理计划最近被更新，但项目管理计划仍是一个月前的版本。项目经理应该如何管理项目文档？（　　）

    A. 将文档存入 PMIS，并与适当的干系人分享

    B. 查看风险应对计划，以确定如何应对审计

    C. 指派一名项目成员，确保所有的项目文件保持更新

    D. 定期更新项目管理计划，并以安全的方式与所有干系人分享

27. 在项目执行期间，客户的财务总监不同意供应商的项目经理提出的项目服务小时数，客户采购项目经理解释说，这项任务由客户的项目经理签名为据。供应商的项目经理应如何解决？（　　）

    A. 和客户的财务总监及客户的项目经理开会沟通，共同修订合同条款

    B. 同意客户的说法

    C. 拒绝接受，提前终止合同

    D. 和客户的财务总监见面，核查及确认合同条款

28. 在某项目执行期间，财务团队发现未能参与项目商业论证的编制工作，决定不批准估算的投资回报率（ROI）。项目经理该做什么？（　　）

    A. 根据项目管理计划继续开发，在交付后解决该问题

    B. 重新查阅范围管理计划，并将此情况注明为风险

    C. 安排与产品负责人和财务团队开会，以商定纠正措施

    D. 重新查阅沟通管理计划，并做出必要的调整

29. 项目经理加入一个为企业实施新的 ERP 系统的团队。团队在开发过程中发现一个设计上的问题，经项目负责人和团队回顾，确认这是一个设计上的缺陷。为消除实施中的风险，项目经理该怎么做？（　　）

    A. 提交一个变更请求，请项目负责人批准

    B. 通知客户项目存在问题，并遵循变更流程处理

    C. 重新设计解决方案并交由团队开发

    D. 设计概念原型，验证确认不会出现问题

30. 项目经理正在一家大型公司负责管理一个创新项目，项目经理将用电子邮件与团队进行沟通，但产品负责人更习惯用已批准的管理工

具进行沟通。项目经理该做什么？（　　）

A. 项目经理将采用产品负责人偏好的管理工具并更新沟通管理计划，分享给团队

B. 项目经理将说服产品负责人使用电子邮件进行沟通

C. 项目经理通知团队使用产品负责人偏好的管理工具

D. 联系发起人，让其对团队使用何种管理工具进行指示

31. 项目经理管理一个核心系统的升级项目，此项目已经持续了三年。在此期间，项目经历了兼并和收购，运营经理也更换了。请问项目经理应该采取哪种措施处理项目中的问题？（　　）

A. 执行敏感性分析，为风险进行优先级排序

B. 与高层管理团队沟通，对团队进行重组

C. 整理经验教训，用于指导团队

D. 更新问题日志，创建行动计划

32. 项目经理负责监管的项目资源未被分配，要求的工期也很紧张。项目经理的同事告诉他，组织曾在其他国家开展过一个范围相同的项目，且该项目在一年前就已完成。请问项目经理首先应该怎么做？（　　）

A. 在风险管理计划中记录风险

B. 对活动进行自下而上的估算

C. 请求增加资源，对项目进行估算

D. 查看组织过程资产，进行类比估算

33. 一年多以来，一位团队成员的绩效稳定上升，将其他成员甩在身后。但项目经理不愿公开赞扬该团队成员对项目的贡献，担心会使其他团队成员灰心气馁。同时项目经理也担心，如果不对该团队成员的贡献给予嘉奖，他也许会离开团队。项目经理应该怎么做？（　　）

A. 把该团队成员晋升到更高的职位上

B. 提醒该团队成员注重团队奖励，而不是个人奖励

C. 请该团队成员指导其他团队成员

D. 私下奖励该团队成员，以避免团队不团结

34. 项目经理负责执行一项减少能源消耗的业务优化项目，组建团队时

发现一位负责交付的现场工程师，由于要执行必要的生产工作而无法全身心投入到项目工作中。项目经理应该如何管理团队？（　　）

A. 在没有现场工程师参与的情况下继续开展项目，以保证项目进度

B. 与外部资源签订合同，以弥补现场工程的角色缺口

C. 制定 RAM 并获得批准，以了解内外部资源的需求情况

D. 了解每位成员的时间和可交付物，以保证项目整体进度

35. 在一次会议后，职能经理向项目经理提及一个职员的担忧，他不知道自己在项目中的职责和角色。项目经理对该职员应给予怎样的指导？（　　）

A. 让职能经理和该职员查阅项目章程

B. 让职能经理和该职员查阅资源管理计划

C. 让职能经理给该职员制定一个 RACI 图

D. 在人力资源经理的帮助下为该职员制定项目团队派工单

36. 在项目执行期间，项目经理发现项目组件的实施成本与其估算成本有明显差异。项目经理应如何改进？（　　）

A. 根据项目经理、产品负责人、发起人的经验和团队速度来估算

B. 根据类似项目历史数据来估算

C. 将组件功能进行细化，根据细化后的组件来进一步估算

D. 让产品负责人明确详细的需求，根据经验和团队速度来估算

37. 项目的供应商告知项目经理，一个关键资源将长时间不可用。项目团队审查该供应商未交付的可交付物，发现一个替代方案，但将增加额外成本。目前项目符合进度计划，预算略有富余。项目经理接下来应该怎么做？（　　）

A. 进行成本效益分析

B. 实施整体变更控制

C. 实施风险应对

D. 请求更换资源

38. 项目经理负责的建筑项目即将完工，承包商告诉项目经理部分可交付物无法按时完成，延期原因是一个外部干系人不断提出操作性要

求。项目经理该如何做？（　　）

A. 辅导干系人将个人目标和项目目标的优先级相协调

B. 讨论操作性要求，这是承包商的合同义务

C. 倡导团队精神，支持承包商修改操作要求

D. 与干系人沟通，了解更改操作性要求的原因

39. 在过去的 18 个月中，已更换了两位项目经理，现需要再更换一位新项目经理。在项目执行期间，项目的文档被储存在各个地方，如组织门户网站、团队文件夹、共享磁盘文件、笔记本电脑及邮件中。新项目经理首先应该做什么？（　　）

A. 从现有项目经理处获得所有项目文件及信息

B. 从所有来源获得相关的项目文件及信息，并将其存放在一个资料库中

C. 确认文档需求及如何与干系人分享文件

D. 与干系人沟通，并告知他们从一个共享资料库中获得所有文档

40. 一名团队成员建议项目经理采用一种新的方法，可以在不影响项目进度和成本的前提下，改进产品特性，给客户和团队带来益处。项目经理应该怎么做？（　　）

A. 接受建议，因为对项目没有影响

B. 要求该成员发起正式的变更申请

C. 要求另一名成员评估该方法的影响

D. 拒绝该建议

41. 项目经理将关于项目管理计划的第一次沟通内容发送给团队成员。第二天，两位现场工程师询问他们的角色和项目进度计划。项目经理本可以采取什么措施避免这个问题出现？（　　）

A. 在发送项目管理计划之前，向每位团队成员简单介绍他们的角色

B. 确认并沟通要发送的内容，得到团队的反馈

C. 在发送项目管理计划时，将职责分配矩阵一同发送给团队成员

D. 与职能经理沟通，以便向团队成员说明角色

42. 项目经理收到项目团队中一位业务分析员的电话留言。业务分析员声称，一位内部干系人对项目开始前没让其参与感到非常沮丧，干

系人要求增加需求跟踪矩阵的内容。项目经理应该做什么来增进与该干系人的关系？（　　）

A. 与该干系人联系，详细了解具体情况后，再答复干系人

B. 查阅范围说明书，确保在项目范围内增加内容

C. 提交变更请求，方便变更控制委员会（CCB）决定在项目范围内增加内容

D. 更新干系人参与计划，确保该干系人在参与名单中

43. 项目的一个新干系人对项目很感兴趣，发起人表示希望项目获得该干系人的理解、支持和满意。项目经理应该怎么做？（　　）

A. 与干系人召开沟通会议

B. 更新沟通管理计划

C. 发送项目状态报告

D. 更新干系人参与计划

44. 项目团队完成关键可交付物并交付给客户，客户投诉项目团队没有一并提供维护手册。项目经理接下来应该怎么做？（　　）

A. 审查干系人参与计划

B. 添加所需手册并更新风险日志

C. 提交变更请求以提交所需手册

D. 审核合同条款和条件

45. 项目经理负责管理一个长期大型项目，项目需要一名高技能员工来执行任务，团队成员和项目发起人分析了资源需求，一致同意雇用长期员工，以防预算超支。在项目执行过程中人员离职是一项风险，项目经理该如何做以减轻这项风险？（请选择两个）（　　）

A. 为团队成员提供激励和奖赏

B. 培训、指导团队以提高团队技能

C. 增加团队成员作为后备资源

D. 雇用第三方

E. 建议管理层将项目分解为小项目

46. 你带领的敏捷开发团队无法就构建下一个产品增量的最佳方法达成

一致。作为项目经理，以下哪项可以帮助该团队成员解决这个争论并继续前进？（请选择两个）（　　　）

A. 要求他们对这个问题做深入研究并挖掘其他解决方案

B. 主持召开一次团队会议，引导他们解决他们相互之间的分歧

C. 要求他们准备已有方案的原型并审查

D. 建议他们对备选方案进行投票，以便最终得到达成共识的最佳方案

E. 由项目经理做出最终的决策

47. 项目经理负责的建筑项目在执行期间，业主要求缩短某个供货商两个月交付期，但该供货商没有相应准备，于是请求更多的资金。项目经理应该怎么处理？（　　　）

A. 在风险登记册中记录风险并分析策略

B. 请求高层提供更多的资金来满足业主要求

C. 更新范围基准以申请资金

D. 执行整体变更控制以包含这项内容

48. 每位团队成员都有不同的工作开始时间。因为团队成员重叠工作时间很少，从而导致团队协作和共享减少。项目经理应该怎么办？（　　　）

A. 为每位团队成员分配重叠时间，并要求大家严格遵守

B. 要求团队制定明确的团队章程，并议定核心工作时间

C. 要求所有团队成员工作开始时间相同，以便于协作

D. 要求工作开始时间晚的成员，提前参与工作

49. 由于与干系人在之前项目上有合作，项目团队决定将之前项目采用的项目报告模板用于新项目。但在项目执行过程中，一位新的重要干系人表示报告无法让其清晰理解。项目经理该如何做？（　　　）

A. 监控沟通管理，并预料可能会引发沟通管理计划的修改

B. 将之前沿用的报告模板发布给团队并要求采用此工具

C. 利用鱼骨图分析问题的根本原因

D. 在问题日志中记录该问题及后续纠正措施

50. 项目经理负责的复杂项目需要一个高水平的技术架构师，公司刚好有一个这方面工作经验丰富的技术架构师，但该技术架构师被组织

分配到了其他项目上。项目经理要怎么做才能获得该架构师的支持?(　　　)

A. 申请预算聘请第三方的架构师

B. 找发起人将该架构师分配到本项目上

C. 对团队内的其他架构师进行培训,提升其水平

D. 查看该架构师的资源日历,在多个项目中共享此架构师

51. 当项目经理决定扩大服务范围,并计划将当前项目执行的成本补偿合同改为固定总价合同时,以下哪项是供应商可以选择的?(请选择三个)(　　　)

A. 在成本补偿合同的基础上完成原来的工作,然后就额外工作的固定价格进行谈判

B. 完成原来的工作并拒绝额外的工作

C. 谈判一个包括所有工作的固定价格合同

D. 重新开始一个新的合同

E. 停止现有合同的工作

52. 一个项目涉及两个团队,团队 A 是从事后端数据库工作的团队,团队 B 负责前端用户界面。项目经理要求两个团队的代表在收集需求过程中担任主题专家,其中一位主题专家是该领域广受尊敬的人,项目经理担心可能出现偏差。项目经理应该使用什么方法来避免这种情况发生?(　　　)

A. 德尔菲技术

B. 多标准决策分析

C. 石川图

D. 头脑风暴

E. 标杆对照

53. 一个长期的基础设施建设项目,由于全球商业环境的变化,其项目经理必须寻找风险最小的供应商并与之合作。项目经理应该使用什么合同类型?(　　　)

A. 固定总价 FFP 合同

B. 成本加固定费用 CPFF 合同

C. 总价加激励费用 FPIF 合同

D. 总价加经济价格调整 FP EPA 合同

54. 项目经理获悉，干系人对已识别到的项目问题和风险非常担心，同时他们对一个多月没有收到任何项目信息表示不满，并拒绝出席项目例会。项目经理应该如何做?(   )

A. 实施现有沟通管理计划和干系人参与计划

B. 更新沟通管理计划和干系人参与计划，并立即向干系人提供有关问题和风险的信息

C. 与干系人开会，以确定沟通所需的频率，并立即向他们提供有关这些问题和风险的信息

D. 与干系人开会，然后根据变更控制流程更新沟通管理计划和干系人参与计划

55. 项目经理管理的项目不断面临挑战，发起人经常决策延迟，项目预算超支，团队成员不断离职，高级管理层不提供实际的支持。面对这种情况，项目经理应该怎么做?(请选择两个)(   )

A. 与团队一起开会，确定造成这些问题的原因，并将其升级上报给指导委员会

B. 与关键干系人开会，以确定是否应该终止项目

C. 要求剩余团队成员无条件加班来完成约定的范围

D. 缩小项目范围，让剩下的团队成员有能力完成项目

E. 用人际关系技能影响发起人和高级管理层积极支持项目

56. 项目经理正在为一个高度复杂的电信项目制订资源管理计划，因为面对的技术环境快速变化，项目经理不确定应该分配什么类型的资源。若要完成项目资源管理计划，项目经理首先应该怎么做?(   )

A. 根据以前的项目估算资源

B. 使用滚动式规划来执行项目

C. 在风险管理计划中包含培训需求

D. 根据成本估算来定义资源类型

57. 在一个航空调度项目的启动阶段，项目经理审查了组织的经验教训知识库。他得知，之前有一个项目，由于范围不断蔓延而失败。当前的航空调度项目无法负担额外的时间和预算，为避免项目失败，项目经理该怎么做？（   ）

A. 拒绝所有超出范围的变更

B. 管理关键干系人的期望

C. 将该信息升级上报给发起人

D. 制定严格的变更控制流程

58. 在项目执行期间，团队成员识别出一名以前未被识别到的干系人，该干系人的职能经理提交了新的需求。项目经理应该怎么做？（   ）

A. 与项目发起人开会获得反馈

B. 实施整体变更控制过程

C. 更新干系人登记册

D. 将该职能经理添加进沟通管理计划

59. 一个长期项目已经错过了几个里程碑，为解决该问题，高级管理层与项目经理开会讨论，但会议引发了争论，这导致高级管理层在未经项目经理同意的情况下，聘请顾问重新确定进度计划的基准。这描述的是哪一种冲突解决技术？（   ）

A. 撤退 / 回避

B. 合作 / 解决问题

C. 强迫 / 命令

D. 妥协 / 调解

E. 缓解 / 包容

60. 项目团队正在全力以赴执行项目，但由于工作超负荷而无法满足项目的截止日期要求。为了缓解这种情况，团队成员积极向项目经理提出解决方案。这描述的是团队建设的哪个阶段？（   ）

A. 成熟阶段

B. 规范阶段

C. 震荡阶段

D. 形成阶段

○ 答案解析

1. 答案：C

解析：在整个项目期间，将会出现各种各样的意见、应对情况的不同方式以及误解。通过对话与合作，达成一项各方都能接受的决议。A 选项消极，排除。B、D 选项均只针对题干中的部分问题，不全面。

2. 答案：B

解析：工程师与项目经理在信息传递方面存在偏差。在这种情况下，需要与干系人进一步沟通，了解具体情况并加以处理，以确保满足干系人的信息需求。A 选项更换工程师、C 选项在下一次会议上处理、D 选项给人力资源部发函均消极，排除。

3. 答案：A

解析：关键词：类似项目、中等复杂性、即用型产品。如能了解系统思考、复杂的自适应系统、过往项目工作的经验，项目团队就能增强驾驭复杂性的能力。如果一个可交付物存在与干系人验收相关的大量风险，则可能会选择一种迭代方法，并向市场发布最小可行性产品，以便在开发其他特性和功能之前获得反馈。处理基于过程的复杂性的示例包括迭代、参与（创造机会争取干系人参与）、故障保护。根据以上内容，A 选项中的干系人分析和经验教训最合适。D 选项中的资源管理与题干无关。

4. 答案：B

解析：关键词：高级。开拓措施可能包括把组织中最有能力的资源分配给项目来缩短完工时间，采用全新技术或技术升级来节约项目成本，并缩短项目持续时间。提高的策略包括增加普通资源，C 选项排除。

5. 答案：A

解析：关键词：无法同时到场参加。为了最小化分布式项目团队面临的困境，可以通过技术手段增加和改善沟通。B 选项耗时，C、D 选项消极，均可排除。

6. 答案：C

解析：有时团队成员可能并不具备某些角色或功能方面的知识或经验，对相关技能有更多接触或者接受过相关培训的仆人式领导者可以通过提供培训或开展这些活动来为团队提供支持。A、B、D 选项均偏消极。

7. 答案：D

解析：关键词：预防发生。风险规避是指项目团队采取行动来消除威胁，或保护项目免受威胁的影响。它可能适用于发生概率较高，且具有严重负面影响的高优先级威胁。A 选项不属于风险应对措施。B 选项无法预防风险。

8. 答案：B

解析：排除法。项目促进者应鼓励大家通过交互式会议、非正式对话和知识共享展开协作。A、B 选项相比，B 选项更积极。C 选项扩大了处理面，D 选项偏消极，均可排除。

9. 答案：A

解析：关键词：对项目管理计划有不同理解。题干中的"启动会"严格来说，应为开工会议。开工会议是制订项目管理计划后项目开始执行时举行的会议，团队成员和其他关键干系人在项目开始执行时聚在一起，正式设定期望、达成共识并开始工作。有必要采用会议管理来确保有效召开多次会议，以便制订、统一和商定项目管理计划。B、C 选项都是会后才确认理解，错误。

10. 答案：D

解析：关键词：不同的国家和地区，没有误解和分歧。具有文化意识并采取后续行动，能够最小化因项目干系人的文化差异而导致的理解错误和沟通错误。B 选项中的政治差异与题干无关，排除。C 选项中的沟通管理计划不包含文化差异。A、D 选项相比，D 选项更积极全面。

11.答案：C

解析：关键词：拒绝。使用结构化的问题解决方法有助于消除问题和制订长期有效的解决方案，包括识别原因。A 选项忽略了职能经理多次拒绝的问题，B 选项和 D 选项均消极，排除。

12. 答案：B

解析：关键词：一些障碍。根据考纲人员领域的任务 7"解决和消除团队面临的障碍、妨碍和阻碍"的描述，项目经理应确定团队面临的各种障碍—确定团队面临的各种障碍的优先级—实施解决方案，以消除团队面临的各种障碍，持续进行重新评估。B、C 选项相比，B 选项应在前，C 选项在后。

13. 答案：A

解析：关键词：审查结束流程。采购审计是对合同和采购过程的完整性、正确性和有效性进行的审查，其目的是找出合同准备或管理方面的成功经验与失败教训。A 选项与 B、C 选项相比，更具有针对性。

14. 答案：D

解析：关键词：多项新需求。考纲中过程领域任务 8 "规划和管理范围" 中要求确定各项需求及其优先级。

15. 答案：B

解析：许多团队无法在一夜之间切换到敏捷工作方式，选择混合型方法作为渐进的过渡策略是有意义的。

16. 答案：B

解析：关键词：干系人表示担忧，如何解决。根据关键词可知，要选择具体的措施，此时需要与干系人进一步沟通，了解具体情况并加以处理。A、C、D 选项均未涉及与干系人沟通。B 选项更全面。D 选项偏向于按照流程处理，而非措施，排除。

17. 答案：B

解析：社交技能是情商的其他维度的巅峰。它涉及管理项目团队等群体、建立社交网络、寻找与各种干系人的共同基础以及建立融洽的关系。

18. 答案：A

解析：项目范围、进度、成本是互相竞争的制约因素，需要达成平衡。

19. 答案：C

解析：关键词：自己决定。放任型领导允许团队自主决策和设定目标。

20. 答案：C

解析：按照风险处理流程，风险登记册记录已识别单个项目风险的详细信息。

21. 答案：B

解析：项目促进者鼓励大家通过交互式会议、非正式对话和知识共享展开协作。

22. 答案：D

解析：收集相关信息，在维护相互信任的关系的基础上，解决问题并达成一致意见。

23. 答案：B

解析：关键词：范围不确定，对可交付物不满意。项目经理应采用敏捷方法，同时在维护相互信任的关系的基础上，解决问题并达成一致意见。A、C、D 选项不符合题干描述，排除。

24. 答案：D

解析：关键词：协同。沟通是参与的关键要素，深入的参与可让人了解他人的想法，吸收其他观点以及协同努力，共同制订解决方案。A 选项与协同无关，C、D 选项相比，D 选项更符合题干。

25. 答案：C

解析：题目考查的是问题处理流程。关键词：没有满足其期望。项目经理可以先通过检查来判断工作和可交付物是否符合需求和产品验收标准，分析原因后再去解决。

26. 答案：A

解析：关键词：版本。项目管理信息系统（PMIS）为项目经理提供一系列标准化工具，以根据沟通计划为内部和外部的干系人收集、储存与发布所需的信息。通过监控该系统中的信息能评估其有效性和效果，也能确保干系人及时便利地获取所需信息。B 选项中应对审计未涉及版本更新的问题。与B、C、D 选项相比，A 选项更高效。D 选项中的定期更新，如果更新周期较长，可能会使题干中的场景经常发生。

27. 答案：D

解析：买方和卖方都必须确保各自履行合同义务。可以对照相关合同，确认其中的条款和条件的遵守情况。与 A、B、C 选项相比，需要首先确认D 选项。

28. 答案：C

解析：在整个项目执行期间，将会出现各种各样的意见、应对情况的不同方式以及误解。通过对话与合作，达成一项各方都能接受的决议。A 选项忽略问题，B、D 选项中的范围管理计划和沟通管理计划与该问题无关，均可排除。

29. 答案：B

解析：如果在开展项目工作时发现问题，就可提出变更请求。提出的变更请求，应该通过实施整体变更控制过程对变更请求进行审查和处理。A 选项中，变更应由 CCB 审批而非项目负责人。C 选项在重新设计前应先获得变更的批准。D 选项中的原型与题干无关。

30. 答案：A

解析：在进行沟通时，应尊重因文化、实践和个人背景而产生的对沟通语言、媒介、内容和方式的偏好。

31. 答案：D

解析：问题日志可以帮助项目经理有效跟进和管理问题，确保它们得到调查和解决。A 选项为处理风险而非问题，B 选项中的重组团队与题干描述无关。C、D 选项相比，C 选项在 D 选项之后。

32. 答案：D

解析：关键词：已完成。组织过程资产包括已归入经验教训知识库的在整个项目执行期间获得的经验教训和知识，供未来项目使用。A 选项记录风险的文件为风险登记册而非风险管理计划。B 选项中自下而上的估算法比较耗时，不符合工期紧张的情况。

33. 答案：C

解析：大多数项目团队成员会因得到成长机会、获得成就感、得到赞赏以及用专业技能迎接新挑战，而受到激励。当人们感受到自己在组织中的价值，并且可以通过获得奖励来体现这种价值时，他们就会受到激励。用排除法，C 选项最优。

34. 答案：B

解析：项目经理或项目团队应该进行有效谈判，并影响那些能为项目提供所需团队成员和实物资源的人员。A 选项忽视资源无法到位的问题，排除。C 选项中的 RAM 是用来明确职责和角色的，并非用来了解资源的需求情况，排除。D 选项与题干无关。

35. 答案：B

解析：资源管理计划提供了关于如何分类、分配、管理和释放项目资源的指南，其内容包括角色和职责。A 选项的项目章程中有发起人和项目经理的角色职责，B 选项中的资源管理计划包含 RACI 图，无须职能经理再制定，排除 C 选项。

36. 答案：C

解析：自下而上的估算是对单个工作包或活动的成本进行最具体、细致的估算，然后把这些细节性成本向上汇总或"滚动"到更高层次，用于后续报告和跟踪。A、B、D 选项根据经验或历史数据估算，准确度较低。

37. 答案：A

解析：成本效益分析有助于在项目出现偏差时确定最节约成本的纠正措施。A、B 选项相比，应先进行成本效益分析，再实施整体变更控制。

38. 答案：D

解析：在整个项目执行期间，将会出现各种各样的意见、应对情况的不同方式以及误解，可以通过对话与合作加以解决。与 A、C 选项相比，D 选项在前。

39. 答案：C

解析：通过沟通，确定项目干系人的信息需求（包括所需信息的类型和格式，以及信息对干系人的价值），评估沟通风格并识别偏好的沟通方法、形式和内容。与 A、B、D 选项相比，C 选项要先做。

40. 答案：B

解析：所有变更请求都必须以书面形式记录，并纳入变更管理和（或）配置管理系统中。A、D 选项中的变更请求应由 CCB 审批，而非项目经理，排除。

41. 答案：B

解析：作为沟通过程的一部分，发送方负责信息的传递，确保信息的清晰性和完整性，并确认信息已被正确理解。接收方负责确保完整地接收信息，正确地理解信息，并需要告知已收到信息或做出适当的回应。

42. 答案：A

解析：争取干系人参与需要运用软技能，如积极倾听、人际关系技能等。

C、D 选项在 A 选项之后才会涉及，B 选项中的项目经理无权直接在项目范围内增加内容，排除。

43. 答案：D

解析： 干系人参与计划用于促进干系人有效参与决策和执行决策。A、C 选项是促进干系人参与的具体策略，在干系人参与计划内。

44. 答案：D

解析： 采购合同中包括买方就卖方应实施工作或应交付产品的规定，项目经理依据合同约定提供关键可交付物。

45. 答案：A、B

解析： 关键词：减轻，以防预算超支。根据题干可知，要减轻的风险是高技能员工离职。风险减轻是指采取措施来降低威胁发生的概率和（或）影响。A、B 选项都可以减轻风险，其中 A 选项中的激励和奖赏在考虑不影响预算的条件下可采用精神激励的方法。C 选项中团队需要的是高技能员工，而非普通团队成员，同时增加后备资源可能引发预算超支，排除。D 选项为转移风险。E 选项与人员离职无关，排除。

46. 答案：B、D

解析： 关键词：无法达成一致，即存在分歧。无论是深入研究还是开发原型，都不是直接解决分歧的方法，A、C 选项错误。主持团队会议引导大家解决分歧，或引导大家达成共识都是可用的方法，B、D 选项正确。敏捷团队中项目经理起支持、引导的作用，而非项目经理自作主张，E 选项错误。

47. 答案：D

解析： 与采购相关的任何变更，在通过控制采购过程实施之前，都需要以书面形式正式记录，并取得正式批准。压缩交付期、请求更多资金属于变更，而非风险，A 选项排除。

48. 答案：B

解析： 团队章程记录了项目团队的价值观、共识和工作指南，并对项目团队成员的可接受行为做出明确规定。所有项目团队成员都应分担责任，确保遵守团队章程中的规则。

49. 答案：D

解析：问题日志中的信息对控制沟通过程十分重要，因为它记录了已经发生的问题，并为后续沟通提供了相关信息。A、D 选项相比，D 选项更积极，且 D 选项包含 C 选项。

50. 答案：D

解析：关键词：获得该架构师的支持。资源日历识别了每种具体资源可用的工作日、班次、上下班时间、周末和公共假期。在规划活动期间，潜在的可用资源信息用于估算资源可用性。A、C 选项针对的是其他架构师，B 选项找发起人偏消极。

51. 答案：A、B、C

解析：卖方可以尝试通过谈判进行修改，或者干脆继续执行原来的合同，并拒绝完成额外工作的要求，但供应商不能单方面决定重新签订新的合同，也不能不履行现有合同规定的工作。双方必须通过谈判达成一致意见。

52. 答案：A

解析：A 选项德尔菲技术采用匿名、背靠背的方法收集意见，可以在一定程度上降低个人对结果的影响，正确。B 选项多标准决策分析针对多个备选方案进行优先级排序。C 选项石川图用来找问题的主要原因或根本原因。E 选项用来识别最佳实践。

53. 答案：D

解析：关键词：风险最小，长期。总价合同对项目经理而言风险最小，而总价加经济价格调整合同适合长期的项目，D 选项正确。固定总价合同适合需求清晰的标准品。成本加固定费用合同对项目经理而言风险较高，供应商更喜欢。总价加激励费用合同是根据供应商的绩效加奖惩的合同。

54. 答案：D

解析：项目经理面对的问题有：①干系人没有收到项目的信息，②干系人拒绝出席会议，它们分别是沟通问题和干系人参与度的问题，应该调整沟通管理计划和干系人参与计划来加以应对。是否立即向干系人发送信息，应按照沟通管理计划的规定执行，B、C 选项错误。

55. 答案：A、E

解析：A、E 选项比较积极。B 选项终止项目，消极。D 选项缩小项目范围属于变更，需要 CCB 审批，项目经理无权决定，错误。

56. 答案：B

解析：关键词：环境快速变化。面对这种环境，项目经理应该详细规划近期要执行的工作，粗略规划远期的工作，即滚动式规划。培训需求应该在资源管理计划中说明，C 选项错误。

57. 答案：D

解析：关键词：范围蔓延。若要防止这种情况发生，应制定变更控制流程，严格变更的审批。项目经理无权拒绝变更，需 CCB 审批，A 选项错误。题干未提及任何干系人的事宜，B 选项错误。C 选项消极。

58. 答案：C

解析：关键词：未被识别到，职能经理。新的干系人被识别到，应先纳入干系人登记册，其新的需求需要走变更控制流程，所以从采取的步骤先后顺序看，先 C 后 B。干系人新的需求若是信息需求，则可更新沟通管理计划，但题干未指明，D 选项错误。

59. 答案：C

解析：关键词：未经项目经理同意，即高级管理层单方面的决定。C 选项强迫 / 命令，正确。B 选项合作 / 解决问题是双方达成共识，以都满意的方案解决冲突。D 选项妥协 / 调解采取一定程度上满意的方案。E 选项缓解 / 包容采取求同存异的方法。A 选项撤退 / 回避无法解决冲突。

60. 答案：A

解析：在塔克曼的团队发展五阶段理论中，形成阶段指团队刚刚组建及新的团队成员到位；震荡阶段指团队成员之间呈现出分歧、争吵、冷战等状态；规范阶段指团队成员开始互相信任，接受基本规则；成熟阶段指团队成员互相依赖，高效协作，此时绩效最高。

第 5 章

项目裁剪

❂ **本章重点**
- 裁剪的内容
- 裁剪的四个过程
- 项目裁剪的三个主要方面
- 对绩效域进行裁剪

❂ **知识梳理**

　　本章重点描述了项目裁剪对于项目成功的重要性。需要考生理解项目裁剪的主要内容、过程和裁剪的分类。相对于其他章而言，本章知识点和考点相对较少，但项目裁剪的思想和重要性将在很多考题中体现，因此考生需要对本章的内容加以重视。

5.1　裁剪的概述

　　裁剪是项目管理者根据对内外部环境的评估，对项目管理方法、治理和过程做出调整，以适应项目环境的方法。例如，很多情况下客户对项目的要求是存在矛盾的，既要快速交付，又要成本最低。这就需要项目管理者充分利用智慧和经验来平衡这个矛盾，令项目在这两种制约条件下取得成功。

5.2　裁剪的原因

　　组织中很多项目的外部环境完全不一样，因此每个项目不是简单地照搬项目管理方法就能取得成功的。例如，制造核反应堆与建造新办公楼的项目管理过程就不一样。中国企业和美国企业做项目的方式也会因为地域和文化的差异存在很大不同。

简单来说，生搬硬套项目管理方法来实施项目是行不通的。因此，必须根据组织的内外部环境，对项目管理方法和过程进行有效裁剪。

5.3 裁剪的内容

项目中可以或需要裁剪的内容包括以下方面。

1. 生命周期和开发方法的选择

项目中通常包括：

- 预测型开发方法和生命周期；
- 迭代型开发方法和生命周期；
- 增量型开发方法和生命周期；
- 适应型开发方法和生命周期。

我们可以根据项目的特点，选择合适的开发方法和生命周期。大型项目也可以选择混合型开发方法。

2. 过程

对项目的某些部分或要素进行增加、修改、取消、混合和调整等操作。

3. 参与人员

项目涉及的人员也需要裁剪，包括选择合适的人员，对不同人员赋能和整合更多的合作伙伴。

4. 工具

为项目团队选择用于项目的工具。

5. 方法和工件

根据项目的内外部环境和文化，选择合适的方法和工件。

5.4 裁剪的过程

裁剪的过程包括以下四步：

（1）选择初始开发方法。

（2）对组织进行裁剪。

（3）对项目进行裁剪。

（4）实施持续改进。

5.4.1 选择初始开发方法

开发方法一般分为预测型、混合型和适应型三种。要充分考虑文化、项目团队和项目因素，与组织制定的项目选择标准进行对照，讨论和确定初始开发方法。例如，公司目前是以职能部门为主的层级式组织架构，非常重视项目启动时需求的确定性，跨部门人员的技能基本没有重叠，那么应该采用预测型开发方法。如果公司以合作式组织架构为主，每个员工技能多样化，而客户提出的需求经常变化，那么采用适应型开发方法比较合适。

5.4.2 对组织进行裁剪

通常来讲，多数组织会从组织层面制定适合本组织的项目管理方法或开发方法。当然，它们可以根据成熟的项目管理方法来改编。例如，以《PMBOK® 指南》和敏捷管理方法 Scrum、极限编程为基础，根据自身组织的特点进行定制。作为项目管理者，首先需要分析项目实施过程中，组织的哪些项目管理方法会对项目产生影响或制约，哪些与本项目的工作无关。然后，根据分析结果裁剪与本项目有关的组织级项目管理方法，在项目实施过程中持续地加以关注与遵守。例如，一个质量要求比较高的大型项目，项目管理者要重点遵守组织级项目管理方法中关于质量部分的要求，对项目阶段和交付物的审核与监督要求要作为项目执行的约束条件。

对组织的项目管理方法进行裁剪包括增加、取消和重新修订三种方式。在项目层面的管理方法裁剪之前，就要对组织的项目管理方法进行裁剪。裁剪后，只对项目团队有影响的裁剪行为可以由项目经理批准，对外部团队有影响的裁剪一般由项目管理办公室或价值交付办公室（VDO）审批和批准。

VDO 一般适用于敏捷团队，主要承担支持的职能，培养团队的技能和能力，培训项目相关方理解自己在项目中的角色和职责，而非执行管理或监督职责，类似 Scrum Master 承担的职责。

5.4.3　对项目进行裁剪

项目经理还要连同项目团队对项目的通用管理方法进行裁剪。通常，对项目的裁剪需要考虑产品 / 可交付物、项目团队和文化三个主要方面。部分项目用绩效域衡量，因此可以对绩效域中的每个单元进行裁剪，从而满足项目背景和环境的独特需要。无论是针对产品 / 可交付物、项目团队和文化三个主要方面对项目进行裁剪，还是针对绩效域进行裁剪，项目团队都可以设计一些问题，在团队内部或干系人之间进行讨论，以帮助团队完成裁剪工作。

1. 对产品 / 可交付物、项目团队和文化的裁剪

（1）产品 / 可交付物。项目经理可以从可交付物合规性、类型、技术、行业市场、时间周期、需求稳定性、安全性和增量交付等多个方面去考虑，设计问题并提出裁剪建议。例如：

- 交付物合规性方面：项目对可交付物的质量要求特别严格怎么办？
- 裁剪建议：增加更多反馈核实循环和质量保证步骤。

（2）项目团队。项目经理可以从团队的规模、团队所在地理位置、组织分布情况、团队经验和联系的客户等多个方面去考虑，设计问题并提出裁剪建议。例如：

- 团队经验方面：团队成员不确定如何继续或开展工作怎么办？
- 裁剪建议：增加更多指导、培训及审核步骤。

（3）文化。项目经理可以从组织内部的认同感、信任感、员工赋能和组织文化等多个方面去考虑，设计问题并提出裁剪建议。例如：

- 信任感方面：团队成员之间互相不信任怎么办？

- 裁剪建议：加强团队建设，创造协作机会，以及打造跨职能团队。

2．对八大绩效域的裁剪

项目经理从干系人、团队、开发方法和生命周期、规划、项目工作、交付、不确定性和测量八大绩效域考虑，设计问题并提出裁剪建议。例如，从不确定性绩效域考虑，项目的需求和技术都存在不确定性怎么办？答案是显而易见的，项目经理在项目实施过程中应该考虑敏捷或者迭代方法。

5.4.4　实施持续改进

裁剪的过程不是一次就完成的，需要持续改进。项目经理可以在审查点、阶段关口和回顾会议上对项目过程、开发方法和交付频率等内容进行总结和优化。

项目经理应该鼓励项目团队参与持续改进过程，这样既可以培养团队成员主人翁意识，对实施持续改进和提升项目质量进行承诺，又可以建立与团队成员的信任关系，相信其技能和创新能力，并起到赋能的作用。

● 第 5 章练习题及答案

○ 练习题

1. 裁剪旨在更好地满足组织、运行环境和项目的需要。以下关于裁剪的理由正确的选项是（　　　）。

    A. 建造核反应堆所需的严谨、制衡和报告的要求要低于建造新办公楼

    B. 裁剪无法为组织带来直接的收益

    C. 裁剪可以更有效地利用项目资源

    D. 裁剪只针对结构规模很大的交付项目

2. 组织和项目的管理方法都可以进行裁剪。以下哪项不属于项目裁剪的内容？（　　）

    A. 生命周期

    B. 工具

C. 过程

D. 事业环境因素

3. 生命周期和开发方法的选择属于裁剪的内容之一。如果建设新的数据中心项目包括建筑施工和构建计算能力两部分工作，该数据中心建设项目应该选择以下哪种开发方法？（　　）

A. 预测型

B. 迭代型

C. 适应型

D. 混合型

4. 评估项目领导层和项目团队的技能和能力，然后根据项目类型和运作情况选择应参与的人员以及应具备的能力。这属于裁剪的哪部分内容？（　　）

A. 参与人员

B. 过程

C. 工具

D. 方法

5. 裁剪过程需要遵循一定的步骤。以下哪项工作紧跟"选择初始开发方法"？（　　）

A. 对项目进行裁剪

B. 对组织进行裁剪

C. 实施持续改进

D. 评估外部环境

6. VDO 就是价值交付办公室，是对经裁剪的交付方法进行审查和批准的角色。以下哪项不属于 VDO 的职责？（　　）

A. 提供教练支持

B. 监督和管理

C. 培养适应性技能和能力

D. 辅导发起人和产品负责人

7. 对项目的裁剪需要考虑产品 / 可交付物、项目团队和文化三个主要方

面。"业务的要素是否属于保密信息"属于哪个方面?( )

A. 产品 / 可交付物

B. 项目团队

C. 文化

D. 以上都是

8. 对项目的裁剪需要考虑产品 / 可交付物、项目团队和文化三个主要方面。"所提议的交付方法是否得到接受、支持和热情认可"属于哪个方面?( )

A. 产品 / 可交付物

B. 项目团队

C. 文化

D. 以上都是

9. 一个以计划为导向的组织正试图向敏捷转型。作为这个工作的负责人,你被要求管理该组织的第一个混合型项目。下一步你需要做什么?( )

A. 你将用通常的计划过程来规划这个项目,然后让团队使用敏捷实践来实施这个计划

B. 团队将在每个迭代中同时使用敏捷和计划驱动实践

C. 对于项目的每个部分,你需要选择采用敏捷实践还是计划驱动实践

D. 你需要根据项目和组织的需要,设计敏捷和计划驱动实践的最佳平衡

10. 提出风险较高方案的项目团队,在一个进取心较强或具有开拓精神的组织中比较容易获得赞许,而在一个强调稳定的传统组织中很难得到认可。这体现了以下何种因素对项目的影响?( )

A. 风险应对

B. 组织文化

C. 组织架构

D. 组织管理系统

○ 答案解析

1. 答案:C

解析：只有 C 选项是裁剪的收益。A 选项建造核反应堆的要求要高于建造新办公楼。B 选项裁剪可以为组织带来直接收益。D 选项规模大和小的项目都可以裁剪。

2. 答案：D

解析：事业环境因素是项目遵守的内容，不能随意裁剪。而其他几个选项都属于裁剪的内容。

3. 答案：D

解析：数据中心建设项目中建筑施工部分一般用预测型方法，而构建所需的计算能力可采用迭代型或者适应型方法，因此此项目应采用混合型开发方法进行管理。

4. 答案：A

解析：对项目涉及的人员进行裁剪属于"参与人员"裁剪。包括选择合适的人员，对不同人员赋能和整合更多的合作伙伴。

5. 答案：B

解析：裁剪的过程包括以下四步：第一，选择初始开发方法。第二，对组织进行裁剪。第三，对项目进行裁剪。第四，实施持续改进。

6. 答案：B

解析：更多使用适应型方法交付的组织可能会设立 VDO。VDO 承担着支持的职能，而非管理者或监督者。它侧重于为项目团队提供教练，在整个组织内培养适应性技能和能力，以及辅导发起人和产品负责人更有效地承担其角色。

7. 答案：A

解析：题干中的表述属于对产品安全性方面的考虑，因此属于产品 / 可交付物方面。

8. 答案：C

解析：题干中的表述属于对文化认同方面的考虑，因此属于文化方面。

9. 答案：D

解析：项目管理的混合型方法即同时使用预测型方法和敏捷方法，但这并不意味着在每个迭代中都使用两种方法，也不意味着前期规划是预测型的，而实施是敏捷型的。尽管项目的每个部分都有可能使用敏捷或计划驱动实践，但也可能混合使用两种方法。对于如何做一个混合型项目，没有固定的方法。每个混合型项目都必须根据项目和组织的需要进行定制。

10. 答案：B

解析：题干体现了项目团队选择了一种风险高的方案，受到了不同组织的不同文化对待，因为无论是进取心较强、具有开拓精神，还是强调稳定，都是一种组织文化。风险应对是方法，不是组织因素。而组织架构和组织管理系统与题干的表述无关。

第 6 章

模型、方法及工件

本章重点

- 项目管理过程中的模型、方法和工件。

知识梳理

模型是解释过程、框架或现象的一种思考策略；方法是获得成果、输出、结果或项目可交付物的方式；工件可以是模板、文件、输出或项目可交付物。模型、方法和工件是 PMI 积累数年的重要资产，在《PMBOK® 指南》第 7 版中虽然未展开过多，但建议考生结合之前版本的《PMBOK® 指南》进行深度学习。本书为考生梳理了各个模型、方法和工件的一些核心要点，建议考生结合题目认真掌握。

6.1 模型汇总及重点内容概览

模型汇总及重点内容概览如表 6-1 所示。

6.2 方法汇总及重点内容概览

方法汇总及重点内容概览如表 6-2 所示。

6.3 工件汇总及重点内容概览

工件汇总及重点内容概览如表 6-3 所示。

表 6-1 模型汇总及重点内容概览

模型	绩效域								内容概要
	团队	干系人	开发方法和生命周期	规划	项目工作	交付	测量	不确定性	
情境领导力模型									
情境领导力® II	✓				✓				1. 肯·布兰佳（Ken Blanchard）的情境领导力® II 将胜任力和承诺作为两大主要变量来测量项目团队成员的发展情况。胜任力是能力、知识和技能的组合。承诺涉及个人具有的信心和动机。随着个人的胜任力（能力）和承诺（意愿）不断演变，领导风格会经历从指导型到教练型到支持型再到授权型的变化，以满足个人的需求 2. 判断员工的发展阶段可以依据两个组合要素：能力和意愿。D1 阶段的员工能力弱但工作意愿高，D2 阶段的员工能力弱或意愿不足，D3 阶段的员工能力平且工作意愿低，D4 阶段的员工能力强且意愿高。分别把他们称为热情高涨的初学者、憧憬幻灭的学习者、有能力但谨慎的执行者、独立自主的完成者 3. 处于 D1 阶段的员工，适合用命令型的领导型态（S1：高指导、低支持），教练型的领导型态（S2：高指导、高支持）适合用于 D2 阶段的员工，对 D3 阶段的员工适合采用支持型的领导型态（S3：高支持、低指导），由领导者和下属一起进行决策；授权型的领导型态（S4：低指导、低支持）一般针对 D4 阶段的员工
OSCAR	✓				✓				Outcome：成果。成果确定了一个人的长期目标以及每次交流后的期望结果 Situation：情境。情境可促成就相关内容展开对话，如项目团队成员的当前技能、能力和知识水平，人员为何处于该水平以及该水平如何影响个人的绩效和同伴关系 Choices：选择/后果。选择/后果确定了为实现预期成果的所有潜在途径以及每种选择的后果，以便个人可以选择实现其长期目标的可行途径 Actions：行动。在特定时限内，行动是指个人通过专注于眼前和可实现目标，以致力于具体改进的措施 Reviews：评审。定期举行会议可提供支持，并有助于确保个人保持积极状态和正确方向

沟通模型					
跨文化沟通	√	√			发送者和接收者对信息的解读受知识、经验、语言、思维和沟通风格、模式化观念以及彼此化的关系所影响
沟通渠道的有效性	√	√	√		沿着有效性和丰富性两条轴线来表示沟通渠道，根据不同场合进行有效切换
执行鸿沟和评估鸿沟		√		√	人们必须克服两个挑战才能成功地与系统进行交互。评估鸿沟——了解系统的当前状态；执行鸿沟——采取行动去完成一个特定的目标
激励模型					
激励因素和保健因素	√		√		激励因素包括成就、成长和进步。激励因素不足会导致不满意。充分的保健因素会促成满意。保健因素包括公司政策、薪资和物理环境。如果保健因素不足，就会导致不满意。但即使保健因素非常充分，也不会促成满意
内在动机与外在动机	√	√	√		丹尼尔·平克（Daniel Pink）在《驱动力》一书中阐述了人的三种内在动机：自主、专精和目的
需要理论	√	√	√		戴维·麦克利兰（David McClellan）总结所有人都是由成就需要、权力需要和归属需要驱动的
X理论、Y理论和Z理论	√	√	√		X理论：该模型假设个人之所以工作，完全是为了获得收入。激励这些人的相应管理方法是一种亲自动手和自上而下的方法，强调惩罚和控制。Y理论：该模型假设个人有将工作做好的内在动机。相应的管理风格具有更个性化的教练特点。强调鼓励和认可。Z理论：该模型假设个人的动机是自我实现、价值观和更强的使命感，具有意义的管理风格是一种可培养洞察力的最佳的管理风格
变革模型					
组织变革管理	√	√	√		启动变革、规划变革、实施变革、管理过渡、维持变革
ADKAR®	√	√	√		认知、渴望、知识、能力、巩固

（续）

模型	绩效域								内容概要
	团队	干系人	开发方法和生命周期	规划	项目工作	交付	测量	不确定性	
变革模型									
领导变革八步法		✓		✓	✓				营造紧迫感，组建强大的联盟，创建变革愿景，沟通愿景，清除障碍，创造短期成果，促进深入变革，巩固企业文化中的变革
Virginia Satir 变革模型		✓		✓	✓				人们经历和应对变革的过程：守旧，外部干扰，混乱，思想转变，整合和实践，进入新常态
转变		✓		✓	✓				该模型识别了与变革相关的三个转变阶段：结束、失去、放手；中间区域；新的开始
复杂性模型									
Cynefin 框架			✓	✓	✓	✓		✓	Cynefin 框架有 5 个域： • 简单：该域中的因果关系显而易见，方法是感知—分类—响应（Sense-Categorise-Respond），我们能够应用最佳实践 • 繁杂：该域中的因果关系需要分析，或者需要一些其他形式的调查/专业知识的应用，方法是感知—分析—响应（Sense-Analyze-Respond），我们能够应用好的实践 • 复杂：该域中的因果关系仅能够从回想中感应，不能提前，方法是探索—感知—响应（Probe-Sense-Respond），我们能够感知涌现现实践（emergent practice） • 混乱：该域中没有系统级别的因果关系，方法是行动—感知—响应（Act-Sense-Respond），我们能够发现新颖的实践（novel practice） • 失序：该域中不清楚存在什么样的因果关系。Cynefin 框架拥有子域，简单和混乱之间的一线分界是灾难性的：骄傲自满导致失败。这种状态下人们将会坠入复到自己舒服的域做决定

Stacey 矩阵			√	√	√	√		Stacey 矩阵从两个维度来确定项目的相对复杂性：对可交付物的需求的相对不确定性，以及将用于创建可交付物的技术的相对不确定性。项目被分为简单型、繁杂型、复杂型或混乱型。基于这些维度的相对不确定性，复杂程度是影响项目裁剪方法和实践的一个因素
项目团队发展模型								
塔克曼阶梯	√				√	√		形成阶段、震荡阶段、规范阶段、成熟阶段、解散阶段
Drexler/Sibbet 团队绩效	√			√	√	√		确定方向、建立信任、澄清目标、承诺、实施、高绩效、重新开始
其他模型								
冲突	√	√			√	√		六种解决冲突的方法：面对/解决问题、合作、妥协、缓和/包容、强迫、撤退/回避
谈判		√		√	√	√		双赢、赢-输/输-赢、双输
规划			√	√	√	√		该模型旨在帮助确定最佳规划投入量，有时称为"最佳结合点"（sweet spot）
过程组				√	√	√	√	启动、规划、执行、监控、收尾
凸显模型		√		√	√	√		根据以下三个变量对干系人的身份进行表示：施加影响的权力、干系人与项目之间关系的合法性，以及干系人要求参与项目的紧急程度

表 6-2 方法汇总及重点内容概览

方法	绩效域								内容概要
	团队	干系人	开发方法和生命周期	规划	项目工作	交付	测量	不确定性	
数据收集和分析方法									
备选方案分析				✓	✓	✓		✓	用于评估已识别选项，以便选择用哪种选项或哪种方法来执行项目工作
假设和制约因素分析				✓	✓	✓		✓	假设条件是没有证据证明即被认为正确、真实或确定的因素，制约因素是对项目的执行过程有影响的限制性因素。项目集或制约的分析和识别对于风险识别有重要意义
标杆对照						✓	✓		将实际或计划的产品、流程和实践与其他可比组织的产品、流程和实践进行比较
商业合理性分析				✓			✓		对项目的可行性进行论证
投资回收期			✓	✓			✓		收回投资所需的时间，通常以月或年为单位
内部收益率				✓			✓		使所有现金流入的回报百分率等于零的折现率
投资回报率				✓			✓		初始投资的回报百分率
净现值			✓	✓		✓	✓		净现值指未来资金（现金）流入（收入）现值与未来资金（现金）流出（支出）现值间的差额，是项目评估中净现值法的基本指标
成本收益比率				✓			✓		比较项目成本与其带来的收益的财务分析指标
核查表				✓		✓	✓		收集数据时用作核对清单的计数表格
质量成本				✓		✓	✓		在整个产品生命周期所产生的一致性和非一致性成本
决策树分析			✓	✓					用来评估与一个决策相关的多个选项在不确定情形下的可能后果。通常需要计算每个预期货币价值（EMV）
挣值分析				✓			✓		使用一组与范围、进度和成本相关的测量指标，以确定项目的成本和进度绩效
预期货币价值				✓					将事件发生的概率与事件发生时的经济影响相乘
预测				✓					根据已有的信息和知识，对项目未来的情况和事件进行的估算或预计
影响图				✓					对变量与成果之间的因果关系、事件时间顺序以及其他关系影响进行图形表示
生命周期评估				✓					用于评价产品、过程或系统的总体需求的数据的工具
自制或外购分析				✓					收集和整理有关产品需求的数据，并对诸如采购产品与内部制造产品等可选的备选方案进行分析的过程

名称					描述
概率和影响矩阵			√	√	把每个风险发生的概率和一旦发生对项目目标的影响映射起来的一种表格
过程分析		√	√	√	是对开展活动的步骤和程序的系统性审查
储备分析		√	√	√	评估剩余风险与剩余储备之间的关系
回归分析			√	√	通过考察一系列输入变量及其对应的输出结果，建立数学或统计关系的一种分析技术
根本原因分析		√	√		用于确定引起偏差、缺陷或风险的根本原因
敏感性分析		√	√	√	将项目成果的变化与定量风险分析模型中要素的变化建立关联，来确定哪些单个项目风险或其他不确定性来源对其具有最大的潜在影响
模拟			√	√	通过模型表明各种不确定因素对项目标的定量信息，来确定在整个项目标的潜在综合影响，从而评估这些因素对项目目标的潜在影响（如蒙特卡洛模拟）
干系人分析	√	√		√	通过系统收集和分析有关各种干系人的定量和定性信息，来确定在整个项目期间应考虑哪些人的利益
SWOT 分析			√	√	对一个组织、项目或方案的优势、劣势、机会和威胁进行评估
趋势分析			√	√	利用数学模型，根据历史数据预测未来结果
价值流图		√	√	√	精益管理中的常见工具，用于记录、分析和改进为客户生产产品或提供服务所需的信息流或物流
偏差分析			√	√	用于确定实际绩效与基准的差异程度及原因
假设情景分析			√	√	对各种情景进行评估，预测它们对项目目标的影响
估算方法					
亲和分组				√	根据相似程度将各项内容归入类似的类别或分组。常见的亲和分组包括 T 恤尺码和斐波纳契数列
类比估算				√	使用相似活动或项目的历史数据，来评估某一活动或项目的持续时间或成本。通常不用计算
功能点				√	对信息系统中业务功能数量的估算。用于计算软件系统的功能规模测量
多点估算				√	通过应用乐观估算、悲观估算和最可能估算的平均值或加权平均值来评估成本或工期
参数估算				√	基于历史数据和项目参数，使用某种算法来计算成本或持续时间
相对估算				√	使用相对值进行估算，而非绝对值。故事点是相对估算中使用的一种常见的无单位的测量方法

（续）

方法	绩效域								内容概要
	团队	干系人	开发方法和生命周期	规划	项目工作	交付	测量	不确定性	
估算方法									
单点估算				✓					使用数据来计算一个可反映最佳估算的值
故事点估算				✓					故事点是一个度量单位，用来评估故事的工作量、复杂度、协作成本、风险和不确定性。由团队共同评估，共同完成
宽带德尔菲估算方法				✓					宽带德尔菲估算方法是德尔菲估算的一种变化形式，即主题专家会完成多轮估算，每轮之后与项目团队展开讨论，直至达成共识。对于宽带德尔菲估算方法，那些提出了最高和最低估算的人会解释自己的理由，然后每个人又都重新估算。该过程往往不断重复，直到接近一致。计划扑克牌是宽带德尔菲估算方法的一种变化形式
会议和活动方法									
待办事项列表细化会议		✓		✓	✓	✓			在待办事项列表细化会议上，项目团队以渐进明细方式编制待办事项列表并明确其中各事项的优先级，以确定在即将到来的迭代中要完成的工作
投标人会议		✓		✓	✓	✓			在准备各投标或建议书之前，与潜在卖方举行的会议，以便确保所有潜在供应商对本次采购都有清楚且一致的理解。该会议也可称为承包商会议或投标前会议
变更控制会议				✓	✓	✓			对变更进行审核、评估、批准、推迟或拒绝，本次会议上所做的决定将被记录下来并传达给有关的干系人
每日站会				✓	✓				敏捷项目管理中的典型做法，在该会议期间，项目团队会审查前一天的进展，宣布当天要的计划，并强调指出遇到或预见到的任何障碍。该会议也可称为每日例会
迭代评审会议		✓		✓	✓	✓			在一个迭代结束时举行，旨在展示在该迭代期间完成的工作。此会议也可称为冲刺评审会议
迭代规划会议		✓		✓	✓	✓			用于澄清待办事项列表中事项的详细信息，验收标准以及实现即将履行的迭代承诺所需的工作投入。此会议也可称为冲刺规划会议
开工会议	✓	✓			✓				开工会议是项目规划结束后，执行开始前举行的会议。它会确立项目、阶段或迭代所需的工作开始。其他关键干系人会聚在一起，达成共识并开始工作

名称						说明
经验教训会议	√		√		√	用于识别和分享在项目、阶段或迭代过程中获得的知识，其重点是关注提高项目团队的绩效
规划会议		√		√		用于创建、详细制订或审核计划，并获得对计划的承诺
项目收尾会议	√		√			用于获得发起人、产品负责人或客户对交付范围的最终验收。此会议表明了产品交付工作已完成
项目审查会议	√		√	√		评估项目状态、评估所交付的价值，并确定项目是否已准备好进入下一个阶段或移交至运营
发布规划会议	√		√			敏捷项目中用于确定发布或version改变（可交付物或价值增量的高层次计划
回顾会议	√		√			定期（通常在某一迭代工作完成后）举行的研讨会。参会者探讨其工作和结果，以便改进流程和产品。回顾会议是经验教训的一种形式
风险审查会议			√		√	一种分析现有风险的状态并识别新风险，风险再评估是风险审查会议的一个示例
状态会议			√	√		交流和分析项目当前进展情况及其绩效方面的信息
指导委员会		√	√	√		资深的干系人为项目团队提供指导和支持，并做出项目团队权限以外的决策的会议
其他方法						
影响地图	√		√	√		一种战略规划方法。在产品开发期间作为组织的可视化路线图
建模				√	√	创建对系统、解决方案或可交付物（例如原型、示意图或故事板）的简化表示法的过程
净推荐值（NPS®）	√				√	客户将某组织的产品或服务推荐给他人的意愿的总体满意度，以及客户对品牌的忠诚度。净推荐值等于推荐者所占的百分比减去批评者所占的百分比被用作衡量客户对组织产品或服务的一种测量指数。该数值
优先级模型	√		√			用于确定项目的优先级。常见的如多标准加权分析和 MoSCoW（"必须有""应该有""可以有""不会有"）方法
时间盒	√	√	√	√		工作被完成的较短的固定期间，如 1 周、2 周或 1 个月

表 6-3 工件汇总及重点内容概览

工件	团队	干系人	开发方法和生命周期	规划	项目工作	交付	测量	不确定性	内容概要
战略工件									
商业论证		✓							对项目的价值进行论证的一份文件，可包含财务利益和财务收益
商业模式画布		✓		✓					一页纸的可视化摘要，描述了价值主张、基础设施、客户和财务状况。通常用于精益创业情境
项目简介		✓		✓					项目的目的，可支付物和过程的高层级概述
项目章程		✓		✓	✓				由项目启动者或发起人发布的，正式批准项目成立并授权项目经理使用组织资源开展项目活动的文档
项目愿景说明书		✓		✓					对项目的简要、高层级描述，介绍了项目的目的，并激励项目团队为项目做出贡献
路线图		✓	✓	✓					按照时间线来描述项目里程碑、重要事件、审查活动和决策点的高层次文件
日志和登记工件									
假设日志				✓	✓	✓		✓	假设日志记录了整个项目期间的所有假设条件和制约因素
待办事项列表				✓	✓	✓			待完成的工作的有序列表。可包括产品待办事项列表、需求待办事项列表等。待办事项列表中的事项会被确定优先级
变更日志				✓	✓	✓			项目过程中提交的变更及其当前状态的综合清单
问题日志					✓				记录并监督与尚未解决的问题相关的信息
经验教训登记册					✓				记录某一项目、阶段或项目所需知识的项目文件
风险调整待办事项表				✓		✓		✓	包含产品待办事项所需的工作，以及应对威胁和机会的行动
风险登记册				✓	✓			✓	记录风险管理过程输出的存储文件
干系人登记册		✓							记录与项目干系人有关的信息，其中包括对项目干系人的评估和分类
计划工件									
变更控制计划				✓	✓	✓			用以建立变更控制委员会，记录其职权，并说明如何实施变更控制系统
沟通管理计划		✓		✓	✓				描述了项目信息将如何、何时、由谁来进行管理和传播
成本管理计划				✓	✓				描述如何规划、安排和控制成本

项目	描述
迭代计划	此计划是当前迭代的详细计划
采购管理计划	说明项目团队将如何从组织外部获取物品和服务
项目管理计划	描述了如何执行、监督、控制和结束项目
质量管理计划	描述如何实施适用的政策、流程和指南来实现质量目标
发布计划	此计划会设定跨多个迭代化预期交付的日期、特性和/或成果的期望值
需求管理计划	描述将如何分析、记录和管理需求
资源管理计划	描述如何获取、分配、监督和控制项目资源
风险管理计划	说明风险管理活动将如何结构化安排与实施
范围管理计划	描述如何定义、制定、监督、控制和确认项目范围
进度管理计划	为制定、监督和控制项目进度建立准则与确定进度活动
干系人参与计划	描述如何促进干系人有效参与项目目标或所需的策略和行动
测试计划	描述将被测试的可交付物，将进行的测试以及在测试中使用的流程

层级图工件

项目	描述
组织分解结构	展示项目活动与执行这些活动的组织单元之间的关系
产品分解结构	反映产品组件和可交付物的层级结构
资源分解结构	对资源按类别和类型进行梳理的一种层级描述
风险分解结构	对潜在风险来源的一种层级描述
工作分解结构	对项目团队为实现项目目标、创建所需可交付物，而需要实施的全部工作范围的层级分解

基准工件

预算	成本基准是对整个项目、任一工作分解结构组件或任一进度活动所做的经批准的估算
里程碑进度计划	显示里程碑的一种进度计划表现方式
绩效测量基准	整合在一起的范围、进度和成本基准，被用来与项目执行情况相比较，以管理、测量和控制项目绩效
项目进度计划	进度模型的输出。为各个相互关联的活动标注了计划日期、持续时间、里程碑和资源等信息
范围基准	此基准是经过批准的范围说明书、工作分解结构（WBS）和相应的 WBS 词典

（续）

工件	绩效域								内容概要
	团队	干系人	开发方法和生命周期	规划	项目工作	交付	测量	不确定性	
可视化数据和信息工件									
亲和图				✓	✓				一种展示对大量创意进行分组，以便进一步审查和分析的图形
燃尽图 / 燃起图				✓		✓	✓		时间盒中剩余工作的图形化表示 / 发布产品或项目可交付物已完成工作的图形化表示
因果图					✓	✓	✓	✓	追溯造成非预期成果的根本原因的可视化表示
周期时间图					✓	✓	✓		可显示一定时间内完成的工作内容的平均周期时间。周期时间图可以显示为散点图或箱道图
累积流量图（CFD）					✓	✓	✓		此图表可显示一定时间内完成的特性，处于其他正在开发状态的特性及待办事项列表中的特性
仪表盘				✓	✓		✓		可显示相对于项目的重要指标所取得的进展或绩效
流程图				✓	✓	✓			可描述某系统内的一个或多个过程的输入、过程行为和输出
甘特图				✓	✓		✓		可展示进度信息，纵向列出活动，横向标明日期，用横条表示活动自开始日期至结束日期的持续时间
直方图							✓		展示数量化数据的条形图
信息发射源					✓		✓		一种可见的实物展示，可向组织其余成员提供信息，从而实现及时的知识共享
提前期图					✓	✓	✓		可显示随着时间推移，在工作中完成事项的平均提前期的趋势
优先级矩阵		✓		✓	✓	✓			此矩阵是横轴为人力投入，纵轴为价值的散点图，分为四个象限，以便按优先级对内容归类
项目进度跟踪矩阵				✓	✓	✓	✓		表示产品需求从其来源连接到逻辑关系的图形
需求跟踪矩阵				✓		✓	✓		把产品需求从其来源连接给能满足需求的可交付成果
责任分配矩阵				✓	✓				此矩阵展示了分配给各个工作包 / 活动的项目资源。RACI 矩阵是一种常见的方法，用于显示每个活动中执行（R）、担责（A）、咨询（C）或知情（I）的干系人
散点图				✓	✓	✓	✓		展示两个变量之间的关系
S 曲线				✓					显示特定时段内的累积成本

名称					说明
干系人参与度评估矩阵	✓	✓	✓		将干系人当前的与期望的参与程度进行比较
故事地图	✓	✓	✓		展示既定产品所应具备的所有特性和功能的可视化模型
产量图		✓	✓		显示一定时间内验收的可交付物数量
用例	✓		✓		描述并探讨用户如何与系统交互以实现特定目标
价值流图		✓	✓	✓	用于记录、分析和改进为客户生产产品或提供服务所需的信息流或物流。价值流图法可用于识别浪费情况
速度图		✓	✓	✓	跟踪在预先定义的时间间隔内生产、确认和接受可交付物的速度
报告工件					
质量报告		✓	✓	✓	包括质量管理问题、纠正措施建议以及质量控制活动中发现的情况摘要
风险报告	✓	✓	✓	✓	此项目文件会在整个项目风险管理过程中不断更新，用以概述单个项目风险的程度以及整体项目风险的程度
状态报告		✓	✓	✓	提供关于当前项目状态的报告。它可能包括自上次报告以来的进展信息以及对成本绩效和进度绩效的预测
协议和合同					
总价合同	✓	✓	✓	✓	此类合同涉及为定义明确的产品、服务或成果设定一个总价。总价合同包括固定总价（FFP）合同、总价加激励费用（FPIF）合同以及总价加经济价格调整（FPEPA）合同等
成本补偿合同	✓	✓	✓	✓	此类合同涉及向卖方支付为完成工作而发生的实际成本，外加一笔代表卖方利润的费用。当项目范围定义不明确或经常发生变化时，经常会采用这类合同。成本补偿合同包括成本加奖励费用（CPAF）合同、成本加固定费用（CPFF）合同以及成本加激励费用（CPIF）合同
工料合同	✓	✓	✓	✓	此合同规定了固定的费率，但没有准确定义的工作说明书。它可用于扩充人员，获取主题专家和任何外部支持
不确定交付和数量（IDIQ）合同	✓	✓	✓	✓	此合同会规定必须在固定期间内提供不确定数量的商品或服务。这些合同可用于建筑、工程或信息技术的项目
其他协议	✓	✓	✓	✓	其他协议类型包括谅解备忘录（MOU）、协议备忘录（MOA）、服务水平协议（SLA）、基本订购协议（BOA）等

（续）

工件	绩效域								内容概要
	团队	干系人	开发方法和生命周期	规划	项目工作	交付	测量	不确定性	
其他工件									
活动清单	✓	✓		✓	✓				记录进度活动的表格，包含活动描述、活动标识及足够详细的工作范围描述
招标文件		✓		✓	✓				用于向潜在卖方征求建议书，可包括：信息邀请书（RFI）、报价邀请书（RFQ）、建议邀请书（RFP）
测量指标				✓		✓	✓		描述某一属性以及如何对其进行测量
项目日历	✓			✓	✓				确定进度活动的可用工作日和工作班次
需求文件		✓		✓		✓	✓		记录了产品需求和管理这些需求所需的相关信息，包括相关的类别、优先级和验收标准
项目团队章程	✓				✓				记录了项目团队的价值观、共识和工作指南，并对项目团队成员的可接受行为做出明确规定
用户故事		✓		✓		✓			简要描述针对特定用户的成果，而且确保可以通过对活动澄清细节。一个完整的用户故事可能包含这三个要素： ● 角色（who）：谁要使用这个 ● 活动（what）：要完成什么活动 ● 价值（value）：为什么要这么做，这么做能带来什么价值

◉ 第 6 章练习题及答案

○ 练习题

1. 一个项目经理已经得到了团队的一些帮助，她需要再次得到团队的帮助，以便能够创建一个详细的项目预算。她在哪个项目管理过程组？（　　）

   A. 启动

   B. 项目管理过程之前

   C. 规划

   D. 执行

2. 项目章程是在哪个项目管理过程组中创建的？（　　）

   A. 执行

   B. 计划

   C. 结束

   D. 启动

3. 为一个项目指派项目经理的最佳时间是在（　　）时。

   A. 整合项目

   B. 选择项目

   C. 启动项目

   D. 规划项目

4. 情境领导力®Ⅱ是由肯·布兰佳（Ken Blanchard）提出的一套针对不同团队发展阶段，采用不同领导力模式的最佳实践方法。它将胜任力和承诺作为两大主要变量来测量项目团队成员的发展情况。以下关于情境领导力®Ⅱ的说法哪些是错误的？（请选择两个)(　　）

   A. 判断员工的发展阶段可以依据两个组合要素：能力和意愿

   B. D1 阶段的员工能力强但工作意愿低，D2 阶段的员工能力弱或能力平平且工作意愿低，D3 阶段的员工能力弱但工作意愿足，D4 阶段的员工能力强且工作意愿高

   C. 处于 D1 阶段的员工，适合用指令型的领导型态（S1：高指导、低支持）

   D. 教练型的领导型态（S2：低指导、高支持）适合用于 D2阶段的员工

E. 对 D3 阶段的员工适合采用支持型的领导型态（S3：高支持、低指导），由领导者和下属一起进行决策

F. 授权型的领导型态（S4：低指导、低支持）一般针对 D4 阶段的员工

5. 丹尼尔·平克（Daniel Pink）在《驱动力》一书中阐述了人的三种内在动机，包括（请选择三个)(　　　　)。

A. 自主

B. 专精

C. 目的

D. 精神

6. 关于 X、Y、Z 理论，如下哪些理解是正确的？（请选择三个)(　　　　)

A. X 理论假设个人之所以工作，完全是为了获得收入

B. Y 理论建议的管理风格是亲自动手和自上而下，强调惩罚和控制

C. Z 理论建议的管理风格具有更加个性化的教练特点，强调鼓励和认可

D. Z 理论假设个人的动机是自我实现、价值观和更强的使命感。它推荐的是一种可培养洞察力的、具有意义的管理风格

E. Y 理论假设个人有将工作做好的内在动机

7. 组织变革管理的步骤与方法包括如下哪些项？（请选择五个)(　　　　)

A. 准备变革

B. 启动变革

C. 规划变革

D. 实施变革

E. 变更变革

F. 管理过渡

G. 维持变革

H. 确认收益

8. Cynefin 框架最早是在 1999 年由威尔士学者戴夫·斯诺登（Dave Snowden）在知识管理与组织战略中提出的。这个框架用于描述问题、环境与系统，说明什么环境适合使用什么解决方案。关于 Cynefin 框架，如下哪些说法是错误的？（请选择两个)(　　　　)

A. Cynefin 框架有四个域。每个域的复杂程度都不太一样

B. 简单域中的因果关系显而易见，方法是感知—分类—响应（Sense-Categorise-Respond）

C. 繁杂域中的因果关系需要分析，或者需要一些其他形式的调查和 / 或专业知识的应用，方法是感知—分析—响应（Sense-Analyze-Respond）

D. 混乱域中的因果关系仅能够从回想中感应，不能提前，方法是探索—感知—响应（Probe-Sense-Respond）

E. 失序域中不清楚存在什么样的因果关系，这种状态下人们将会恢复到自己舒服的域做决定

9. 以下关于塔克曼阶梯的说法哪些是错误的？（请选择两个）(　　　)

A. 塔克曼阶梯将团队的发展分为五个阶段：形成阶段、震荡阶段、规范阶段、成熟阶段、解散阶段

B. 形成阶段大家比较兴奋，会热烈讨论和交流，彼此开诚布公

C. 震荡阶段团队气氛比较紧张，冲突比较大，绩效相对不太高

D. 规范阶段团队成员之间彼此信任，相互之间有合作的意识

E. 成熟阶段团队成员之间相互依赖，绩效相对来说是最高的

F. 解散阶段的周期不会很长，工作相对来说比较容易，项目管理者不必花太多的精力在这个阶段

10. 处理冲突的方式包括哪些项？（请选择六个）(　　　)

A. 面对 / 解决问题

B. 沟通与探讨

C. 合作

D. 斡旋

E. 妥协

F. 借力

G. 缓和 / 包容

H. 强迫

I. 撤退 / 回避

11. A 机器制造公司签订了一个在三年内交出某新型机器的合同。该合

同规定了固定的价格，且规定延期交货要处以罚款。同时，合同中还包括了客户提供的性能技术说明，以及 A 公司的估算员起草的进度计划和成本估算。在 A 公司执行合同的过程中，由于内部资金方面的延误，关键资源被重新分配而不再能提供了，公司内部只有能力不足的资源可用。面对这种情况，如果你是 A 公司该项目的负责人，你首先应设法做什么？（　　）

A. 与部门经理就该资源进行磋商

B. 将此问题提交给上级管理部门解决

C. 用能力不足资源代替这一资源

D. 向外部的承包商采购该资源

12. 如下哪一个风险识别工具从优势、劣势、机会和威胁四个方面来评估组织、项目或方案的风险？（　　）

A. SWOT 分析

B. PESTLE 分析

C. 模拟

D. 蒙特卡洛分析

13. 某工厂目前的销售额为 200 万元，希望通过扩建厂房提高产量和销量。在风险分析过程中，分析人员认为扩建厂房后，市场情况有很大的不确定性。市场好的可能性为 45%，销售额增长 60%；市场较差的可能性为 20%，销售额会减少 30%；市场一般的可能性为 35%，销售额增加 20%。试问扩建厂房项目的 EMV 值为多少？（　　）

A. 256 万元

B. 220 万元

C. 700 万元

D. 320 万元

14. 在定量风险分析中，经常使用一个工具，将详细规定的各项不确定性换算为它们对整个项目层次上的目标所产生的潜在影响。这种工具通常被称为（　　）。

A. 建模 / 模拟

    B. 实验设计

    C. 敏感性分析

    D. 决策树分析

15. 关于敏感性分析,以下哪个说法最正确?(　　　)

    A. 检查项目目标的不确定性影响项目要素的程度

    B. 检查当其他要素保持在基线值的时候另一个要素对目标的影响程度

    C. 是评价干系人忍受风险程度的方法

    D. 不能够被用来决定哪个风险对项目有最大的潜在影响

16. 估算方法是制订项目进度计划的重要工具。以下关于估算方法的说法哪些是错误的?(请选择两个)(　　　)

    A. 类比估算相对来说准确性不高,但是耗时短

    B. 类比估算和参数估算的准确性比自下而上估算的准确性要高

    C. 参数估算是基于历史数据和项目参数,使用某种算法来计算成本或持续时间的

    D. 多点估算通常会估算最悲观、最乐观、最可能等估算值,通过计算得到合理的估算数据

    E. 故事点估算是一种绝对估算,它是一种无单位的测量方法

17. 关于每日站会,以下说法哪一项是错误的?(　　　)

    A. 每日站会是敏捷项目管理中的典型做法

    B. 在该会议期间,项目团队会审查前一天的进展,宣布当天的计划并强调指出遇到或预见的任何障碍

    C. 该会议也可称为"每日例会",目的是让大家保持更加透明和一致的沟通

    D. 每日站会的召开时间可长可短,根据项目组情况而定

18. 关于敏捷中的会议,以下说法哪些是正确的?(请选择三个)(　　　)

    A. 在待办事项列表细化会议上,项目团队会以渐进明细方式编制待办事项列表并明确其中各事项的优先级,以确定在即将到来的迭代中要完成的工作

    B. 在一个发布结束时举行迭代评审会议,旨在展示在该迭代期间完成的工作

C. 冲刺规划会议用于澄清待办事项列表中事项的详细信息、验收标准以及实现即将履行的迭代承诺所需的工作投入

D. 回顾会议是定期（通常在某一个迭代工作完成后）举行的研讨会，参会者探讨其工作和结果，以便改进流程和产品。回顾会议是经验教训会议的一种形式

19. MoSCoW 模型是敏捷项目管理中确定项目优先级的一个重要模型。以下关于 MoSCoW 模型的描述，哪些是正确的？（请选择四个）（　　　）

A. MoSCoW 中的 M 是 "必须有"（Must have），说明必须具备的需求有哪些，它们提供了项目保证交付的最低可用需求

B. 可以使用以下一些方法来定义 M：没有这一点，就无法按时完成目标；如果未交付，那么在预定日期部署解决方案将毫无意义；没有它们是不合法的；没有它们就不安全；没有它们就无法提供可行的解决方案

C. S 是 "应该有"（Should have），C 是 "可以有"（Could have），W 是 "本次不会有"（Won't have this time）

D. W 在项目中的定义比较模糊，并且可以简化。MoSCoW 模型重点在 M、S、C 上

E. C 的需求定义为：遗漏可能会很痛苦，但是解决方案仍然可行；可能需要某种解决方法，例如期望管理、解决方案、文书工作等，解决方法可能只是临时的

20. 关于项目章程，以下说法哪一项是错误的？（　　　）

A. 项目章程是由项目启动者或发起人发布的、正式批准项目成立并授权项目经理使用组织资源开展项目活动的文档

B. 项目章程记录了关于项目和项目预期交付的产品、服务或成果的详细信息

C. 项目章程确保干系人在总体上就主要可交付物、里程碑以及每个项目参与者的角色和职责达成共识

D. 项目章程里可以有很多项目的核心信息，比如项目目的、成功标准、高层次需求、整体里程碑等

21. 假设日志是项目中非常重要的一个工件。关于假设日志，以下说法都是正确的，除了（　　）。

A. 假设日志包含假设条件和制约因素。假设条件是指当前项目中存在的基本假设，如果这种假设发生偏移或不能实现，则项目会出现相应的风险

B. 假设日志中的制约因素是指项目存在的客观制约，它会给项目带来风险

C. 通常在项目启动之前编制商业论证时，识别高层级的战略和运营假设条件与制约因素。这些假设条件与制约因素应纳入假设日志，跟随项目章程一起展示

D. 假设日志用于记录项目早期的所有假设条件和制约因素

22. 某项目经理在项目过程中发现一个新的风险，接下来他需要如何做？（　　）

A. 更新风险登记册

B. 进行定性风险分析

C. 制订风险应对计划

D. 持续监控风险

23. 关于项目管理计划的描述，以下说法哪一项是错误的？（　　）

A. 项目管理计划描述了如何执行、监督、控制和结束项目

B. 项目管理计划里包含很多子计划。比如质量管理计划、沟通管理计划等

C. 项目管理计划需要渐进明细，但管理成本、范围、进度的基本原则还是需要早期进行基本定义

D. 项目管理计划里记录了项目团队的价值观、共识和工作指南，并对项目团队成员的可接受行为做出明确规定

24. 卖方对下列哪类合同最关心范围？（　　）

A. 固定总价合同

B. 成本补偿合同

C. 工料合同

D. 采购订单

25. 你是个大型软件开发项目的项目经理。两个模块组组长之间针对某个变更发生了冲突。你介入，告诉他们按时完成项目的重要性，要求他们找出双方都能接受的方案。你在这里使用的是哪种冲突解决方案？（　　　）

    A. 面对

    B. 妥协

    C. 缓解

    D. 强制

26. 一个商业地产开发商计划建造一栋办公大楼。他与建筑商签订了合同。合同包括提供材料以及服务的实际成本加上作为建筑商利润的固定费用。请问这是什么类型的合同？（　　　）

    A. 独立供应商合同

    B. 固定费用合同

    C. 成本补偿合同

    D. 工料合同

27. 在一个通信公司大型软件工程项目的执行过程中，你被指定代替目前的项目经理。软件的一部分是由在你公司办公场所工作的分包商提供的。你需要知道用什么样的绩效指标来跟踪分包商工作人员的绩效。请问你可以在哪里找到这样的信息？（　　　）

    A. 项目章程

    B. 采购管理计划

    C. 工作分解结构

    D. 组织结构图

28. 在规划质量阶段，有必要确定如何测量新服务，以确保质量水平在可控范围内。可用的测量方法是（　　　）。

    A. 核对表

    B. 质量测量指标

    C. 散点图

    D. 实验设计

29. 责任分配矩阵（RAM）不表明以下哪一项？（　　）

A. 谁在项目中做什么

B. 团队成员的工作角色

C. 小组的角色和职责

D. 项目报告关系

30. 在过去的两天里你一直在向一名团队成员索要关于一个项目的关键可交付物的状态报告。最后在你和你经理的项目状态更新会议前 30 分钟你拿到了这份报告。通过快速审查，你发现报告中的一些信息是错误的。请问你应该采取什么行动？（　　）

A. 在会议开始前尽量修正错误的部分，在会议中尽量避免讨论你没有来得及修正的内容

B. 带你的团队成员参加会议，让他直面报告中的错误

C. 重新安排会议日程，要求该团队成员重写报告

D. 取消会议，自己动手修改报告，以把新的报告分发给高级管理层的方式代替原来的会议

31. Alex 是一名项目经理，他打算通过认可个人的成就，让员工自己支配进度和工作环境，以及建立对团队的强烈归属感来激励团队。下列哪个理论最好地解释了 Alex 的行为？（　　）

A. 成就需求理论

B. 应急理论

C. 期望理论

D. 刺激 / 反应理论

32. A 公司的客户满意度调查显示，由于服务水平下降，客户有投向竞争对手的趋势。随着管制解除的迫近和竞争变得越来越激烈，公司的 CEO 宣布将改善客户体验摆在第一位。A 公司应该使用下列哪一项技术？（　　）

A. Q- 分类技术

B. 参数估算

C. 鱼骨图

D. 敏感性分析

33. 从装配线出来的一系列产品最近出现误差，项目经理需要知道这些误差是否在可接受的范围内。项目经理需要使用哪些工具？（　　　）

A. 直方图

B. 帕累托图

C. 石川图

D. 控制图

34. 团队成员打电话告知项目经理，某一系统的实际速度与预计速度存在偏差。项目经理很吃惊，因为在计划阶段做绩效衡量时没发现此问题。如果项目经理开始评估是否要对偏差制订应对计划，项目经理处于项目的哪个管理过程？（　　　）

A. 启动

B. 执行

C. 监控

D. 收尾

35. 以下关于用户故事的说法哪些是正确的？（请选择三个）（　　　）

A. 用户故事简要描述针对特定用户的成果，而且确保可以通过对话澄清细节

B. 一个完整的用户故事可能包含三个要素：角色（who），谁要使用这个；活动（what），要完成什么活动；价值（value），为什么要这么做，这么做能带来什么价值

C. 用户故事跟需求没有本质区别，都强调要做什么来完成客户交代的工作

D. 用户故事的列表可以整理成待办事项，由产品负责人排列优先级，在不同的迭代中完成

36. 项目团队章程是记录团队价值观、共识和工作指南的文件。项目团队章程可能包括以下哪些内容？（请选择四个）（　　　）

A. 团队价值观

B. 团队成员名单

C. 团队沟通指南

D. 团队责任分配

E. 团队冲突处理过程

F. 团队会议指南

37. 在项目进行过程中，项目经理想确认各项产品需求的情况，从其来源到能满足需求的可交付物的完成情况，他应该查阅哪个文件？
（　　　）

A. 需求跟踪矩阵

B. 需求文件

C. 范围说明书

D. 工作分解结构

38. 以下哪个工件有助于项目团队考虑单个项目风险的全部可能来源，从而帮助识别风险或归类已识别风险？（　　　）

A. 风险分解结构

B. 风险登记册

C. 风险报告

D. 风险列表

39. 以下哪个文件描述了如何实施适用的质量政策、程序和指南，以实现质量目标？（　　　）

A. 质量报告

B. 质量测量指标

C. 质量管理计划

D. 质量审计

40. 当卖方在履行一个成本补偿合同时，买方决定增加服务范围，并将合同变更为固定总价合同。以下都是卖方可选择的，除了（　　　）。

A. 在成本补偿合同的基础上完成原定范围的工作，新增范围按照固定总价合同进行谈判

B. 完成原定范围的工作并拒绝新增范围

C. 把所有工作按照一个固定总价合同进行谈判

D. 开始一个新合同

○ 答案解析

1. 答案：C

解析：注意"详细"一词。这样的预算是在项目规划期间创建的。本题考查五大过程组：启动、规划、执行、监控、收尾。

2. 答案：D

解析：在开始计划和执行工作之前，需要有项目章程。因此，它在项目启动时被创建和批准。本题考查五大过程组：启动、规划、执行、监控、收尾。

3. 答案：C

解析：项目经理应该在项目启动时指定。

4. 答案：B、D

解析：在情境领导力®Ⅱ中，D1 阶段的员工能力弱但工作意愿高，D2 阶段的员工能力弱或能力平平且工作意愿低，D3 阶段的员工能力中等或强但工作意愿不足，D4 阶段的员工能力强且工作意愿高。分别把他们称为热情高涨的初学者、憧憬幻灭的学习者、有能力但谨慎的执行者、独立自主的完成者。B 选项的描述不正确。D 选项错在教练型的领导型态是指高指导、高支持的方式，这种方式适用于 D2 阶段的员工。

5. 答案：A、B、C

解析：丹尼尔·平克在《驱动力》一书中阐述了人的三种内在动机：自主、专精和目的。

6. 答案：A、D、E

解析：X 理论假设个人之所以工作，完全是为了获得收入，建议的管理风格是亲自动手和自上而下，强调惩罚和控制。Y 理论假设个人有将工作做好的内在动机，建议的管理风格具有更加个性化的教练特点，强调鼓励和认可。Z 理论假设个人的动机是自我实现、价值观和更强的使命感，建议的是一种可培养洞察力的、具有意义的管理风格。B 选项描述的是 X 理论。C 选项描述的是 Y 理论。

7. 答案：B、C、D、F、G

解析：有一种变革管理模型认为，变革的步骤包括：启动变革、规划变革、实施变革、管理过渡、维持变革。

8. 答案：A、D

解析：Cynefin 框架有五个域。其中，复杂域中的因果关系仅能够从回想中感应，不能提前，方法是探索—感知—响应（Probe-Sense-Respond），我们能够感知涌现实践（emergent practice）；而混乱域中没有系统级别的因果关系，方法是行动—感知—响应（Act-Sense-Respond），我们能够发现新颖的实践（novel practice）。所以 A 和 D 选项是错误的。

9. 答案：B、F

解析：形成阶段大家彼此之间相对有些保留，而且处在观察期，相互之间的沟通和讨论通常会比较内敛；解散阶段的前置工作如果没有处理好，那么解散阶段可能会持续很长时间，且团队成员在项目的中后期可能会人心涣散，因担心某些事情的发生而失去斗志，从而影响项目的按期交付。所以团队解散阶段的管理任务也很关键，F 选项的描述不够精准。

10. 答案：A、C、E、G、H、I

解析：《PMBOK® 指南》第 7 版明确解释过，有六种解决冲突的方法：面对 / 解决问题、合作、妥协、缓和 / 包容、强迫、撤退 / 回避。

11. 答案：D

解析：自制或外购分析是一种通用的管理技术，用来确定某项工作最好是由项目团队自行完成，还是必须从外部采购。有时，虽然项目组织内部具备相应的能力，但由于相关资源正在从事其他项目，为满足进度要求，需要从组织外部进行采购。C 选项在 D 选项也无法满足后才能采用。

12. 答案：A

解析：SWOT 分析对一个组织、项目或方案的优势、劣势、机会和威胁进行评估，从而更好地识别相关的风险。

13. 答案：A

解析：EMV 即预期货币价值，其计算公式为：$200 \times 1.6 \times 0.45 + 200 \times (1-0.3) \times 0.2 + 200 \times 1.2 \times 0.35 = 256$（万元）。《PMBOK® 指南》中有预期货币价值的知识点。预期货币价值的计算就是将事件发生的概率与事件发生时的经济影响相乘。

14. 答案：A

解析：项目模拟旨在使用一个模型，计算项目各细节方面的不确定性对项目目标的潜在影响。模拟通常采用的一个方法叫蒙特卡洛技术，这个知识点也需要掌握。

15. 答案：B

解析：敏感性分析有助于确定哪些风险对项目具有最大的潜在影响，有助于理解项目目标的变化与各种不确定因素的变化之间存在怎样的关联。把所有其他不确定因素固定在基准值，考查每个因素的变化会对目标产生多大程度的影响。A 选项错在并不是检查目标的不确定性对项目要素的影响，而是检查要素的不确定性对目标的影响。

16. 答案：B、E

解析：自下而上估算在考试中可能会出现。它是指先将相关工作任务分解为小的单元，然后将这些小的单元估算清楚，再汇总形成大的任务包的估算结果。这种估算方式相对来说更加准确，但是耗时较长。B 选项描述错误。故事点估算是一种相对估算，E 选项错误。

17. 答案：D

解析：每日站会的时间通常不宜过长。一般 15 分钟左右，过长的话会失去站会的意义。如果有需要详细沟通的事宜，可以在站会开完之后，跟相关方进行重点确认。D 选项的描述不准确。

18. 答案：A、C、D

解析：迭代评审会不是在发布结束后才进行，而是在迭代结束后进行。一个发布里可能包含很多个迭代。这两个概念需要区分清楚。

19. 答案：A、B、C、E

解析：W 的定义为"本次不会有"，是项目团队已同意不会交付的需求（在此时间范围内）。它们被记录在优先需求列表中，可帮助阐明项目的范围，避免以后再非正式地重新引入它们。这也有助于管理人们的期望，即某些需求不会（至少是这次）直接进入已部署的解决方案。W 可以非常强大地将时间集中在更重要的 C、S，特别是 M 上。如果其定义模糊，会影响项目边界范围的准确性，所以定义 W 是非常重要的。D 选项不正确。

20. 答案：B

解析： 项目章程里的内容并不是非常详细的信息，而是高层次的信息。在项目的中后段，有些内容可能会渐进明细。B 选项的描述不准确。

21. 答案：D

解析： 假设日志用于记录整个项目生命周期中的所有假设条件和制约因素，而不是仅适用于项目早期。D 选项的描述不准确。

22. 答案：A

解析： 识别出风险之后需要立刻更新风险登记册。这道题是步骤题，第一步要做的是 A。风险登记册记录已识别的项目风险的详细信息。随着实施定性风险分析、规划风险应对、实施风险应对和监督风险应对等过程的开展，这些过程的结果也要记入风险登记册。取决于具体的项目变量（如规模和复杂性），风险登记册可能包含有限或广泛的风险信息。

23. 答案：D

解析： D 选项的描述是项目团队章程。项目管理计划主要对如何执行、监督、控制和结束项目进行描述，可以将各个子计划整合进项目管理计划，对实施项目的步骤、方法和原则进行说明。

24. 答案：A

解析： 在固定总价合同中，卖方具有成本风险，因此更希望在投标前完全了解采购工作说明书和范围。

25. 答案：B

解析： 妥协是寻求能让双方当事人都在一定程度上满意的方案，属于双方各让一步的做法。

26. 答案：C

解析： 这个选项符合成本补偿合同的定义，具体属于成本加固定费用合同。A 选项是造出来的术语。B 选项是不正确的，因为价格并不固定。D 选项也不正确，如果你选了这个选项，那么你应该复习一下工料合同与成本补偿合同的区别。

27. 答案：B

解析： 在规划采购过程中创建的采购管理计划包括绩效报告规范。如果有一个选项是"沟通管理计划",那么它就是较好的选择。但是基于提供的答案,B 选项是最佳的。

28. 答案: B

解析: 质量测量指标是《PMBOK® 指南》第 6 版"质量管理"这一章的重要概念,它用非常具体的语言,描述项目或产品属性以及质量控制过程如何对其进行测量。A 选项核对表是一种结构化工具,通常具体列出各项内容,用来核实所要求的一系列步骤是否已经执行。C 选项散点图是实施质量控制的工具与技术,不在规划质量阶段。D 选项实验设计(Design of Experiment,DOE)是一种统计方法,用来识别哪些因素会对正在开发的流程或正在生产的产品的特定变量产生影响。应在规划质量过程中使用 DOE,来确定测试的类别、数量,以及这些测试对质量成本的影响。

29. 答案: D

解析: 责任分配矩阵(RAM)不包括报告关系,报告关系包括在项目组织图中。A 选项是正确的,因为 RAM 确实显示出在项目中谁负责什么。B 选项是正确的,因为它显示的是不同团队成员在项目中的角色。C 选项是正确的,因为 RAM 可以用于个人或者小组。

30. 答案: C

解析: 要回答这个问题,你应该问"哪个选项可以解决问题"。这里的问题是员工提供了不正确的信息,你不能继续传递这个信息。唯一直接面对并且解决问题的是 C 选项。这个解决方案不是没有代价的,但是这是四个选项中的最佳答案。

31. 答案: A

解析: 麦克利兰的成就需求理论在这里是最好的选择。它说明人有成就需要、权力需要和归属需要。虽然这个理论可以有多种不同的表述方式,但是在四个选项里,这个理论最能解释 Alex 的激励风格。

32. 答案: C

解析: 质量管理的首要目标是"客户满意"。鱼骨图是质量控制的工具。Q- 分类技术是个体间相互关系的一种研究方法——经过 Q 分类后,根据被调查者的态度和兴趣将被调查者分成几类。本题 C 选项为最佳答案。

33. 答案：D

解析：控制图用来确定一个过程是否稳定，或者是否具有可预测的绩效。根据合同要求而制定的规格的上限和下限，反映了可允许的最大值和最小值。超出规格界限就可能受处罚。控制的上限和下限由项目经理和相关干系人设定，反映了必须采取纠正措施的位置，以防止超出规格界限。另外补充一下直方图的相关考点：显示特定情况发生的次数；每个柱形代表一种属性或特性，高度代表属性或特性的发生次数。

34. 答案：C

解析：决定是否需要应对计划，是监控过程组的工作；而重新制订应对计划，属于规划过程组的工作。

35. 答案：A、B、D

解析：C 选项的描述不准确。用户故事与需求是有一些区别的。用户故事更强调为用户到底提供什么价值，而不只是完成一个工作而已。通过角色、活动和价值的描述，可以更加清楚地将场景和目的说清楚，这也是用户故事的优势。

36. 答案：A、C、E、F

解析：B 选项包含在干系人登记册中，D 选项包含在角色矩阵中，其余各项都包含在项目团队章程中。具体可参考《PMBOK® 指南》第 6 版 9.1.3.2 节。

37. 答案：A

解析：在项目进行过程中，需求跟踪矩阵可将产品需求从其来源连接到能满足需求的可交付物。A 选项最符合题目场景。B 选项需求文件没有追溯和链接，C 选项范围说明书是对项目范围的描述和说明，D 选项工作分解结构是以可交付物为导向的分解结构。

38. 答案：A

解析：风险分解结构是潜在风险来源的层级展现。风险分解结构有助于项目团队考虑单个项目风险的全部可能来源，对识别风险或归类已识别风险特别有用。组织可能有适用于所有项目的通用风险分解结构，也可能针对不同类型项目使用几种不同的风险分解结构框架，或者允许项目量身定制风险分解结构。如果未使用风险分解结构，组织则可能采用某种常见的风险分类框架，既可以是简单的类别清单，也可以是基于项目目标的某种类别结构。

39. 答案：C

解析：质量管理计划描述如何实施适用的政策、程序和指南以实现质量目标。它描述了项目管理团队为实现一系列项目质量目标所需的活动和资源。质量管理计划可以是正式或非正式的，非常详细或高度概括的，其风格与详细程度取决于项目的具体需要。应该在项目早期就对质量管理计划进行评审，以确保决策是基于准确信息的。这样做的好处是，更加关注项目的价值定位，减少因返工而造成的成本超支和进度延误的次数。

40. 答案：D

解析：卖方可以商讨变更或简单地继续原来的合同并拒绝变更。但是卖方不能单方面决定开始一个新合同，必须双方通过谈判一致同意才可以。

敏捷管理

☑ 本章重点

- 敏捷的价值观和原则
- 敏捷方法中不同角色的职责
- Scrum 管理方法的工件和活动
- 极限编程的实践
- 看板的特点
- 敏捷转型需要关注的内容

☑ 知识梳理

　　敏捷管理的内容是 PMP 考试中必考的内容之一，因此掌握敏捷管理基本知识是通过考试必备条件。本章将分四部分讲述敏捷管理知识。

- 敏捷的核心思想和原则：包括《敏捷宣言》的价值观和敏捷原则。
- 敏捷团队的构成：讲述敏捷方法中不同角色的职责分工。
- 敏捷方法：讲述 Scrum、极限编程、看板等不同敏捷方法的使用，包括敏捷方法中的一些工具和技术。
- 敏捷转型：讲述敏捷转型的部分考虑因素。

7.1　敏捷的核心思想和原则

7.1.1　《敏捷宣言》的四大价值观

　　我们正在通过亲自开发和帮助他人开发，发现开发软件的更好方法。通过这项工作，我们开始更重视：

个体以及交互而不是过程和工具

可用的软件而不是完整的文档

客户协作而不是合同谈判

响应变化而不是遵循计划

也就是说，右栏中的项目固然有价值，但我们更重视左栏中的项目。

以上内容出自 PMI 的《敏捷实践指南》（原文中的"右栏"指以上四句话中"而不是"后面的内容，"左栏"指以上四句话中"而不是"前面的内容）。

下面对每个价值观进行详细解读。

1. 个体以及交互而不是过程和工具

传统项目管理非常重视过程和工具，《PMBOK® 指南》第 6 版中就出现了 49 个过程和 100 多种工具。很显然，项目管理方法是希望通过严谨的方法论和足够细致的流程化管理让项目走向成功。但是，很多企业在执行这种管理时，陷入了生搬硬套、流程过于僵化的泥潭。例如，本来可以快速解决的一个产品缺陷，必须通过烦琐的变更流程，经过企业内部层层审批才能开始修改，大量宝贵的时间就此浪费了。因此，为了解决这个问题，企业通常采用简化流程的方式，更多地利用人员之间的沟通和交互，快速取得期望的结果。

2. 可用的软件而不是完整的文档

软件开发和其他复杂的项目工作一样，需要人员的全身心投入和付出。技术人员除了要进行复杂的编码工作，还有大量的文档需要编写。但过多面面俱到的文档往往比少量的文档效果更糟，技术人员浪费了大量的时间和精力在文档编写中，而很多文档在未来的使用频率并不高。因此，敏捷方法提倡编制的文档尽量简练，以满足后期软件业务和使用需求为主要目的。当然，很多技术人员认为敏捷不需要文档，这是一个误区。软件制作完成后，没有任何文档，未来只要维护软件的人员发生更替，很多知识将随着更替人员的离开而丢失，新的人员将无法通过文档学习使用和维护软件，这是企业不希望发生的事情。因此，敏捷管理建议技术人员用更少的精力编写满足需要的文档，而把更多的精力留给软件开发和生产。

3. 客户协作而不是合同谈判

众所周知，由于合同的内容包括法律、财务和技术等众多条款，因此从谈判到合同签署，通常要经过一个较漫长的过程。但是，由于组织很少能做到一次性地将其需求完整清晰地表述在合同中，因此，在项目执行过程中，组织会根据项目实际情况不断修正需求，这就导致供应商完全按照合同初始内容执行项目工作的情况少之又少。更多的时候，供应商如果能够在项目执行过程中与客户充分交流，不断适应新的变化，往往会取得更高的客户满意度。那么与其早期浪费大量的时间在合同谈判和签署上，倒不如把时间留给项目执行过程，在此期间双方可进行充分交流。因此，供应商和组织的协同工作方式往往好于严格的合同执行。

4. 响应变化而不是遵循计划

传统项目管理非常强调任何项目都要做好充分的计划再去实施。正所谓"预则立，不预则废"。但项目的复杂性和外部环境的不确定性，让项目团队甚至组织都很难保证项目没有变化。项目经理本质上不太愿意接受变化，因为这要求项目经理花费资源和时间成本对变化进行评估和应对。更严重的是，很多变化会对项目的范围、进度乃至成本产生很大影响，项目经理会担心项目失败。但是，当外部市场环境发生变化，如果项目不随之而变，很多时候项目收益将会明显减少。例如，中国已经逐步进入了 5G 时代，如果我们开发的手机项目还不支持 5G，也没有任何支持 5G 的变更计划，那么这款手机在当前市场环境下，还没生产出来就注定销量有限，项目本身也可能是个失败的项目。因此，敏捷管理者在遵守原有项目计划的同时，更应该响应并拥抱每一次变化。

7.1.2　敏捷十二大原则

（1）我们的最高目标是，通过尽早持续交付有价值的软件来满足客户的需求。

（2）欢迎对需求提出变更，即使在项目开发后期也不例外。敏捷过程要善于利用需求变更，帮助客户获得竞争优势。

（3）要经常交付可用的软件，周期从几周到几个月不等，且越短越好。

（4）在项目实施过程中，业务人员与开发人员必须始终通力协作。

（5）要善于激励项目人员，给予他们所需的环境和支持，并相信他们能够完成任务。

（6）无论是对开发团队还是团队内部，信息传达最有效的方法都是面对面地交谈。

（7）可用的软件是衡量进度的首要度量标准。

（8）敏捷过程提倡可持续开发。项目发起人、开发人员和用户应该都能够始终保持步调稳定。

（9）对技术的精益求精以及对设计的不断完善将提高敏捷性。

（10）简洁，即尽最大可能减少不必要的工作，是一门艺术。

（11）最佳的构架、需求和设计将出自自组织团队。

（12）团队要定期反省怎么做才能更有效，并相应地调整团队的行为。

以上内容出自 PMI 的《敏捷实践指南》。

下面对每条原则进行详细解读。

1. 我们的最高目标是，通过尽早持续交付有价值的软件来满足客户的需求

此条原则体现了敏捷的核心本质，就是通过反复快速产出成果来验证客户的需求是否被满足。例如，我们开发一个 PMP 备考的 App，如果按照传统项目的做法，在项目结束时把此 App 交付给客户，客户发现无法满足他们的需求，这就必然导致返工。如果我们通过提供 App 原型，让客户体验这款 App 的功能，然后根据客户反馈进行修订，就大大减少了返工成本和时间。而不断持续改进，能够保证最终的 App 更加适合客户群体使用，提升客户满意度。

2. 欢迎对需求提出变更，即使在项目开发后期也不例外。敏捷过程要善于利用需求变更，帮助客户获得竞争优势

此条原则充分反映了《敏捷宣言》四大价值观中的"响应变化而不是遵循计划"。需求变更不一定是洪水猛兽，也有可能是天赐良机。

3. 要经常交付可用的软件，周期从几周到几个月不等，且越短越好

在传统的项目中，交付时间跟最终交付产品的复杂度有关系，越复杂的产品交付周期越长。但这可能会造成由于交付周期过长，错过了占领市场的最好时机。因此，要尝试用更短的周期完成产品，即使产品只完成部分功能，往往也能起到率先进入并占领市场的目的。例如，微信最早上市时并没有很多复杂的功能，红包、转账甚至语音聊天功能都没有，但它因为简洁的风格和易用的特点，迅速成为大众最喜欢的聊天软件之一。随着后续版本的不断迭代，微信已完全走进了我们的生活。

4. 在项目实施过程中，业务人员与开发人员必须始终通力协作

在传统的项目中，业务人员通常代表甲方，而开发人员是乙方。甲方提出需求并进行验收，乙方负责完成这些需求。而在敏捷项目中，业务人员和开发人员不再是简单的甲乙方的关系，往往会组成一个团队（无论是组织架构变更后正式的多职能团队，还是一个临时或虚拟的项目团队），为了共同的项目目标一起努力，业务人员和开发人员迅速加深合作关系，为项目成功奠定基础。

5. 要善于激励项目人员，给予他们所需的环境和支持，并相信他们能够完成任务

传统的项目也强调激励成员，但是敏捷项目更加强调给成员放权，信任他们能够主动积极地做事，并且有能力完成工作。项目经理的责任是提升团队的士气，并且给团队赋能。

6. 无论是对开发团队还是团队内部，信息传达最有效的方法都是面对面地交谈

面对面地交谈，双方都可以通过对方的面部表情、动作和语气，尽可能地捕捉到对方的真实感受。这样的沟通形式，能最大限度地避免误会，让每一次交流都有良好的效果。

7. 可用的软件是衡量进度的首要度量标准

敏捷强调每个周期（一个迭代／冲刺）必须产出有价值的可交付物，而不仅仅是一个工作完成的百分比。敏捷强调价值交付，而一个未完成的工作或成果是无法为客户或组织带来价值的。

8. 敏捷过程提倡可持续开发。项目发起人、开发人员和用户应该都能够始终保持步调稳定

敏捷从来不强调为了追求快速完成工作，采取加班赶工的方法。加班，尤其是长期加班，对团队成员的身心会造成伤害。敏捷强调的是团队能够持续稳定地工作和输出，而不是靠突击或加班。

9. 对技术的精益求精以及对设计的不断完善将提高敏捷性

敏捷经常被误解为因为快而忽略质量。但是敏捷的短周期和小迭代本来就是为了提升质量、保证客户满意度而诞生的思想。敏捷非常重视质量，通过不断与客户确认并获得反馈，不断完善成果，提升客户满意度。

10. 简洁，即尽最大可能减少不必要的工作，是一门艺术

敏捷的重要目标之一是提升团队效率，而去掉多余的工作是提升团队效率的重要方法之一。例如，不去编写多余的文档。这一点可参考《敏捷宣言》四大价值观中的"可用的软件而不是完整的文档"。

11. 最佳的构架、需求和设计将出自自组织团队

自组织团队是一个自我管理、自我提升和自我完善的团队。团队只有主动地思考，带着探索和创新的精神工作，并且不断地通过提升个人能力完善自己，才能逐步形成自组织团队。例如，众多优秀的初创公司的早期，创始人们往往以自组织团队的形式工作。因此，一个真正自组织的团队往往会在形成、自我修炼和完善过程中，产出一些优秀的过程成果。

12. 团队要定期反省怎么做才能更有效，并相应地调整团队的行为

无论是传统管理还是敏捷管理，不断地总结经验和教训是团队调整和提升的核心方法之一。团队通过反思、复盘或回顾找到自身问题，然后进行改进和完善，提升整个团队的绩效。

7.2 敏捷团队的构成

在《敏捷宣言》四大价值观中，无论是"个体以及交互而不是过程和工具"还是"客户协作而不是合同谈判"，都强调了"以人为本"的重要性。因此敏捷团队的有效合作，就成了敏捷管理方法能够高效运行的大前提。敏捷团队定义了三种常见的角色：产品负责人、团队促进者和跨职能团队成员。考生需要掌握这三种常见角色。其他角色包括职能经理、发起人、客户、质量保证团队等。

7.2.1　产品负责人

在敏捷方法中，产品负责人能够代表客户。在与客户和主要干系人沟通后，产品负责人确定产品开发方向。产品负责人的主要职责可以概括为三个方面：理战略、定需求和做验收。具体的工作如下。

1. 理战略：制作产品路线图

产品负责人通过产品的愿景和蓝图，制订出在不同时期产品不断迭代的计划。产品路线图通常以年为单位，是一个中长期的产品计划。

2. 定需求：增加和调整用户故事，并根据商业价值对用户故事进行排序

产品负责人要创建产品待办事项列表，类似传统项目中的需求列表。产品负责人还要根据商业环境的变化，随时调整产品待办事项列表中的需求。在敏捷管理中，需求通过用户故事来展现。团队成员如果对用户故事的描述产生疑问，产品负责人负责给出最终的解释。

用户故事的写法为：作为 < 角色 >，在 < 时间 / 地点 >，我想 < 做什么 >，是为了 < 目的 / 商业价值 >。于是，我 < 怎样做 / 怎样操作 >，最后 < 如何验证 >。下面是一个在线旅店用户注册会员的用户故事示例。

{ 作为 < 旅客 >，我想 < 注册成为 ××× 旅店的会员 >，是为了 < 使用网上预订房间的服务 >。

于是，我的操作如下：

（1）进入 ××× 旅店官网，并点击首页右上方的"注册"。

（2）输入"手机号码""密码""再次输入密码"，然后点击"确认"按钮。

（3）手机收到验证码，然后在输入手机验证码页面输入手机收到的验证码。

（4）点击"确认"，页面提示注册并登录成功，3 秒后自动跳转到旅店首页。

最后，可以通过"手机号码"和"密码"再次登录成功。}

另外，产品负责人需要根据每个用户故事的商业价值排出实现的优先顺序，虽然团队成员可以提出意见，但是决定权属于产品负责人。

3. 做验收：项目成果的评审反馈

产品负责人需要在每个迭代结束的评审会上对项目成果提供反馈，确保团队不偏离方向。

7.2.2　团队促进者

与传统意义的项目经理的职责和权力不同，敏捷管理中对这个角色有多种叫法，包括 Scrum 主管、项目团队领导者、团队教练或团队促进者等。职责也从管理项目和安排资源等转变为给项目团队提供各种支持。敏捷管理中通常会称之为仆人式领导风格。

仆人式领导的主要任务是鼓励团队成员主动承担责任，并通过指导、鼓励和帮助等手段培养团队的能力和意识，让团队成员有勇气和有能力完成他们的任务。仆人式领导具体的工作包括以下四项。

1. 保护：保护团队不被其他工作干扰

当项目团队以外的干系人因为各种事项干扰团队正常工作时，团队促进者必须阻断这种干扰。例如，团队职能经理要求团队成员在项目执行的同时，还要定期单独向他汇报。团队促进者就必须与职能经理谈判，取消或者更换这种成员单独汇报的方式，避免汇报工作影响团队成员的正常工作。

2. 保障：移除障碍，建立安全信任的环境

当项目执行过程中出现了一些阻碍项目进展的问题时，例如无法访问信息系统，团队促进者必须迅速寻求移除障碍的方法，让团队成员可以继续执行项目。

在敏捷方法中，障碍、阻碍和路障之间存在差别，一般情况下，路障造成的后果最严重，而障碍和阻碍含义类似，在敏捷方法中多用"障碍"。

- 障碍：减慢前进速度或阻碍前进的情况、条件或行动。在识别和监控障碍的过程中，可以把障碍记入障碍日志或障碍看板。移除障碍的方法包括三种：第一，使用影响力；第二，使用资源；第三，使用权力。
- 阻碍：以某种程度的努力或策略就可以移动、避免或克服的妨碍物。
- 路障：导致停工或停止任何进展的事件或条件。

3. 保持：引导团队持续为目标而工作

敏捷管理特别强调团队要成为主动积极做事、能够自我管理的自组

织团队。但是，要让团队从被动接受任务，演变成主动积极工作，需要让团队了解和认可一个共同的目标和价值观，为了这个目标共同努力。团队促进者必须帮助团队理解目标，并不停地引导团队不松懈地持续为了目标工作。

4. 保姆：为团队提供支持

通过指导、鼓励和帮助为团队提供支持。培养和发展团队成员具备项目所需的知识和经验，鼓励团队成员敢于接受挑战，主动承担项目责任，并给予团队成员所需的身体和精神上的支持。

7.2.3　跨职能团队成员

敏捷管理关于团队的核心思想就是打造自组织团队。自组织团队的主要特点如下所述。

1. 全职的通才跨职能自组织团队

团队规模：实践中，最有效的敏捷团队通常为 3 ～ 9 人。

项目团队全职：指项目团队 100% 时间全职服务于项目。因为对于一名团队成员来说，任何的任务切换，都会使其工作效率损失 20% ～ 40%。而且随着任务数量的增加，这个数字会呈指数级增长。

通才：整个团队拥有项目所需的各种必要技能。团队中包括业务人员、设计人员、开发人员、测试人员等所有需要的角色。

主动工作：团队不需要项目经理或产品经理分配工作，而是主动积极地完成团队的工作。

团队决策：团队对每个决策点采用集体决策的方式。例如，采用举手表决时，项目经理会让团队成员针对某个决定示意支持程度，举拳头表示不支持，伸出五个手指表示完全支持，伸出三个以下手指的团队成员有机会与团队讨论其反对意见。项目经理会不断要求举手表决，直到整个团队达成共识（所有人都伸出三个以上手指）或同意进入下一个决策点。

共同解决问题：面对问题，团队负责解决，而不是由项目经理或者其他干系人解决。

2. 集中办公或虚拟团队

自组织团队可采用集中办公的方式，但在不同地点工作的敏捷团队成员也可以组建虚拟团队。团队成员如果长期无法在一起办公，容易出现沟通不畅、绩效下降的问题。解决策略包括以下几种。

（1）促进沟通。

- 项目早期通过开工会加强沟通，如果有团队成员不能出差前往，那么就举行虚拟开工会议。
- 分散在不同地点的团队成员可以先与项目负责人会面，然后与整个团队会面。
- 定期让团队成员聚集一堂，以便让大家建立信任，开展合作。

（2）信息共享。通过看板、燃尽图、燃起图，以及共享消息板、共享知识库、共享日历加强信息共享。

（3）在线讨论。制定在线讨论的规则，通过视频会议工具、电子邮件和语音等方式进行在线讨论。可采用鱼缸窗口和远程结对的技术。

- 鱼缸窗口：在团队分布的各个地点之间建立长期的视频会议链接，每天工作时，打开链接进行交流，类似每名成员都通过一个鱼缸窗口进行沟通。
- 远程结对：通过共享屏幕，包括语音和视频链接，两名成员以远程实时交流的方式一起工作。这种方法的效果接近面对面结对。

3. 工作区域

组织为敏捷团队设计两类工作区域。

- 私人区域：个人工作不被打扰的安静区域。
- 公共区域：提升协作和沟通的团队工作区域。

4. 沟通方式

团队成员大多数时间应采用面对面方式进行沟通，这种沟通方式比较高效。渗透式沟通也是一种有效沟通方法。渗透式沟通是指信息在互相搭配工作的团队成员之间无意识地进行共享。例如，两名团队成员在讨论一个技术难题，而另一名成员在他们的旁边，通过他们的交谈，此名成员也了解了这个技术的很多细节，从而提升了他的技术水平。

在敏捷方法中，团队或者干系人还有一个重要的沟通工具，叫作信息发射源 / 信息辐射器。

信息发射源 / 信息辐射器高度可视化，可以显示项目的相关信息。项目信息发射源可以由图形、图片、燃尽图或者看板组成，展示在公共区域，所有人都能看到。

7.3 敏捷方法

目前，敏捷方法有很多，业界比较流行的方法如图 7-1 所示。我们将针对考试中重点涉及的敏捷方法逐一展开讲解。

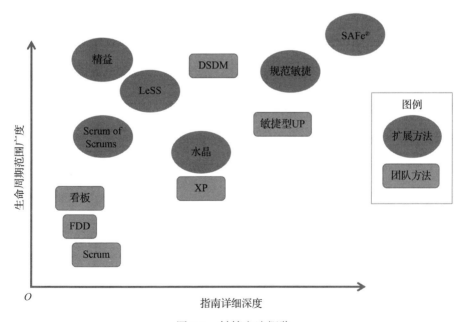

图 7-1　敏捷方法概览

资料来源：PMI 的《敏捷实践指南》。

7.3.1 Scrum

Scrum 通过三个主要工件和五个活动来体现敏捷管理框架的应用，并且通过有效的敏捷度量来监控项目的进展。以下是工件、活动和敏捷项目的度量的主要内容。

1. 三个工件

（1）**产品订单**。记录所有用户故事的文件，也叫产品待办事项列表。编写产品订单时，以下几个内容需要掌握。

1）**滚动式规划**。与传统项目不同，敏捷项目不需要在项目开始就为项目创建所有用户故事。原则上团队只需要梳理出第一个发布计划（项目计划一般由几个发布计划组成，一个发布计划又由多个迭代 / 冲刺计划组成）的主要用户故事。后续随着项目的推进，再持续细化剩余的发布计划。产品第一次发布时交付的内容叫作最小可行性产品，它是可以构建的最小价值集合，可以展示最终产品的主要特色。

2）**影响地图**。如果想把所有用户需求梳理清楚，就需要通过影响地图把产品需求或用户故事关联在一起。影响地图通过目标（why）、角色（who）、影响（how）、功能（what）来思考产品的需求设计，确保产品需求的完整性和适用性。

3）**故事地图**。它是一种既定产品所应具备的所有特性和功能的可视化模型，旨在使项目团队对其所创建的产品及创建原因有整体了解。

4）**产品盒子**。它是项目解决方案的模型，就好像产品即将出售并被放置到商店货架上的产品盒子里一样。产品盒子显示的是项目正在创造的价值，也是一种显示产品主要功能的可视化方式。

5）**产品待办事项列表梳理会**。团队通过召开产品待办事项列表梳理会，编写产品订单中的主要内容，并对其中的用户故事进行优先级排序，将复杂的用户故事拆成粒度适中的用户故事。只有产品待办事项列表梳理会完成，冲刺规划会议才能召开。一般情况下，两周的冲刺用 1 个小时召开梳理会。

6）**风险调整待办事项列表**。产品待办事项列表中除了包含产品所需工作，还增加了应对威胁和机会的行动，并通过排列优先级确定完成产品工作和风险应对行动的次序。

7）**完成标准的定义（DoD）**。它描述了对于项目任务或者整个项目完成的具体要求。完成标准的定义根据项目需求的不同层次或不同阶段有所不同。完成标准的定义不是一个人的事，它需要整个交付团队共同完成。完成标准的定义需要考虑策划、设计、开发、测试、持续集成、构建、发布、错误的解决、受限的支持以及干系人的验收准则。

8）**用户故事的拆分**。类似于 WBS 对可交付物的拆分，用户故事也需要逐步拆分和细化，可以拆分成小用户故事，甚至是任务。复杂的用户故事叫史诗故事，有些场景下史诗故事甚至能横跨不同的项目。大多数时候，史诗故事是五个或者更多故事的集合。

9）**用户故事的估算**。为了对用户故事进行工作量的估算，以便后续制订计划，敏捷方法中采用故事点估算的方式。与传统估算方法不同，故事点估算是一种粗略估算，它用来衡量用户故事的规模和复杂性，而不是持续时间。例如，一个用户故事的工作量是 1 个故事点，而另一个用户故事的工作量是它的 5 倍，那么这个用户故事的工作量就是 5 个故事点。这种粗略估算的优势在于对产品订单中的用户故事进行估算时，无须纠结估算的准确性，可以快速得到估算结果。而后期进行迭代规划时，再对从用户故事分解出的多个任务逐一进行详细的时间估算。故事点估算一般采用团队估算，通常包括以下几种估算。

a.**计划扑克估算**。它是一种团队共同参与的纸牌游戏，是宽带德尔菲估算方法的一种变化形式。扑克的内容是一组斐波那契数列，每一名团队成员拥有一组经过调整的斐波那契数列的纸牌，进行用户故事估算时可以抽出任意一张纸牌来表示此用户故事的预计故事点。具体操作步骤如下（见图 7-2）：

- 团队成员集体选择用户故事 1 作为 1 个基础故事点。
- 产品负责人给每名团队成员讲解即将要估算的用户故事 2 的内容。
- 每名团队成员对用户故事 2 进行估算，选择纸牌中的任意一个数值来表示用户故事 2 相比用户故事 1 的工作量倍数。例如，如果一名团队成员选择了 3 这个数字卡片，就代表此名团队成员认为用户故事 2 的工作量是用户故事 1 的 3 倍。

● 对不一致的结果大家进行讨论，讨论后再次对用户故事 2 重复进行估算，多轮后大家的估算结果趋于一致。

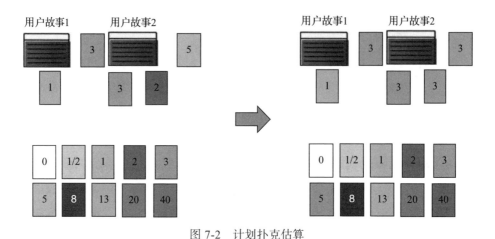

图 7-2　计划扑克估算

　　b. **T-shirt 估算**。T-shirt 估算可理解为计划扑克估算的变化形式，但效率更高。如果需要估算的用户故事较多，使用计划扑克估算方法完成估算需要耗费大量的时间。T-shirt 估算的操作步骤与计划扑克估算基本类似，唯一的区别在于 T-shirt 估算使用的估算卡片不再是斐波那契数列，而只有简单的几张卡片（XS、S、M、L、XL、XXL），如图 7-3 所示，这样更容易促使团队成员对同一用户故事的估算结果达成一致意见。

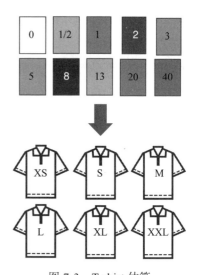

图 7-3　T-shirt 估算

　　c. **亲和估算**。当待估算的用户故事数量比较多的时候，使用亲和估算可以在短时间内对大量的用户故事进行快速估算，节省时间，提高效率。团队无须逐个估算每个故事的故事点数，只需要从产品订单中提取两个优先级最高的故事并对比它们的工作量大小，然后将小故事的卡片放在左侧，大故事的卡片放在右侧。然后，团队成员从产品订

单中取出下一个高优先级故事，并根据该故事的工作量大小把它放置在上述
两个故事的周边（如果工作量比上述两个故事都小，就放在两个故事的最左
边；如果工作量大于左侧的小故事而小于右侧的大故事，就放在两个故事中
间；如果工作量比上述两个故事都大，就放在两个故事的最右边）。再按照上
述方法评估下一个高优先级用户故事，直至完成所有用户故事的估算。最后，
团队为所有完成估算的用户故事分组，并为各个不同的组按照计划扑克估算
方法中提及的斐波那契数列，从左至右逐一分配用户故事点数（见图 7-4）。

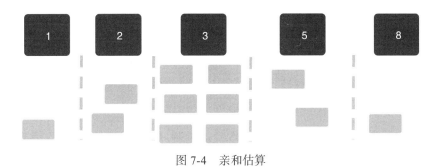

图 7-4　亲和估算

10）**用户故事的排序**。针对产品订单中的用户故事可以采用以下排序方
法进行价值优先级排序。

- 莫斯科法（MoSCoW）。产品负责人把产品订单中的用户故事分为四
  级。Must，必须做的；Should，应该做的；Could，可以做的；Won't，
  暂时不做的。

- Kano 模型。产品负责人把产品订单中的内容分为五类。必备属性：
  如提供此内容，用户满意度不会提升；如不提供此内容，用户满意度
  会大幅下降。期望属性：如提供此内容，用户满意度会提升；如不提
  供此内容，用户满意度会下降。魅力属性：用户意想不到的内容。如
  不提供此内容，用户满意度不会下降；如提供此内容，用户满意度会
  有很大提升。无差异属性：无论此内容存在还是缺失，都不会影响客
  户。反向属性：如果存在，可能会使客户非常不满意的属性。

- 相对量级。产品负责人通过主观价值判断对产品订单中的用户故事进
  行排序。

- 100 点法。100 点法是给每个参与用户故事排序的重要干系人 100 点，允许参与者自主分配这 100 点，给他们认为有价值的用户故事投票。得到点数越多的用户故事优先级越高。

（2）**冲刺订单**。团队可以在产品待办事项列表梳理会中，确定每个冲刺需要完成的用户故事，形成冲刺订单。通过冲刺规划会议，将冲刺订单中的用户故事进一步拆解为任务，并制订详细冲刺计划。

（3）**增量**。增量是指当前冲刺对比前一个冲刺完成的用户故事的增量值。在冲刺结束时，增量的用户故事必须是"已完成"的，要符合团队对"完成"的定义。对于敏捷方法来说，"完成"要符合 0/1 法则，0 代表未完成，1 代表已完成，没有其他完成状态。

2. 五个活动

（1）**冲刺规划会议**。团队针对本次冲刺制订冲刺计划的会议。团队首先向产品负责人询问本轮冲刺订单的内容、目的、含义及意图，然后团队负责把用户故事拆解为具体的活动，并进行活动分工。

（2）**冲刺**。团队按照冲刺计划执行工作。可以用团队速率衡量团队的绩效。团队速率衡量的是团队在一个冲刺里完成的工作量，速率的准确性较高可以帮助团队更有效地规划未来的冲刺。团队速率通常不应在一两次冲刺后就得出结论，通常要经过几轮冲刺才初步确定，后续还要根据实际情况持续更新。例如，团队第一轮冲刺完成了 16 个故事点，第二轮完成了 17 个故事点，第三轮完成了 15 个故事点，那么在一个冲刺周期，团队的速率是（16+17+15）/3=16（个故事点 / 轮）。

（3）**每日站会**。通常 15 分钟结束的项目状态展示会议。在会上，每个成员主要回答三个问题：

- 在上次 Scrum 站会后的一天里（昨天），你做了什么？
- 从现在到下次 Scrum 站会的一天里（今天），你要做什么？
- 在实现 Scrum 及项目目标的工作中，你遇到哪些障碍（或风险或问题）?

发现问题后，把问题添加到问题停车场（类似问题日志），在站会之后立即召开另一个会，在会上解决问题。

（4）**冲刺评审会**。由团队成员向产品负责人和其他干系人展示冲刺周期内产出成果的会议。只有产品负责人才能接受或拒绝成果，其他干系人负责提供意见和建议。产品负责人也在会上与团队成员协商下一步整体工作策略。一般每两周至少召开一次冲刺评审会。

（5）**冲刺回顾会**。团队在每次冲刺结束后进行经验教训总结的会议。团队促进者鼓励团队对整个项目执行过程进行讨论，总结经验教训，使团队在下一个冲刺周期中工作更加有效。在冲刺回顾会上，团队需要找到问题，制定对策并规划行动计划。团队促进者引导团队对所有改进事项的重要性进行排序，并确定下一个冲刺的改进事项数量，以便团队可以在下一个冲刺中通过这些改进实现绩效提升。

3. 敏捷项目的度量

在 Scrum 中，团队通常采用冲刺燃尽图和冲刺燃起图，展示团队在单个冲刺中完成计划故事点的进度情况。

（1）冲刺燃尽图。以团队计划在单个冲刺中完成的故事点总量为起点，跟踪团队每天完成的故事点数量（见图 7-5）。在理想情况下，该图是一个向下的曲线，随着剩余工作的完成，"烧尽"至零。

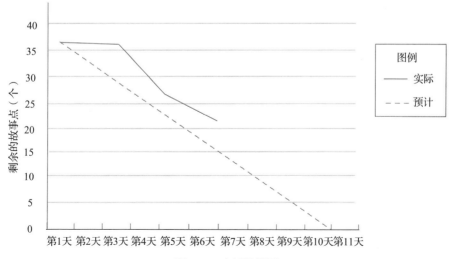

图 7-5　冲刺燃尽图

（2）冲刺燃起图。以原点为起点，跟踪团队每天完成的故事点数量（见图 7-6）。在理想情况下，该图是一个向上的曲线，完成的工作量在不停累积。

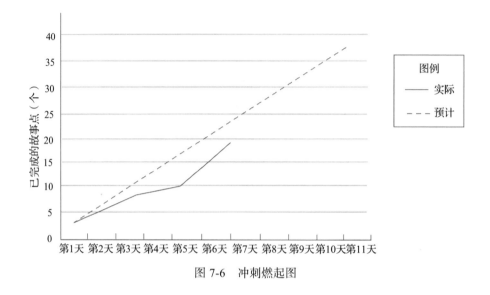

图 7-6　冲刺燃起图

7.3.2　极限编程

极限编程（XP）也是一种常用的敏捷方法。以下是考试中经常出现的 XP 经典实践。

（1）持续集成。持续集成指在开发阶段，持续对项目进行自动化编译、测试，以控制代码质量的手段。例如，多个人共同完成一个系统的开发，每个人在分支上编写代码后，在一天内多次将代码提交到主干上。这样可避免每个人写完全部代码再提交，多个问题同时出现，增加定位问题的难度，并导致大量的返工。

（2）不同层面的测试：

● 冒烟测试。顾名思义，测试时间很短，一袋烟的工夫就足够了。它是在软件开发过程中的一种针对软件版本包基本功能的快速验证法。

● 单元测试。单元测试是指对软件中的最小可测试单元进行检查和验证。例如，程序员针对自己写好的程序模块进行验证，多个程序模块验证通过后，再进行系统集成测试。

- 系统集成测试。在单元测试的基础上，将所有模块按照设计要求（如根据结构图）组装成子系统或系统，进行集成测试。
- 系统级测试。系统级测试是对整个系统的测试，将硬件、软件、操作人员看作一个整体，检验它是否有不符合系统说明书的地方。
- 回归测试。回归测试是指修改了旧代码后重新进行测试，以确认前期修改没有引入新的错误或导致其他代码产生错误。
- 自动化测试。自动化测试是指软件测试的自动化，避免手工测试的人为失误，并提升测试效率。

（3）验收测试驱动开发（ATDD）。包括客户和产品负责人在内的整个团队一起讨论工作产品的验收标准。团队创建自动化测试用例，在产品开发完成后进行自动化测试，以满足验收标准。

（4）测试驱动开发（TDD）。在开发功能代码之前，技术团队先编写单元测试用例代码，然后用测试用例指导开发代码的编写。

（5）行为驱动开发（BDD）。开发团队尽可能理解产品负责人或业务人员的产品需求，并在软件研发过程中及时反馈和演示软件产品的研发状态，让产品负责人或业务人员根据获得的产品研发信息及时对软件产品特性进行调整。

（6）刺探/探针。团队针对系统、技术和应用领域的一些未知情况进行探测。刺探对学习知识、增长经验或确定方案可行性非常有用。刺探通常在团队需要学习一些关键技术或功能要素时使用。

（7）技术债务的解决。技术债务是因为团队为了短期的项目收益故意做了欠佳的技术决策。解决方法是重构等技术的使用。重构是在不改变软件原有功能的基础上，通过调整程序框架和代码提升软件的质量和性能的方法。例如，通过重构，软件从只能100个人同时使用，到可以满足1万人同时使用。

（8）结对编程。两个程序员在一台计算机上共同工作，一个人编写代码，另一个人审查他编写的每一行代码。编写代码的人称作驾驶员，审查代码的人称作观察员（或导航员）。两个程序员经常互换角色。通过双人互检代码，提升代码质量，并促进两个程序员相互学习提升。

（9）代码集体所有。任何团队成员都有权修改任何代码，整个团队拥有所有权和问责权。

（10）隐喻。项目的隐喻指用一个比喻，使用简单易懂的语言向干系人解释目标和功能的一种方法。

7.3.3 看板

看板是最轻量的流程管理方法，也称及时的库存控制调度系统。很多使用者对看板有一个误区，认为看板就是 Scrum 板。图 7-7 和图 7-8 所示的是看板和 Scrum 板，两种方法还是存在一些区别的。

- 对比 Scrum 板，看板每列中还分成两个小列，一列是"进行中"，另一列是"已完成"。
- 看板每列名称上都有一个数字，这个数字代表的是每个工作状态下限制的最大任务数，也就是看板中的限制 WIP（在制品数量）的概念。例如，"研发"状态中的"2"代表最大开发任务数就是 2 个。

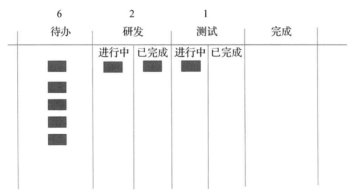

图 7-7　看板

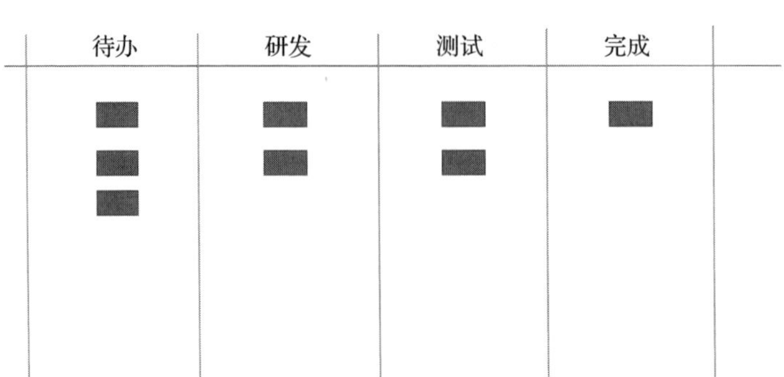

图 7-8　Scrum 板

　　看板通过三个方法实现对流程的管理。

　　（1）可视化的工作流。通常来讲，看板可以挂在项目团队工作室的墙面上，让项目团队可以一目了然地了解项目情况。每位团队成员也可以根据项目的进展在看板上随时调整项目任务的执行状态。

　　（2）限制 WIP。看板通过限制在制品数量，减少工作积压，来提升客户满意度和产品质量。如果在制品数量较多，生产人员较少，超过了"研发"这项工作的最大工作量（见图 7-9），就会造成在制品积压，那么产品交付周期就会变长，客户的满意度随之降低，且客户反馈的速度也会同步降低，导致产品的更新迭代速度变慢，产品质量不可控。为了避免在制品积压，看板通过限制 WIP 采用自后向前的"拉式系统"来完成在制品，即团队完成一个任务后，即可拉取另一个任务到该过程，而非任务完成后自动进入下一个过程的"推式系统"。

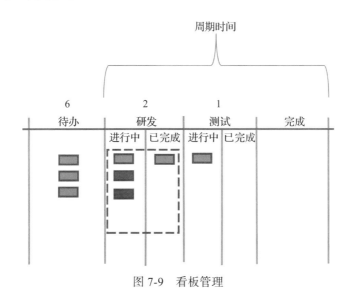

图 7-9　看板管理

　　（3）关注周期时间。产品周期时间指产品从开发直到产出的时间，不包括纳入看板"待办"项的等待研发时间。管理者可以通过看板的监控工具来观察平均周期时间的波动情况。

　　看板的监控工具主要是累积流量图，它显示一定时间内完成的特性、处于其他正在开发状态的特性以及待办事项列表中的特性（见图 7-10）。通过累积流量图显示的在制品数量和周期时间的变化趋势，管理者可判断是否调整限制 WIP，以便缩短产品周期时间。

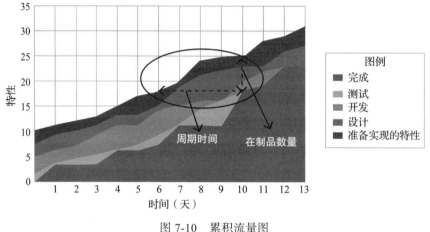

图 7-10　累积流量图

除了看板，精益理论中还提到了价值流程图的概念，考生需要理解价值流程图的概念和用途。价值流程图就是用来寻找增值和非增值工作的，从而识别关键改进区域。价值流程图用于对形成客户产品或服务的原料和信息（即价值）的流动进行分析，寻找浪费。消除浪费应该先让浪费看得见，价值流程图把工作步骤展现出来，供人详细研究每个环节的具体工作，找出整体上的改进点。

7.3.4　其他敏捷方法

以下敏捷方法在考试中出现的频率较低，因此以了解以下敏捷方法的基本概念为主。

1. 水晶

水晶是一整套方法论。水晶方法论基于几大因素提供了不同的敏捷方法选择，如项目规模（项目中涉及的人员数量以及项目的关键性等）。团队 1～4 个人，项目关键性较低，可采用透明水晶方法。

2. 功能驱动开发

功能驱动开发的开发目的是满足大型软件开发项目的特定需求。具体执行步骤如下：

- 开发整个模型；
- 构建功能列表；
- 依据功能规划；
- 依据功能设计；
- 依据功能构建。

3. 动态系统开发方法

动态系统开发方法（Dynamic Systems Development Method，DSDM）从一开始便可设置成本、质量和时间，然后利用正式的范围优先级来满足这些制约因素的要求。这种方法和传统项目管理方法最大的区别在于范围、进度和成本的关系。传统项目管理为正三角模型，先确定范围，再确定进度和成本，而 DSDM 为倒三角模型，先确定进度和成本，再考虑范围（见图 7-11）。

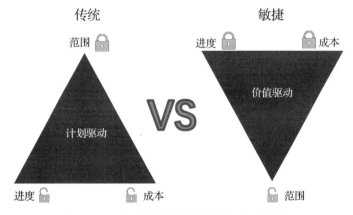

图 7-11　传统正三角管理与敏捷倒三角管理

4. Scrum of Scrums

Scrum of Scrums（SoS）是由两个或多个 Scrum 团队而不是一个大型 Scrum 团队所使用的一种技术。每个团队包含 3 ～ 9 名成员来执行工作。

5. 大规模敏捷框架

大规模敏捷框架（Scaled Agile Framework，SAFe®）专注于在项目组合、

项目集和团队层详细设定实践、角色和活动，强调围绕专注于向客户提供持续价值的价值流来组织企业。

6. 大规模敏捷开发

大规模敏捷开发（Large-Scale Scrum，LeSS）是一个多团队 Scrum 框架，可以应用于由 20、100 甚至数千人组成的敏捷团队，所有这些人都共同致力于一个特定的共享产品。

7. 企业 Scrum

企业 Scrum 是一种旨在通过整体组织层而不是单个产品开发层来应用 Scrum 方法的框架。

8. 规范敏捷

规范敏捷（DA）是一种在综合模型中整合多种敏捷最佳实践的过程决策框架。

7.4 敏捷转型

传统组织向敏捷转型须从三个方面入手：

- 变革管理。充分识别敏捷变革的影响因素，确定变革时机。
- 文化打造。做好敏捷转型的关键在于敏捷组织文化的打造。如何打造敏捷组织文化是管理者必须知晓的内容。
- 组织驱动。通过敏捷 PMO 和供应商的有效支持可以加快敏捷转型。

7.4.1 变革管理：识别敏捷变革的影响因素

从传统项目管理方式转向敏捷方法应首先了解它们之间的差异性和兼容性。敏捷变革的驱动力、敏捷变革就绪与否的特征和组织因素对敏捷变革的影响都会影响组织从传统向敏捷的转型。

1. 敏捷变革的驱动力

- 快速交付成果。如果组织有市场竞争等外部环境的压力，必须比以往更加快速交付成果，那么组织高层将更有动力推动敏捷转型。

- 已具备敏捷特色的团队。如果组织的成员有很好的跨部门协作能力，与供应商甚至客户都可以保持频繁的交流，那么组织更容易向敏捷转型。

2. 敏捷变革就绪与否的特征

- 敏捷变革就绪的特征包括管理层强烈的变革意愿、组织在员工评估方面希望调整的意愿、组织级项目管理职能的调整、专注于短期目标、人才管理成熟度高和人员能力高等。
- 敏捷变革尚存障碍的特征包括部门孤岛而非跨职能团队、采购只关注价格而非能力、奖励依据只关注结果而忽视过程优化、员工能力单一而非 T 形人才、员工多身兼数个项目而非专注于单个项目等。

3. 组织因素对敏捷变革的影响

- 地理位置。集中办公的团队更易于敏捷转型。办公位置分散的项目团队由于文化差异、语言障碍和信息可视化程度低导致工作效率低，实现团队协作需要更多的时间和更有效的管理手段。
- 职能结构。项目型组织更易于敏捷转型。以部门或业务单元为职能结构的组织实现敏捷方法中的团队协作会遇到很大挑战。
- 项目可交付物的大小。小的可交付物更符合敏捷快速产生价值的思想。
- 项目人员分配。跨职能团队的建立更易于敏捷转型。
- 重采购型组织。有些组织主要通过供应商实施项目，这类组织要求供应商实践一些敏捷技术，例如通过回顾和跟踪改进项来传递项目知识，提升供应商的交付能力，更易于敏捷转型。

7.4.2 文化打造：敏捷文化的打造

组织文化影响组织的敏捷转型。因此，打造敏捷组织文化将成为敏捷转型的重要催化剂。无论使用何种转型策略或计划，其成功与否都将受到实施该计划的人员的限制。因此，激发人员的热情和主观能动性就成为打造敏捷组织文化的重要工作。通过创建安全环境、评估文化，以及培训并加速敏捷文化的产生等手段可以激励人员，并快速向敏捷组织转型。

1. 创建安全环境

打造诚实和透明的项目环境，有助于团队成员关注项目目标，反思项目过程中的经验和教训，确保项目持续有进展。例如，利用看板向所有人员显示项目状态，或者团队促进者持续向团队成员传递项目愿景。

2. 评估文化

敏捷转型负责人需要花费时间去评估组织关注的重点，了解组织变革的驱动因素，然后根据组织业务环境的文化和要求来确定是否和如何向敏捷转型。例如，组织希望快速交付成果，同时希望提升跨职能团队的协作，那么组织就找到了敏捷转型的驱动因素，下一步是针对组织的特征确定敏捷转型路线。

3. 培训并加速敏捷文化的产生

如果敏捷转型负责人希望快速向敏捷转型，就需要对不同的干系人（包括团队、职能经理、发起人等）进行培训和指导，特殊情况下还可引入第三方给予助力。另外，以下做法能加速敏捷文化的产生。

- 积极明确的管理层支持；
- 运用变革管理经验；
- 逐个项目推动敏捷实践；
- 向团队增量引入敏捷实践；
- 示范敏捷技术和引导实践。

7.4.3 组织驱动

组织可以通过建立敏捷项目管理办公室和与供应商积极协作，加快敏捷转型。

1. 敏捷项目管理办公室

项目管理办公室（PMO）可以引导组织实现商业价值，提供团队培训、项目支持和管理建议。敏捷方法中通常包括以下类型的 PMO。

- 价值驱动型。此类型的 PMO 主要帮助项目经理实现项目价值。PMO 成员类似于咨询人员，根据项目的具体需求确定如何帮助项目经理更快完成项目，提升项目成果对客户的价值。
- 面向创新型。此类型的 PMO 通过思考和实践创新思想与观点，帮助客户更加快速、高效地实现业务价值。
- 多学科型。此类型的 PMO 需要熟悉项目管理本身以外的知识来满足不同的项目支持需求。某些组织将 PMO 改成卓越敏捷中心，提供以下服务：
  - ✓ 制定和实施项目管理标准；
  - ✓ 通过培训和指导发展人才；
  - ✓ 多项目管理；
  - ✓ 促进组织学习；
  - ✓ 管理项目干系人；
  - ✓ 招聘、筛选和评估项目负责人；
  - ✓ 执行专业化的项目任务，例如提供敏捷教练服务。

2. 与供应商签订敏捷合同

敏捷合同与传统项目的合同既有共同点，也存在很多差异。例如，两种合同都可以包含提前取消的方案。而为了应对需求的不断变化，敏捷合同中通常会有通过增加时间和成本来应对需求变化的影响的策略。敏捷合同的签署技术如下。

- 多层结构。可以通过主协议、服务明细列表、工作说明书等多个文档组合，将可变和不可变的内容隔离，从而简化可变内容的修订工作量。
- 强调价值交付。敏捷合同中的里程碑和款项支付可根据价值驱动的可交付物来确定。
- 总价增量。合同总价可以根据范围的增加进行相应调整。
- 固定时间和材料。固定预算和时间周期，进行需求的调整。如客户的需求较多，则按优先级排序后确定合同实现的内容。
- 累进的时间和材料。如果供应商在合同期限内提前交付，则对供应商的高绩效给予奖金，反之则收取罚款。

- 提前取消方案。如果供应商提前交付了价值足够的成果，则客户提前终止项目，只需支付已完成工作的费用和一部分项目取消补偿费用。

- 动态范围方案。固定预算，客户根据实际需求进行范围的调整。

- 团队扩充。客户可以根据需求，通过将供应商服务直接嵌入客户组织中，来增减项目团队的人数。

- 支持全方位供应商。一个供应商能够完成整个项目，而不是由多个供应商共同完成项目。

● 第 7 章练习题及答案

○ 练习题

1. 紧密部署的项目团队正在等待用户重要信息，该用户总是延迟提供信息，导致部署计划延迟。项目经理本可以采取什么措施避免这种情况？（　　　）

A. 提前获得所有重要信息

B. 邀请高级管理人员参与进来

C. 使用已有的测试数据

D. 邀请用户参与部署

2. 产品经理正在为未来一年后发布的产品做规划，产品经理应该首先进行哪个规划？（　　　）

A. 增量

B. 适应

C. 发布

D. 迭代

3. 敏捷领导者应该怎么做，来让团队成员为成功做好准备？（　　　）

A. 每季度定期召开非正式会议或团队会议，促进团队相互合作

B. 关注团队状态，以对个人及团队成员进行全方面辅导

C. 举行冲刺审查会议，讨论项目信息

D. 审查冲刺目标，以在必要时对团队进行指导

4. 一个需要五次迭代的敏捷项目，在第三次冲刺阶段，资源经理突然打来电话说一位开发人员要休假四周，没有可替代资源。项目经理应该怎么做？（　　）

A. 通知客户进度会延期

B. 请求项目发起人增加资源

C. 分析影响，并评估进度，告知客户可能带来的影响

D. 让资源经理要求开发人员竭尽全力完成任务

5. 产品负责人和开发团队对开发功能有不同意见，产品负责人要求专注开发一个银行支付系统，而开发人员要求重构功能。项目经理应该如何处理？（　　）

A. 项目经理重申开发此冲刺功能的重要性和目标

B. 赞扬开发人员对重构功能的积极性

C. 支持开发人员重构功能

D. 上报给高层

6. 在每日站会上，项目经理邀请团队参加竞争对手软件演示。敏捷教练应该怎么做？（　　）

A. 派团队参加演示

B. 让产品负责人参加演示，以获得有关市场趋势的更多信息，并让团队继续专注于工作

C. 派一名开发人员参加演示，让其他开发人员专注于工作

D. 派一名团队测试人员参加演示，让开发人员专注于工作

7. 产品负责人表示竞争对手的新产品版本拥有不属于当前待办事项列表的功能。产品负责人建议重新梳理产品待办事项列表，这可能导致计划发生重大变更并扰乱团队。团队应该怎么做？（　　）

A. 召开一次团队会议，如果团队一致同意，则接受这一建议

B. 在估算中创建一个缓冲以适应任何变更

C. 将新功能添加到产品待办事项列表中，然后重新确定待办事项列表的优先级，并根据新的优先级开发

D. 将新功能添加到待办事项列表中，并在所有高优先级事项均完成后再

对其进行处理

8. 一个事项的状态如果是"已完成"，必须满足下列哪一项条件？（　　　）

A. 团队与项目发起人达成该事项已完成的一致意见

B. 产品负责人接受该事项已完成

C. 产品负责人和客户批准用户故事

D. 团队和客户批准用户故事

9. 一个分布式团队正在开发应用程序，团队成员分布于世界各地。若要确保产品成功，采取的最佳行动是什么？（　　　）

A. 使用产品负责人的反馈作为用户反馈

B. 在视频会议期间使用屏幕共享工具进行测试，获得用户反馈

C. 与产品负责人合作，缩小范围，留出旅行预算

D. 激励团队更快地工作，以便留出旅行预算

10. 项目经理对客户和项目干系人做出不切实际的承诺，这让项目团队感到沮丧。敏捷教练应该怎么做？（　　　）

A. 向团队道歉，并进行改善活动，以便让团队感到舒服

B. 让团队确定应该向客户和项目干系人做出哪些承诺

C. 要求团队加班工作来守承诺

D. 对团队表达理解，但强调客户的满意度必须是重中之重

11. 一家公司聘请敏捷教练帮助解决人员效率问题。敏捷教练应提供什么建议？（　　　）

A. 创建由主题专家组成的团队，并不断利用主题专家的专业知识

B. 鼓励团队成长而不是个人发展

C. 培养由通才专家组成的团队，并鼓励个人学习新的技能

D. 向所有团队成员提供平等的培训机会，无论他们的经验如何

12. 一个项目正在由分布在不同地点的虚拟团队执行。下列哪一项将有助于团队合作？（　　　）

A. 所有团队成员在项目执行期间无须集中办公

B. 使用协作工具实现更密切的沟通

C. 集中办公执行一个冲刺，再远程执行另一个冲刺

D. 集中办公执行一半冲刺，再远程执行另一半冲刺

13. 项目第三次冲刺的速度降低导致团队未能实现此冲刺的目标。管理层希望团队解决这个问题。敏捷教练应该怎么做？（　　）

A. 延迟开始第四次冲刺，安排团队建设活动

B. 增加专家资源，提高下一次冲刺的生产力

C. 聘请外部顾问给团队成员提出建议

D. 让团队自行组织，并在回顾会议上推进讨论

14. 项目经理被授权管理一个敏捷项目，该项目须受政府监管机构的审批。在每日站会上，项目组成员识别出一个障碍因素，需要与其他项目的专家合作。在这种情况下，项目经理接下来该做什么？（　　）

A. 评估团队的关键绩效考核指标，确认对任务的影响

B. 要求项目发起人新增一名外部资源，并具有相关专业技能

C. 根据需要，评估该专家在本项目中的可用时间

D. 加强监督和培训，提升团队成员的能力

15. 组织从预测型项目执行方法转型为混合型，但分布式团队对混合型方法理解不一。项目经理该如何应对？（　　）

A. 对团队进行混合型方法培训，保证团队对混合型方法有一致理解

B. 允许精通预测型方法的成员使用预测型方法

C. 快速跟进项目关键路径，为敏捷项目预留余量

D. 更新沟通管理计划，分发有关混合型方法的信息

16. 项目团队开发出的软件系统未能满足响应时间要求。请问如何避免此问题的出现？（　　）

A. 从第一次迭代起就采取措施，确保可交付物符合完成标准

B. 创建产品负责人密切参与团队管理的承诺书

C. 对团队进行绩效审查，开除能力不足的团队成员

D. 采用跨职能开发技术进行开发

17. 项目团队成员在每次迭代结束后都向产品负责人进行产品演示。目前，项目经理使用项目团队已完成的功能进行演示，但是无法回答产品负责人的详细问题。请问项目经理应该怎样做？（　　）

A. 项目经理演示前安排项目团队成员进行演示

B. 请团队演示并回答产品负责人的问题

C. 安排项目团队成员演示并详细介绍原理和用途

D. 将产品负责人排除在演示之外，但要求项目负责人进行用户验收测试（UAT）

18. 项目经理正在努力弄清楚两个项目团队的工作绩效，在工作范围相同的情况下，团队甲报告了 100 个故事点，团队乙报告了 125 个故事点。请问哪个团队工作绩效更好？（　　　）

A. 团队甲，因为团队甲完成的故事点比团队乙少

B. 团队乙，因为团队乙完成的故事点比团队甲多

C. 从待办事项列表中加入冲刺的故事点多的团队

D. 可交付物问题少的团队

19. 项目干系人会对项目进行干预，项目经理采用计划扑克估算。请问计划扑克估算的优势是什么？（　　　）

A. 能够提供详细的估算

B. 类似于一种头脑风暴的估算

C. 有助于团队集体参与决策

D. 帮助团队估算活动

20. 一个敏捷项目经理加入了一个建造购物中心的公司，他希望在项目中尝试一些敏捷实践。项目经理应该如何获得干系人的支持？（　　　）

A. 让 PMO 与干系人沟通，因为他们之前的工作方法是一致的

B. 与干系人开会，介绍敏捷实践的好处以及相关的项目活动

C. 组织会议，邀请外部顾问对干系人进行敏捷实践培训

D. 项目团队共同参与决策，项目经理进行汇报

21. 某产品负责人将待办事项列表提供给团队，由于存在各种障碍因素，团队成员对实施某些功能提出顾虑。项目经理应该建议产品负责人接下来做什么？（　　　）

A. 估算这些障碍因素的财务影响，并请求额外拨款

B. 记录这些障碍因素，并告知管理层需要他们的协助才能克服这些障

碍因素

C. 确保记录了这些障碍因素，并根据功能的价值确定清除这些障碍因素的优先级

D. 开始消除这些障碍因素，先从最容易处理的着手，培养团队成就感

22. 在项目执行过程中，干系人要求提供不包含在计划工作范围内的一项新功能。该干系人表示，如果该新功能未包含在当前迭代中，将会把问题升级上报给高级管理层。若要解决这个问题，敏捷教练应该怎么做？（　　）

A. 与该项目干系人开会，讨论现在仅实施新功能的一部分

B. 与团队和产品负责人合作，重新确定此新功能的优先级

C. 要求该项目干系人获得高级管理层的批准

D. 向高级管理层请求指导

23. 敏捷项目团队聘用分包商来协助完成项目。项目团队应如何计划和监督分包商的工作？（　　）

A. 确保分包商提交项目计划和状态报告

B. 使用冲刺待办事项列表和回顾会议

C. 使用冲刺待办事项列表和每日站会

D. 确保创建每日任务计划并明确沟通状态

24. 在混合型项目中，项目经理希望承担团队障碍清理者的角色，但是工作中很少收到反馈。项目经理该怎么办？（　　）

A. 安排每日站会

B. 严密监控团队活动

C. 亲自指导团队的工作

D. 设计项目团队责任分配矩阵

25. 在项目的不同阶段，不同干系人提出了大量的重大变更请求，项目因此被推迟了。在接下来的时间里，如果项目按照同样的路径进行，将消耗两倍的时间及预算。项目经理应该采取哪些行动来提高成本效益？（请选择两个）（　　）

A. 进行干系人分析

B. 加强团队沟通

C. 采用增量式方法

D. 用新的时间表更新项目管理计划

E. 充分利用团队成员之间的合作

26. 敏捷项目团队正在创建一个项目的发布计划。发布计划应包含哪些信息？（　　）

A. 为完成每个任务或故事而将执行的一系列详细活动

B. 开发人员的任务，指出他们需要完成的用户故事

C. 需要在特定版本中开发的故事、估算和验收标准

D. 对可能开发什么以及在什么时间范围开发的粗略视图和期望

27. 开发人员正在尽力满足产品负责人的要求。每日站会将如何帮助开发人员？（　　）

A. 敏捷教练可以为开发人员提供指导

B. 开发人员可以与团队讨论可能的解决方案

C. 开发人员可以向团队提出问题

D. 会议可用于讨论该用户故事是否属于优先事项

28. 敏捷团队使用敏捷方法发现了一些新风险。应在何时识别这些风险？（　　）

A. 在任何规划会议上

B. 在回顾会议上

C. 在每日站会上

D. 在冲刺规划会议上

29. 一份声明指出，新加入 Scrum 团队的成员行动能力受限，敏捷教练注意到某些团队成员对接下来的行动存在疑惑。项目经理应该怎么做？（　　）

A. 制订干系人管理计划

B. 制订沟通管理计划

C. 相应地更新团队章程

D. 与团队开会制定相应对策

30. 一名产品负责人发现项目的核心专家缺乏敏捷项目的经验，任何信息都需要记录在案，否则不开展下一步工作。但是，产品负责人更喜欢面对面反馈。产品负责人应该怎么做?（　　）

A. 使用专家判断替代该主题专家做决定

B. 邀请该主题专家参加评审会议，并表明参加会议将获得的好处

C. 让开发人员使用该主题专家的全部文件作为参考

D. 让该主题专家直接与开发人员互动，以减少管理费

31. 敏捷团队与干系人开会，提交结果并展示已开发产品的所有功能。这描述的是什么会议?（　　）

A. 计划会议

B. 评审会议

C. 回顾会议

D. 站会

32. 在最近一次迭代评审会上，产品负责人对展示的成果中不符合合规要求的情况表示担心和关切。在项目结束时，项目经理应该如何避免此情况的发生?（　　）

A. 在最近一次迭代评审会中邀请合规团队人员

B. 邀请合规团队人员参加需求启动会议，并且在会议上澄清合规要求

C. 开一次专门的评审会并邀请合规团队人员对迭代功能进行评审

D. 让合规团队人员独立对迭代功能进行评审

33. 项目经理加入一个敏捷团队，职能经理已经为敏捷团队分配了工作，然而团队成员感觉到没有自主权。项目经理怎么办才能让团队成员感觉到有自主权?（　　）

A. 为团队成员分别分配任务

B. 鼓励团队成员并为其分配任务

C. 让团队成员自主做决定

D. 让团队成员自主决策并引入产品负责人

34. 在产品上线之后，一名高管希望知道冲刺期间哪些工作进展顺利以及哪些工作进展不顺利。该高管应参加什么会议?（　　）

    A. 回顾会议

    B. 每日站会

    C. 评审会议

    D. 计划会议

35. 敏捷团队应该如何使用看板？（　　　）

    A. 将问题上报给项目负责人

    B. 通过看板的动态分析，提升团队效率

    C. 与项目经理分享风险

    D. 减少团队成员有关任务分工的困惑

36. 业务干系人由于以前的一些不愉快的经历，拒绝敏捷方法，还在推行预测型方法。项目经理需要通过哪种策略来使业务干系人接受敏捷方法？（　　　）

    A. 项目经理向业务干系人保证以更短的时间交付价值

    B. 多次接触，以分阶段的方法，频繁地交付价值来获得业务干系人的信任

    C. 记录相关技巧，并上报高级管理者考虑更改项目章程

    D. 采用预测型方法，但是在后面项目治理框架中采用敏捷策略

37. 一些敏捷团队成员表示，需要通过重构才能更快速、更可靠地实施未来功能。敏捷教练应该怎么做？（　　　）

    A. 鼓励团队继续对未来的迭代产品质量进行分析，并要求产品负责人优先考虑重构技术

    B. 要求团队估算重构需多长时间，然后要求产品负责人优先考虑需要最少重构时间的用户故事

    C. 在下一次迭代过程中关注重构

    D. 将重构作为技术债务添加进风险登记册

38. 一位新项目经理加入的团队正在致力于持续交付一项解决方案。他们每两周进行增量交付。在当前交付中客户提出一项当前交付无法完成的重大变更，项目经理应该如何处理？（　　　）

    A. 要求项目成员与客户沟通，因为产品负责人是新人，不了解项目的整体情况

  B. 记录变更，从日期和预算角度告诉客户变更成本

  C. 告诉客户项目当前阶段不接受变更，因此这些将成为新项目的需求

  D. 了解详细信息，包括需求的原因和时间，团队内部按照优先级进行
   工作

39. 项目经理所在的企业和项目之前一直使用预测型方法进行管理，企
  业决定从现在开始使用敏捷方法，但是项目发起人坚决使用预测型
  方法。请问项目经理应该怎么做？（   ）

  A. 向人力资源专家咨询意见

  B. 提交变更请求，变更为预测型方法继续执行项目

  C. 与发起人沟通，说服他使用敏捷方法管理项目

  D. 提交变更请求，请求高级管理层支持

40. 敏捷团队可以使用什么方法向客户汇报项目进展？（   ）

  A. 燃起图和燃尽图

  B. 进度状态报告

  C. 需求报告

  D. 回顾图表

○ 答案解析

1. 答案：D

解析： 敏捷思想中提出让用户直接参与部署最有效，而这刚好可以解决
题干中用户总是延迟提供信息的问题。A 选项中提前获取所有重要信息不现
实。而 B 和 C 选项都无法解决用户延迟提供信息的问题。

2. 答案：C

解析： 与传统项目不同，敏捷项目不需要在项目开始就为项目创建所有
用户故事。原则上团队只需要梳理出第一个发布计划（项目计划一般由几个
发布计划组成，一个发布计划又由多个迭代 / 冲刺计划组成）的主要用户故
事。后续随着项目的推进，再持续细化剩余的发布计划。A 和 B 选项不属于
规划，而是指不同生命周期。

3. 答案：D

解析： 敏捷领导者指的是敏捷教练或敏捷项目经理，他们是服务型领导

者。应该根据项目 / 冲刺目标，在团队需要时给予指导。而 B 选项中的"全方面辅导"是多余的。A 选项内容不够准确，不一定是非正式会议，也可以包括正式会议，或者不定期的会议等。

4. 答案：C

解析：敏捷项目出现人力资源风险后，也应该分析风险的影响，并制定和执行应对策略。A 选项没有进行分析。B 选项要在 C 选项执行后再考虑。

5. 答案：A

解析：敏捷项目经理重点保证流程的顺畅。因此当团队和产品负责人出现意见不一致时，项目经理应该重申敏捷流程和目标的重要性。而当团队和产品负责人对功能意见不一致时，应该按照产品负责人的决策执行，因此 B、C 和 D 选项都错误。

6. 答案：B

解析：当项目团队以外的干系人因为各种事项干扰团队正常工作时，团队促进者必须阻断这种干扰。另外，产品负责人的职责是了解市场趋势，以便于优先级决策等工作。

7. 答案：C

解析：用户故事的决策权只在产品负责人手中，因此 A 选项错误。但题干也描述了，如果在当前迭代中增加新功能，会扰乱团队。因此，最好的策略就是终止当前迭代，重新规划冲刺。

8. 答案：B

解析：在冲刺评审会上由团队成员向产品负责人和其他干系人展示冲刺周期内产出的成果，只有产品负责人才能接受或拒绝成果，其他干系人负责提供意见和建议。

9. 答案：B

解析：对虚拟团队的管理可采用鱼缸窗口和远程结对的技术。

10. 答案：B

解析：敏捷教练的职责之一是为团队提供支持。通过指导、鼓励和帮助为团队提供支持，而将决策权交给团队。

11. 答案：C

解析：项目团队由通才组成，整个团队拥有项目所需的各种必要技能。团队中包括业务人员、设计人员、开发人员、测试人员等所有需要的角色。

12. 答案：B

解析：对虚拟团队的管理可采用鱼缸窗口和远程结对的技术。

13. 答案：D

解析：面对问题，团队负责解决，而不是由项目经理或者其他干系人解决。敏捷教练可以在回顾会议上提醒团队关注此问题。

14. 答案：C

解析：敏捷项目经理需要做的是帮助团队移除障碍。因此 C 选项是直接帮助团队的最好方法。A 选项与题干无关。敏捷项目经理对 B 选项没权限。D 选项无法快速解决题干的问题。

15. 答案：A

解析：当团队成员对敏捷思想理解不一致时，需要对团队进行培训，以便大家达成共识。而 B 选项是各自为政，无法统一。D 选项无法解决成员理解不一致的问题。

16. 答案：A

解析：在敏捷中，我们需要为每一项任务定义完成的标准，这样可以用以检验是否满足了客户的期望。团队应该在项目初期就定义完成的标准，故 A 选项正确。B 选项错误，产品负责人不负责管理团队。C 选项错误，绩效审查不能解决问题，且不应该直接开除员工。D 选项不正确，跨职能开发未必能解决问题。

17. 答案：B

解析：敏捷项目经理的职责是支持，不是亲自演示成果。项目团队成员应该负责演示。

18. 答案：D

解析：两个团队之间不应该通过故事点进行对比，因为故事点属于粗略估算，每个团队的单位故事点代表的时长未必完全一样。例如，团队甲的一个故事点是 1 小时，而团队乙的一个故事点是 45 分钟。而质量是可以衡量的，因此 D 选项可交付物质量好的团队绩效好是正确的。

19. 答案：C

解析：计划扑克估算是团队集体进行用户故事估算，并集体决策估算成果的方法。因此 C 选项正确。D 选项不正确，因为不是估算活动，而是估算用户故事。B 选项不正确，不是头脑风暴，而是德尔菲法。A 选项不正确，不属于详细估算，是规模估算。

20. 答案：B

解析：干系人不了解敏捷实践，那就先从培训开始。敏捷项目经理应具备敏捷实践培训能力，而无须用 C 选项的外部顾问。

21. 答案：C

解析：障碍需要记录和根据价值排序消除。A 和 B 选项错误，需要请求援助。D 选项错误，应该按照价值排序消除，而非难易度。

22. 答案：B

解析：题干表明干系人要求在当前迭代增加需求，而跟需求有关的决定需要产品负责人来做，所以 B 选项正确。A、C、D 选项中，敏捷管理专业人士不该自己做决定，应该由产品负责人做决定。

23. 答案：C

解析：分包商也应该通过敏捷方法进行管控，因此可以通过冲刺待办事项列表和每日站会进行管控。而 B 选项中的回顾会议不是用来监控工作的。

24. 答案：A

解析：按照题干中的描述，项目经理要承担障碍清理者角色，属于服务型领导，符合敏捷思想。而只有 A 选项属于敏捷活动。B、C 和 D 选项都是预测型方法，与服务型领导不相符。

25. 答案：A、C

解析：通过分析题干可知，存在两个问题，一个是干系人太多，另一个是有太多的重大变更请求。针对干系人太多的问题，可以用 A 选项来解决。针对太多的重大变更请求，应通过优先级排序和迭代，优先解决高价值需求，这样才能避免项目延期和超支。C 选项可以解决。

26. 答案：D

解析：与传统项目不同，敏捷项目不需要在项目开始就为项目创建所有用户故事。原则上团队只需要梳理出第一个发布计划（项目计划一般由几个发布计划组成，一个发布计划又由多个迭代／冲刺计划组成）的主要用户故事。A 选项和 B 选项描述的是迭代计划。

27. 答案：C

解析：每日站会的目的是让团队成员及时提出问题，但不讨论问题。

28. 答案：C

解析：在每日站会上每位团队成员会及时提出问题和风险。

29. 答案：D

解析：在敏捷项目中发现问题，团队应该共同解决问题和制定策略，因此 D 选项正确。C 选项中的团队章程是事先制定的规则，让团队遵守，而非针对问题解决，因此 C 选项不正确。A 和 B 选项属于预测型方法。

30. 答案：B

解析：依据敏捷十二大原则，"无论是对开发团队还是团队内部，信息传达最具有效的方法都是面对面地交谈"。D 选项的减少管理费的目标错误。B 选项是四个选项中相对比较正确的选项。

31. 答案：B

解析：由于是展示已完成的产品，因此是在开评审会议。

32. 答案：B

解析：如果想在项目中避免可交付物不合规的问题，首先应在项目规划阶段就对需求的验收标准进行澄清。B 选项符合这种思路。而 A、C 和 D 选项都属于后期评审验收阶段的行为，在 B 选项的后面进行。

33. 答案：C

解析：解决题干中的缺乏自主权的关键是让团队成为自组织团队，而 A 和 B 选项都不是自组织团队的做法。D 选项也是错误的，项目经理无权引入产品负责人。

34. 答案：A

解析：依据敏捷流程，回顾会议对冲刺的执行情况进行总结。

35. 答案：B

解析：看板的三大特性是可视化、限制在制品、关注周期时间。B 选项体现了关注周期时间，提升团队效率的特性。

36. 答案：B

解析： 当干系人无法接受敏捷方法时，最好的方式就是让他们看到收益。B 选项满足了此条件。A 选项错误，项目本身就存在不确定性和风险，无法保证缩短交付价值的时间。

37. 答案：C

解析： 重构应该被重点关注，尤其在发现问题后，应立即在下一个迭代关注。D 选项错误，重构解决技术债务，不是技术债务。A 和 B 选项中都是敏捷教练要求产品负责人和团队执行工作，而敏捷教练无此权力。

38. 答案：D

解析： 在敏捷项目中，一个新变更无须执行变更流程，只需要写入待办事项列表，按照优先级排序即可。A 选项错误，应该是产品负责人与客户沟通变更的问题。

39. 答案：C

解析： 既然企业决定采用敏捷方法，那么发起人也应该遵守事业环境因素，适应这种变化。因此应该通过管理干系人，尝试说服发起人。而 A、B 和 D 选项都忽略了发起人的感受和情绪，因此不正确。

40. 答案：A

解析： 燃尽图和燃起图都被用于展示项目的进展，从而帮助确定项目是否完成。

PMP 考试模拟题（基于《PMBOK® 指南》第 7 版）

特别提示

- 本试题为现代卓越公司 PMP 考前模拟试题，仅提供考前模拟测试用。
- 正式 PMP 认证考试时间为 230 分钟。
- 正式 PMP 认证考试题量为 180 道题，题型包括单选题和多选题。
- 正式 PMP 认证考试语言中英文对照，题意以英文为准。

1. 一家公司计划推出一个新的数字银行解决方案。在项目启动时，识别到一个关键依赖关系，需要在产品推出前获得监管部门的批准。这被添加到风险登记册中，并由项目经理积极监控。目前，产品仍未得到监管部门的批准，这可能会导致产品推出延期。项目经理如何做能够减轻该风险？（   ）

   A. 准备风险应对措施

   B. 更新风险登记册并跟踪该风险

   C. 调整项目进度计划，包含应急应对措施

   D. 评估被监管部门拒绝批准的可能性

2. 项目经理已按时、按预算完成一个多阶段项目，然而，高级管理层却对项目结果不满意。若要避免这个问题，项目经理应该事先做什么？（   ）

   A. 定期审查商业论证

   B. 跟踪变更请求

   C. 获得项目发起人对问题日志的批准

   D. 在项目收尾时完成经验教训总结

3. 在编制项目章程用于项目批准时，项目经理发现有两名干系人对关键可交付物的期望有冲突。若要解决期望冲突问题并完成项目章程，项目经理应该首先做什么？（   ）

   A. 与关键干系人一起召开一个问题解决会

   B. 将该问题上报给项目发起人

   C. 使用专家的判断来决定可交付物

   D. 在项目章程中减少可交付物用于后期定义

4. 软件开发项目的发起人很随意地通知项目经理，一个新沟通产品将很快在整

个组织中使用。项目经理应该怎么做?(　　　)

A. 更新沟通管理计划

B. 向项目干系人通知将使用新产品

C. 指示项目团队使用新沟通产品发送项目更新信息

D. 等待接收正式通知

5. 客户表示已经在项目中澄清了需求,因此无须与开发团队集中办公。敏捷团队领导者应该怎么处理?(　　　)

A. 建议遵循集中办公的敏捷原则

B. 使用技术手段实现持续的协作

C. 要求安排一名助理与开发团队集中办公

D. 要求与客户每周召开会议,讨论所有问题

6. 一位重要的干系人就项目需要完成的需求和产品经理达成了一致。他告诉敏捷团队,未来可能没有机会再和团队进行会面了。作为敏捷教练,你会给出什么建议?(　　　)

A. 希望干系人明白,敏捷项目中干系人参与的重要性

B. 跟干系人告别

C. 希望干系人离开之前再次澄清他的需求

D. 询问干系人,以后由谁代表他来做项目的关键决策

7. 敏捷项目经理正在通过敏捷合同寻找外包商。在谈判采购合同时,以下哪点是敏捷合同中的关键考虑因素?(　　　)

A. 确保卖方对他们的补偿感到满意,以促进信任和合作

B. 作为一个仆人式领导者,激励和鼓励开发团队应该是项目经理的首要任务

C. 提供奖金,以补偿卖家在敏捷环境下的高风险

D. 提供一个明确的方式,将不断变化的项目范围和验收标准传达给卖方

8. 一个电商网站开发项目总成本为 32 万美元,项目管理办公室(PMO)担心项目可能会进度落后。项目经理经过评估确认,项目有 30% 的概率发生进度延期,延期将导致 2.5 万美元罚款;有 70% 的概率按期完工,公司将获利 65 万美元。该项目的预期货币价值是多少?(　　　)

A. 12.75 万美元

B. 64.95 万美元

C. 44.75 万美元

D. 45.5 万美元

9. 在服务机器人研发项目的汇报会上，项目发起人要求对范围、进度和资源进行多项变更。此时，项目管理团队发现项目的规划工作没有正确完成。若要防止这个问题，项目经理事先应该做什么？（　　）

A. 尽快将规划工作正确完成并设立项目基准

B. 定期与关键干系人召开规划会议

C. 定期向项目发起人发送项目规划会议纪要

D. 将项目发起人的变更请求登记在变更日志中

10. 项目团队注意到正在从事的 IT 基础设施项目的网络设置存在问题，预计项目进度将会受到影响。项目经理要求项目团队确认原因并制订处理方案，项目团队应该怎么做？（　　）

A. 利用鱼骨图找到问题的原因并讨论解决方案

B. 利用控制图分析问题的原因，并请项目经理对解决方案给予指导

C. 利用影响图分析问题的影响和原因，并动用应急储备来解决问题

D. 利用散点图分析问题的影响，并与项目经理一起制订解决方案

11. 在加入一个现有项目一周后，项目经理得知有一个需要项目干系人接受的问题。若要管理该问题，项目经理应查阅什么文件？（　　）

A. 风险管理计划、工作绩效数据和质量审计报告

B. 项目管理计划、干系人登记册和沟通管理计划

C. 质量需求、项目管理计划和过程文档

D. 风险登记册、工作分解结构（WBS）和变更请求

12. 在项目启动大会期间，人力资源经理说，在获得详细的项目进度计划之前，将不会提供所有资源。若要获得资源，项目经理应该怎么做？（　　）

A. 将该问题上报给项目发起人

B. 提交工作说明书（SOW）

C. 创建一份详细的活动清单

D. 参考责任分配矩阵（RAM）

13. 有一个处于快速变化环境中的多系统集成项目，项目经理发现项目的需求和范围很难事先定义，项目经理想要实现小的增量改进并交付最优价值给干系人。下列哪一种项目生命周期类型可以满足要求？（　　）

A. 迭代型和增量型生命周期

B. 适应型生命周期

C. 预测型生命周期

D. 阶段 – 阶段的关系

E. 混合型生命周期

14. 一家公司开始从传统项目管理向敏捷项目管理转型，敏捷团队促进者必须适应敏捷管理方法。以下哪项属于传统项目风险管理方法？（　　　）

A. 风险燃尽图

B. 产品待办事项列表中的风险应对措施

C. 风险管理计划

D. 探针

15. 项目经理正在为必须遵守最终期限的项目制订人力资源计划。一名团队成员最近被分配到另外一个国家，该团队成员的专业水平对项目成功和满足最终期限要求至关重要，而可用的本地资源的专业水平各不相同。项目经理应该怎么做？（　　　）

A. 通知项目发起人可能产生的影响，并让他决定最终的行动方案

B. 分配新资源并缩小项目范围，以满足最终期限要求

C. 计划一个可行的虚拟团队环境，并确保各时区的所有团队成员都遵守承诺

D. 使用更多本地资源来对项目进度赶工

16. 为了识别精密仪器改进项目的可交付物的微小缺陷，项目经理使用了一种昂贵的质量测试程序。如果这些小缺陷能被识别，可交付物将可以被验收，并且返工成本也将更低。在执行质量测试之前，项目经理首先应该怎么做？（　　　）

A. 通知项目团队，将质量测试记入项目管理计划

B. 针对该质量测试执行成本 - 效益分析

C. 调查产生缺陷的原因并提出解决方案

D. 使用设计审查的方法分析质量

17. 新型运动服装材料研发项目完成三个月后，客户要求对可交付物进行一些小变更，并称项目仍在继续。客户的运营团队已经使用这些可交付物，无任何问题，但是管理层仍未验收该项目。项目经理应该采取的措施是什么？（　　　）

A. 联系法律部门，根据合同启动法律诉讼

B. 根据项目范围确认的验收文件，协商项目收尾

C. 通知客户，所有的活动均已执行完，并宣布项目收尾

D. 进行变更，因为是有必要的，并且可能对未来的客户关系有利

18. 敏捷负责人需要提供一份敏捷项目计划，计划中须包括发布日期和每个版本的关键功能。以下哪项包含这些内容？（　　　）

A. 产品路线图

B. 团队看板

C. 产品待办事项列表

D. 需求清单

19. 关于用户故事的描述，以下哪些选项是正确的？（请选择三个)(　　　）

A. 用户故事用来记录干系人要求的特征或功能

B. 用户故事用来为项目中遇到的问题创建一个记录

C. 用户故事用来进行根本原因分析

D. 用户故事用来交流项目进展情况

E. 用户故事的写法为：作为一个＜角色＞，我想要＜功能 / 目标＞，以便实现＜商业收益 / 动机＞

F. 用户故事的编写可以作为需求收集工作的一部分

20. 项目经理正在管理一个拥有庞大干系人群体的项目，他发现组织内一名高管对项目有极大的影响，但是对项目经理负责的项目没有任何兴趣。项目经理对该高管应该使用哪种管理方法？（　　　）

A. 重点管理

B. 监督

C. 令其满意

D. 随时告知

21. 项目经理负责管理为一家公司提供服务的项目，他希望能将项目风险降至最低。项目经理应该选择哪种合同类型？（　　　）

A. 总价加经济价格调整（FPEPA）合同

B. 成本加激励费用（CPIF）合同

C. 成本加固定费用（CPFF）合同

D. 总价加激励费用（FPIF）合同

22. 在一个施工项目中，项目经理识别到下表中的某些风险。如果所有三个风险全部发生，项目经理理应请求多少额外资金？（　　　）

风险编号	风险类型	风险描述	风险发生的代价
1	天气	25% 的降雪概率可能会导致施工延期两周	额外需要 80 000 美元
2	材料成本	施工材料成本可能下降 10%	节省 100 000 美元
3	人工问题	罢工导致停工的概率是 5%	损失 150 000 美元

A. 130 000 美元

B. 37 500 美元

C. 27 500 美元

D. 17 500 美元

23. 在项目会议期间，团队成员提出一项新技术，可以提高可交付物的质量。项目团队支持该变更，但一些项目干系人称该变更与项目需求相矛盾。收到变更请求之后，变更控制委员会（CCB）应该怎么做？（　　　）

A. 考虑其对项目管理计划的影响

B. 要求团队准备商业论证供项目发起人考虑

C. 提出包含新技术的第二个项目阶段

D. 应用群体决策技术

24. 一个关键干系人刚刚提出了一个新的请求，他希望敏捷团队立即帮助实现。敏捷教练应该如何回应？（　　　）

A. 告知干系人新的请求需要进行变更流程的审批才能确定是否实施

B. 把这个请求提交给变更控制委员会进行审批

C. 团队已经将此请求包括在下一个冲刺版本中

D. 将把这个请求提交给产品负责人，由他来决定如何处理

25. 在智慧交通系统开发项目开始时，项目经理发现项目团队成员、关键干系人对项目范围和可交付物的意见不一致。为了取得项目团队的承诺和同意，项目经理接下来应该怎么做？（　　　）

A. 将项目范围和一致同意后的可交付物提交给所有干系人

B. 将该问题向高级管理层报告，寻求他们的支持

C. 将该问题记录在问题日志中并继续执行项目

D. 和干系人及团队成员一起召开项目开工会

E. 请发起人对项目范围和可交付物给出最终意见

26. 一个大型项目的供应商顺利完成了其负责的模块，并交付给项目经理。项目经理在签署正式的验收文件前对模块进行检查，发现该模块存在缺陷。供应

商拒绝接受，声称该模块是按照约定的技术规范开发的。项目经理接下来应该怎么做？（请选择两个）（　　）

A. 要求供应商接受有缺陷的判断并尽快根据意见采取补救措施

B. 咨询律师并借助法律制度获得公平的解决方案

C. 查看合同，确认供应商的主张是否有效

D. 向变更控制委员会提出更改技术规范的请求

E. 查看合同条款，如果双方意见依然不同，可执行 ADR

27. 共享停车位项目在启动期间，一名关键干系人声称由于未考虑到物业对停车位有绝对控制权，项目不再可行。为评估该项目的可行性，项目经理应该怎么做？（　　）

A. 将该干系人推荐给项目发起人，并转达干系人的意见

B. 拖延项目的评估，以保证项目顺利推进

C. 检查是否与商业论证一致，提交给项目发起人和关键干系人批准

D. 根据该干系人的意见立即开始项目收尾

28. 生物医药研发项目在执行期间发生了意外风险。对风险进行分析后，项目经理发现项目想要成功，就必须减轻风险，但这会增加项目的成本。项目经理接下来应该怎么做？（　　）

A. 获得高层的批准，使用应急储备减轻风险

B. 安排项目团队会议，以讨论该风险未被识别的原因

C. 获得高层的批准，动用管理储备

D. 与项目团队召开会议，讨论推进项目的措施

29. 一个超出预算的项目还未完成，由于供应商合同是成本加利润合同，项目经理应如何拯救该项目？（　　）

A. 开展采购绩效审查

B. 将供应商合同变更为固定总价合同

C. 暂停支付，直至完成合同约定的可交付成果为止

D. 实施严格的变更控制过程

30. 敏捷教练刚接手了一个新成立的开发团队。这个团队的成员以前没有在一起工作过，因此他们对彼此不是很了解。作为敏捷教练，你能做什么来帮助他们组成一个有凝聚力的团队？（　　）

A. 鼓励他们每当遇到无法解决的问题时就来找敏捷教练

B. 设定惩罚和奖励的规则，让他们遵守

C. 分享项目的愿景，然后让他们自己去想如何实现这些愿景

D. 引导他们学会合作

31. 产品刚刚上线，一个重大的性能问题出现了，导致产品无法使用。敏捷团队通过紧急升级一个核心工具解决了此问题。在向上级管理层汇报时，除了此问题的情况，请问敏捷团队还需要重点向管理层汇报哪些内容？（　　　）

A. 团队的技术债务

B. 现有用户故事的估算情况

C. 项目的进度

D. 广泛发布有关此次升级的相关信息

32. 一名项目干系人对一些项目可交付物的验收标准提出异议，该异议将在下一次项目指导会议期间解决，项目经理必须在会议前向委员会主席介绍详情。项目经理应如何准备这项工作？（　　　）

A. 更新风险登记册

B. 审查工作绩效数据

C. 查看质量管理计划

D. 确定项目干系人所提出问题的根本原因

33. 在一个敏捷项目中，谁负责确定产品待办事项列表的优先级？（　　　）

A. 项目经理

B. 产品所有者或客户

C. 任何感兴趣的干系人

D. 团队领导者

34. 项目经理接管一个处于执行阶段的生物制药研发项目，他发现之前的项目经理忽略了一个问题，即一些外部干系人和组织内部的高级管理层经常缺席项目状态会议。之前的项目经理本应该做什么来避免这种情况？（　　　）

A. 制订干系人参与计划

B. 修订干系人参与计划

C. 与干系人开展团队建设活动

D. 与干系人开会，解释项目的重要性

35. 在职能式组织中，项目经理希望架构专家为一个长期项目的架构设计提供支持，而且其他项目经理也需要该专家，但该专家行程繁忙。为确保该专家能

为项目服务，项目经理下一步应该怎么办？（　　）

A. 尽量缩短该专家为项目服务的时间，并请发起人进行协调

B. 请求专家在整个项目期间为项目服务，以便解决架构设计中的意外状况

C. 将专家的行程安排与本项目的进度匹配，并与其他项目经理协商

D. 与该专家协商其可用时间，并与专家的经理沟通

E. 请求该专家在本项目需要时加班

36. 由于业务持续调整，一个数字化转型项目在第一年里发生了大量风险。经过对管理流程的梳理，目前项目风险处于可控范围内。项目经理接下来应该怎么做？（　　）

A. 取消后续的项目风险评估会

B. 减少项目的应急储备和管理储备

C. 继续识别新风险，并重新评估现有风险

D. 对风险实施定性分析

37. 敏捷开发团队成员在产品的技术问题上产生了分歧，这个分歧将影响项目的正常推进。作为敏捷教练，以下哪些选项可以帮助他们解决这个分歧？（请选择两个）（　　）

A. 要求他们对这个问题做一个技术研究

B. 主持一次团队会议，引导他们解决分歧

C. 要求他们先做原型

D. 建议团队采用集体决策的方法

E. 由敏捷教练做出最终的决策

38. 公司的新产品系列将在两个月内发布，95% 的项目任务均已完成，但是，管理层决定终止产品发布并取消项目。项目经理下一步该怎么做？（　　）

A. 立即停止所有项目任务

B. 按原计划完成项目

C. 释放资源并记录项目状态

D. 收尾项目并更新经验教训文件

39. 两名项目团队成员对项目的优先级意见不一致，他们的电子邮件辩论影响到了团队的士气和合作。项目经理在与两名成员交谈后解决了这个问题。项目经理应如何预防类似问题？（　　）

A. 迭代只需要正式沟通的需求

B. 修订沟通管理计划

C. 将问题上报给该团队成员的直线经理

D. 举行团队建设研讨会，以改善团队沟通

40. 对于敏捷项目来说，变更是流程的重要组成部分。作为敏捷项目的经理，你应该如何来管理变更？（　　　）

A. 需求变更无须进入变更流程，而应该把新的需求记入待办事项列表

B. 为了避免延误和成本超支，只有那些能增加可衡量价值的变更才应该被批准

C. 应该使用敏捷的工具和方法，来减少所需的变更数量及其破坏性影响

D. 敏捷项目与计划驱动的项目相比，管理变更的基础没有区别

41. 城市电力调度项目的可交付物获得验收后，项目干系人却不愿意使用该系统。干系人抱怨项目未提供针对该系统的培训，并希望在系统正式投入使用后的一个月内为其提供系统操作方面的协助。项目经理接下来怎么办？（　　　）

A. 组建一支售后团队提供系统支持

B. 建议项目发起人启动一个新项目

C. 忽略该抱怨，因为项目的可交付物已验收

D. 请求该项目干系人的经理强迫团队使用该系统

42. 项目规划阶段结束时，细节信息不足以完成规划。项目经理接下来应该怎么做？（　　　）

A. 获得开始项目的批准，在执行项目的同时，完善后续阶段的规划

B. 继续执行项目规划，直至所有必要的细节均在规划中最终确定为止

C. 继续执行项目规划，并向专家咨询，获得继续执行项目的必要细节

D. 获得开始项目的批准，但是通知发起人，如果项目不能满足截止期限要求，项目经理概不负责

43. 一支敏捷团队计划对用户故事进行估算，该如何进行估算？（　　　）

A. 用粗略估算的方式进行团队估算

B. 精确估算后增加缓冲

C. 个人估算各自的工作量

D. 以足够的准确度来进行估算

44. 为了保持进度计划，项目经理需要在接下来的两周内获得项目干系人对项目管理计划的批准，但是，多名项目干系人将在本月底之前出国，项目资金仅

可供未来三个月使用。项目经理应该怎么做？（　　）

A. 认为项目将获得批准并开始项目工作

B. 安排评审会议和电话会议，获得项目干系人的批准

C. 要求项目发起人代表项目干系人批准

D. 使用在其他项目上工作的空闲资源开始执行此项目的某些任务

45. 一名新成员加入团队，该团队的报告结构发生多次变更。若要快速使这位新成员适应，项目经理应该查阅哪一份文件？（　　）

A. 项目组织图

B. 层级资源图

C. 责任分配矩阵（RAM）

D. 资源管理计划

46. 项目经理正在执行一个数字化转型的项目。为了达到高效处理业务的项目目标，项目将会对公司的岗位设置和业务流程进行重组，这打乱了当前业务工作的节奏，职能经理强烈反对。项目经理接下来应该怎么做？（　　）

A. 同意职能经理的反对理由，并将该状况记录在风险管理计划中

B. 请求发起人与职能经理讨论，制定降低业务工作节奏混乱程度的措施

C. 按照干系人参与计划接洽职能经理

D. 说服职能经理相信项目成功后的价值

47. 你正在管理一个需求具有高度不确定的敏捷项目。以下哪个是管理变更的最佳方法？（　　）

A. 要求开发团队在工作开始前创建一个变更管理计划

B. 将权力下放给团队和产品负责人，以管理出现的变更

C. 准备一个全面的变更管理计划，并按照计划进行管理

D. 要求产品所有者将所有实质性的变更提交给变更管理团队

48. 敏捷团队的效率在最近几个迭代中明显下降，团队促进者已经确定这是一个不好的趋势，并希望团队解决这个问题。他应该怎么办？（　　）

A. 在回顾会议上集思广益，找出问题的根源，了解它发生的原因

B. 马上要求团队做根本原因分析，在下一次迭代之前确定问题的根源

C. 要求团队做更有效的事情，以确保团队能够保持效率

D. 要求团队提升效率，否则要给予惩罚

49. 在团队会议期间，三名项目干系人对项目管理计划的意见不一致。其中一名

干系人告诉其他干系人项目流程拥有授权序列，另外两名干系人对此感到困惑，因为在他们参加的上一次会议中并未提到该信息。若要避免这个问题再次发生，项目经理接下来应该做什么？（　　）

A. 为每次会议制作会议纪要

B. 向每个团队成员发送电子邮件，详细说明会议讨论内容

C. 检查当前沟通方法

D. 更新沟通管理计划

50. 在项目执行阶段，项目经理从维护经理那里获悉，需要一名开发人员解决操作问题，因此，开发人员将只有 50% 的时间可用于项目工作。项目经理应该怎么做？（　　）

A. 向项目发起人请求获得更多资源

B. 更新项目进度计划，并将其发送给项目干系人

C. 启动变更管理程序

D. 与维护经理一起审查资源管理计划

51. 在一个敏捷项目中，谁负责确保最终产品的质量达标？（　　）

A. 项目经理应该检查产品的质量

B. 客户应该检查产品的质量

C. 团队应该在构建产品的同时验证、确认和测试产品

D. 用户应该试用第一个版本，并向团队发送反馈和错误报告

52. 管理层要求你根据最新的项目数据，预测敏捷团队是否可以按期完成工作。你需要从团队中以下哪项来获取信息更新这个预测？（　　）

A. 资源管理计划

B. 发布计划

C. 燃尽图

D. 产品待办事项列表

53. 团队负责人告诉敏捷教练，本周计划为下一个发布的计划中的用户故事举行一次计划扑克估算会议。计划扑克估算会议意味着什么？（　　）

A. 他想知道完成第一次迭代的时间

B. 他正在确定发布计划的周期

C. 他正在估算开发和测试需要多长时间

D. 他正在评估这个计划的故事点的相对多少

54. 一名资深项目经理负责管理一个预算为 2000 万美元、持续时间长达 36 个月的项目。在评估项目时，项目经理意识到两个制约因素可能都不现实，项目经理首先应该怎么做？（　　）

A. 在假设日志中更新制约因素，并关注其可能带来的风险

B. 遵循风险管理计划中的相关规定，并就制约因素发起变更控制流程

C. 执行成本绩效分析，让项目的进度和预算涵盖制约因素的影响

D. 依据风险管理计划，创建并完善项目范围说明书

55. 产品负责人正在创建当前项目的迭代计划。迭代计划中应包含哪些信息？（　　）

A. 为完成每个故事或任务而执行的一系列详细工作

B. 待办事项列表中用户故事的优先级

C. 待办事项列表中每个用户故事的详细视图、估算值和验收标准

D. 对可能开发什么以及在什么时间开发有粗略的视图

56. 项目经理刚刚接手一个项目。但经过了解，他发现此项目之前存在大量技术债务。若要处理这些技术债务，项目经理应该怎么做？（　　）

A. 除了迭代计划，再创建一个重构计划

B. 增加所有用户故事的估算点，用来重构

C. 在下次迭代中为技术债务事项分配最高优先级

D. 确保所有技术债务均已添加进产品待办事项列表

57. 几个项目团队成员一直在抱怨，他们认为回顾会议是在浪费时间，还不如省下时间去开发用户故事。敏捷项目经理应该跟团队成员说什么？（　　）

A. 回顾会议是客户要求每个团队成员参加的

B. 如果他们参加并给出一些建议，团队将在一些冲刺中考虑采纳这些建议

C. 反馈意见可用于改进今后的冲刺过程和冲刺成绩

D. 会接受他们的意见，取消回顾会议

58. 一家组织刚刚启动敏捷转型。为什么敏捷教练建议根据客户环境，结合标准的敏捷原则和实践来转型？（　　）

A. 确保组织使用公认的做法，避免被其他干系人质疑

B. 保证满足项目范围与时间期望

C. 效仿成功的敏捷实践对敏捷转型更有益

D. 更容易获得项目干系人的支持

59. 项目治理框架为项目干系人提供管理项目的结构、过程、角色、职责、终责和决策模型。项目治理框架的内容包括以下各项，除了（ ）。

A. 阶段关口或阶段审查

B. 识别、上报和解决风险及问题

C. 超出项目经理职权的决策制定、问题解决和须上报的议题

D. 执行关于项目的范围、时间、成本管理方面的决策

60. 敏捷团队一直按照进度计划开展工作，一位职能经理希望团队在迭代中可以加快速度，完成更多工作。敏捷项目经理应该怎么做？（ ）

A. 策划一次鼓舞士气的团队活动

B. 开展根本原因分析，识别问题并提高速度

C. 让职能经理与团队集中办公

D. 向职能经理说明，团队的速度依赖实际情况，无法随意调整

61. 项目经理在制订项目进度计划，他认为拥有足够的信息来详细说明项目的第一阶段进度计划。项目开始执行后，项目经理将制订下一阶段的详细进度计划，他认为需要在获得更多信息后才能开始。项目经理采用了什么方法来安排进度？（ ）

A. 迭代型生命周期

B. 分解

C. 滚动式规划

D. 适应型生命周期

62. 具有多个干系人的智慧城市项目，在执行中，项目经理发现干系人流动性很强，对项目信息的要求以及沟通方法各不同。干系人时常抱怨项目信息发送不及时。要解决这个问题，项目经理下一步应该怎么做？（ ）

A. 使用推式沟通方法，增加信息发送频率

B. 承诺严格按照项目开始时的约定提供项目状态信息

C. 审查沟通管理计划

D. 与所有干系人使用交互式沟通方法

63. 产品负责人正在确定下几个迭代中包含哪些用户故事，他希望客户也能参与进来。产品负责人需要客户提供什么支持？（ ）

A. 项目进度计划

B. 所有特征的功能描述和成本估算

C. 所需特征和功能的优先级列表

D. 工作分解结构（WBS）

64. 敏捷团队的主管经理对团队用 T-shirt 估算出的结果表示质疑，因为他觉得估算得太不准确了。请问敏捷中使用 T-shirt 估算的目的是什么？（　　）

A. 敏捷团队不会计划何时完成工作，它只是开始工作，并在最后期限前尽可能多地完成工作

B. 敏捷团队需要快速、粗略地估算，以做出计划来开始工作

C. 敏捷方法意味着做尽可能少的计划，这样团队就可以专注于它最擅长的事情，交付价值

D. 产品特性的不确定性太大，因此早期不需要做计划，团队将在后期做计划

65. 产品负责人在项目中刚刚增加了两个主要的新功能。根据估算，这项额外的工作将需要两个为期两周的迭代来完成。对于敏捷团队来说，最好的解决办法是什么？（　　）

A. 团队仍然会按时发布，但发布版本将不包括最不重要的功能

B. 团队通过赶工追赶进度，但发布时间可能会推迟

C. 缩短测试过程，按时发布

D. 给团队加班费和临时帮助，保证按时发布

66. 在无人机的农业应用软件开发项目的执行过程中，公司内部审计人员要求项目经理必须在下一次质量审计时审查项目文档。该审计的目的是什么？（　　）

A. 验证产品质量是否符合客户期望

B. 确保公司的质量管理过程符合 ISO 9001

C. 检查项目是否遵循公司的质量管理过程

D. 确保项目满足过程改进的建议

E. 找到不合格项并要求限期改正

67. 经过严格质量控制之后，精密仪器已满足标准。此时，运营团队请求添加多个新功能。经过评估，项目经理认为这将导致进度延迟，成本超支。为了管理运营团队的期望，项目经理应该怎么做？（　　）

A. 参考缺陷控制图，显示受产品新功能稳定性影响的干系人

B. 使用变更管理过程评估在项目中添加新功能的要求

C. 推迟审批新功能的请求，直至启动新项目交付包含新功能的产品

D. 要求客户接受较低的质量控制标准

68. 一个混合型项目的团队，成员能力出众，但是，在项目的第三个月，项目进度落后并超出预算。受此影响，整个团队士气低落，工作积极性下降，团队成员之间缺乏信任。为避免这种情况，项目经理事先应该做什么？（　　　）

A. 对团队成员授权并鼓励积极解决各自的问题

B. 丰富团队成员的知识和技能，提高其按时交付最终成果的能力

C. 提出措施，澄清每名团队成员的角色和责任

D. 将团队作为一个整体给予关注，打造对工作有热情、有凝聚力的团队文化，允许团队成员之间交叉培训

E. 允许团队成员动用应急储备以解决项目面临的问题

69. 作为敏捷项目经理，如果团队出现问题，你应该怎么做？（　　　）

A. 鼓励团队解决问题，当团队决定不解决问题时，不要干涉团队

B. 解决团队遇到的问题

C. 监控团队的工作，确保问题和障碍不会使其效率下降得太快

D. 让团队解决问题，并在其无法解决问题时给予惩罚

70. 在一个为期一年的敏捷项目中，团队在前六次冲刺阶段的速度是 43、24、47、34、30、32。对于团队来说，这是否正常？（　　　）

A. 正常，这看起来是敏捷团队速度的正常数据

B. 正常，速度只是用来跟踪工作，而不是用来评估绩效的

C. 不正常，因为前四个冲刺阶段，速度变化得太大了

D. 不正常，团队需要稳定速度，以便能够执行计划

71. 当前文旅项目顺利完工。在项目收尾会议上，项目发起人通知一个类似的项目即将启动，项目经理需要在一小时内提交新项目所需的成本数据。在这种情况下，项目经理应该采用哪种估算方法比较合适？（　　　）

A. 类比估算

B. 自下而上的估算

C. 参数估算

D. 专家判断

E. 全面估算

72. 一个服务幼儿园的 5G 项目的可交付物必须符合法律的相关规定。为了确保满足法律要求，项目经理为项目团队开展了有关的培训。关于培训成本的归

属，以下哪项判断是正确的？（　　　）

A. 培训成本属于为防止某些问题发生的预防成本

B. 培训成本属于为确定是否存在问题的评价成本

C. 培训成本属于为确定是否存在问题的内部失败成本

D. 培训成本属于为解决质量问题而产生的外部失败成本

73. 敏捷团队正在探讨产品的用户故事，以下哪种行为是对团队最有效的支持？
（　　　）

A. 项目经理应该参加团队的审查和回顾会议

B. 产品负责人对待办事项列表的内容进行澄清

C. 项目发起人审查团队的发布和迭代计划

D. QA 团队在产品发布前对功能进行全面测试

74. 一个团队成员私下里告诉敏捷教练，两位开发人员经常发生冲突，影响了团
队氛围，但团队没有采取任何行动来解决这个问题。作为敏捷教练，你应该
怎么做？（　　　）

A. 继续观察这个团队，并鼓励团队在下次回顾会议上讨论这个问题

B. 在下次回顾会议上，宣布所有的问题都必须及时解决，而不是推迟

C. 你不需要做任何事情，因为听起来好像这个团队成员只是想制造麻烦

D. 告诉团队领导者，所有的分歧都需要记录在会议白板上

75. 在项目执行中，一名新项目经理加入团队，指导委员会要求其更新可交付物
的状态，以及说明如何跟踪每个可交付物。项目经理应该查阅哪份文件？
（　　　）

A. 工作分解结构（WBS）

B. 需求跟踪矩阵

C. 工作绩效数据

D. 紧前关系图

76. 客户希望增加股东权益的总和，提高其在全球市场的品牌知名度。客户的主
要目标是什么？（　　　）

A. 为组织战略改善整体业务支持

B. 增加营销预算

C. 提高商业价值

D. 通过重新投资其他业务组合提高市场份额

77. 一个信息化项目顺利完成并发起了可交付物的移交。收到项目可交付物后，项目发起人拒绝支付项目款项。为避免该情况，项目经理事先应该采取下列哪项措施？（   ）

A. 按照项目范围测试标准，进行团队内部的验收测试

B. 衡量项目干系人的满意度

C. 获得项目最终可交付物的正式验收

D. 与项目发起人开会，审查项目可交付物

78. 一名咨询项目的项目经理在与客户交流时，客户提到国家刚刚出台个人信息安全方面的监管政策。项目经理非常吃惊，这意料之外的监管可能对项目的进展产生重大影响。为了有效应对该风险，项目经理接下来应该怎么办？（   ）

A. 请客户提交预防风险发生的变更请求

B. 更新风险登记册，查阅并实施该风险的应对措施

C. 使用应急储备，与客户一起制定应对措施

D. 申请动用管理储备，根据风险的分析结果制定权变措施

79. 敏捷团队中的一位专家告诉敏捷教练，因为家庭原因，他将请假四周。团队正在进行为期两周的迭代，本次迭代在四天后结束。敏捷教练应该怎么做？（   ）

A. 解释说，每个人都需要加班来完成他们商定的迭代目标

B. 推迟本次迭代截止日期和下一个发布日期

C. 询问团队本次迭代能完成多少工作

D. 要求人力资源部门从其他团队中紧急寻找一个临时替代者

80. 在管理敏捷项目时，你希望通过一个工具让发起人和关键干系人了解团队工作的最新进展。以下哪种敏捷工具可达到这个目的？（   ）

A. 项目路线图和故事图

B. 产品路线图

C. 速度下降矩阵

D. 燃尽图

81. 在开发阶段结束时，一名关键开发人员因工作量繁重而想要辞职，但是，该开发人员的专业知识对用户验收测试和产品调试至关重要。项目经理应该怎么做？（   ）

A. 查看资源日历，以获取资源平衡机会

B. 要求人力资源部门替换该开发人员

C. 将问题上报给该开发人员的直线经理

D. 将问题上报给项目管理办公室（PMO）

82. 项目审计员希望核实是否有能证明项目合理性的成本效益分析。他首先应该审查什么文件？（　　）

A. 项目请求

B. 项目章程

C. 采购合同

D. 人员配备管理计划

83. 项目团队成员将因其工作杰出和达到项目成本目标而获得奖励，高级经理向项目经理询问该团队成员的可用性和旅行偏好。项目经理可以在哪里获得此奖励的标准和频率？（　　）

A. 责任分配矩阵（RAM）

B. 项目管理计划

C. 人员解散计划

D. 资源管理计划

84. 在新能源汽车研发项目执行期间，质量控制团队发现零部件存在多个缺陷，这将对项目如期交付产生重大影响。然而，项目的应急储备却未受到影响，一些团队成员认为如果识别出主要原因，大部分缺陷将会得以解决。项目经理接下来应该怎么做？（　　）

A. 利用因果图分析主要原因并彻底解决缺陷

B. 要求团队使用亲和图对缺陷的原因进行分类

C. 利用散点图找到造成缺陷的根本原因

D. 利用帕累托图确定主要原因并加以解决

85. 一个中型政府项目即将开始，项目经理带领的项目团队有 8 名成员，包括项目团队成员在内，共有 32 名干系人需要彼此沟通。请问共存在多少个潜在沟通渠道？（　　）

A. 28 个

B. 496 个

C. 992 个

D. 276 个

86. 生态涵养项目正处于执行期间，但进度延期且成本超支。经过分析，项目经理发现有些问题是由于某些团队成员缺乏专业技能引起的。此时项目经理应该怎么做？（　　　）

    A. 将低复杂度的任务分配给绩效较差的团队成员

    B. 向职能经理汇报某些团队成员的绩效问题，并设法更换这些员工

    C. 对技能不足的团队成员开展培训，使其尽快达到岗位要求

    D. 请求人力资源部门更新绩效评估标准

87. 团队正在使用一种敏捷方法，到目前为止，还没有做太多的前期规划或需求收集。由多位专家组成的小组正在为该项目进行远程工作，他们给敏捷教练发了很多有关产品的想法，但每个人对最佳方法似乎都有不同的看法。敏捷教练如何才能最好地帮助解决这一困境？（　　　）

    A. 审查专家的意见，选择最好的想法，并将其发送给团队进行开发

    B. 向发起人汇报，描述需求如何与专家对接

    C. 把专家召集起来举行一次会议，帮助他们达成共识

    D. 让团队根据专家的想法开发一个原型，并请专家审查

88. 敏捷团队的主管经理告诉团队成员，他对团队每个迭代完成的故事点的数量比其他四个团队的少表示非常不满。请问敏捷教练应该怎么做？（　　　）

    A. 告诉主管经理，团队每个迭代完成的故事点的数量，相对于其他团队来说，多少并不重要

    B. 要求团队调整其故事点的数量，以确保工作能够更快速地完成

    C. 向主管经理解释，每个团队故事点的多少并不重要，因为这只是一个理论数值，而不是一个现实的指标

    D. 向主管经理说明为什么完成的故事点会少一些，因为团队需要完成的需求比其他团队的更复杂

89. 产品负责人发现敏捷团队工作量太大，无法按期完成工作，因此想用分包商完成某些部分的工作，但他不确定如何定义验收标准。敏捷教练会建议他在合同中加入哪项声明？（　　　）

    A. "完成的交付物必须满足商业价值"

    B. "只要完成了所有要求的范围，交付日期可以改变"

    C. "完成的可交付物必须与最初的需求说明书相符"

    D. "完成的可交付物的质量必须通过界面测试"

90. 一个新的项目将创造一项技术突破，为公司带来重大的市场机会，但技术和要求仍有很多不确定性。作为敏捷项目经理，怎么做是最佳方法？（　　　）

A. 要求团队在开始开发之前进行技术探测

B. 尽可能识别风险，并制定应对措施

C. 让团队开始规划和开发，看看其是否陷入了僵局

D. 研究潜在的质量控制问题以及缓解这些问题的方法

91. 项目干系人请求变更性能规格，而该变更将会提高一个正在进行当中的设计项目的产品性能。项目经理应查阅项目范围说明书的哪些元素，来确保该请求在范围之内？（　　　）

A. 高层级产品需求

B. 产品验收标准

C. 高层级项目风险

D. 可测量的项目目标

92. 风险管理计划和风险登记册不同，又有一些关系。如下关于两者的说法都是正确的，除了（　　　）。

A. 风险登记册是对风险的详细记录

B. 风险管理计划包含风险登记册

C. 风险管理计划记录了如何管理风险的一些宏观方法

D. 风险管理计划中包含风险分解结构

93. 某个新项目将使用特定软件发布。在项目启动大会上，一名团队成员记起之前的一个项目已经使用了该软件的第一版，但该软件造成许多问题。该项目经理接下来应该怎么做？（　　　）

A. 向项目团队成员解释说，自上一个项目后，技术已经发生了很大变化，不会再出现上一版那样的问题

B. 查看过往项目的经验教训说明，识别新项目中的类似风险

C. 立即将潜在风险上报给项目发起人，以便能够获得额外的资金

D. 结束项目并收集经验教训，让未来的项目可以从这些经验教训中获益

94. 一名经验丰富的项目经理接管了智慧警务系统研发项目。在项目状态会议上，项目经理发现项目关键路径上的一个任务延迟了 13 天。项目经理接下来应该怎么做？（　　　）

A. 申请动用管理储备，以避免预算超支

B. 与团队一起分析进度网络图，以确定可以并行的任务

C. 执行假设情景分析，以确定对未来关键路径上的任务的影响

D. 针对项目的最晚开始日期和最晚完成日期，计算关键路径的延迟时间

95. 一个数据安全项目即将结束，项目进度压力非常大，团队成员之间关系紧张。在会议上，团队成员为项目中存在的问题互相指责。项目经理应该怎么做？（　　）

A. 使用开放和有效的沟通，引导团队成员一起合作解决问题

B. 由于团队问题已对项目造成了影响，应将该问题上报给项目发起人

C. 要求团队成员停止互相指责，重申项目必须按时交付

D. 邀请外部行业专家，将团队注意力拉回到项目中来，并开始项目收尾

96. 一名有影响力的项目干系人直接要求项目团队添加产品功能，而团队也接受了该要求，项目经理在项目状态会议上获悉这些变更。由于这些变更将导致成本超支，项目经理首先应该怎么做？（　　）

A. 使用应急储备支付额外成本，保持该项目干系人的参与

B. 要求该干系人提交变更请求供批准

C. 更新范围说明书，包含新的功能

D. 与项目发起人讨论该情况

97. 项目经理加入一个项目，但项目团队缺乏必要的技能来产生一个关键可交付物。项目经理应该怎么做？（　　）

A. 将该可交付物分配给一名拥有学习新技能能力的团队成员

B. 与项目发起人协商，聘请拥有必要技能的外部资源

C. 终止执行项目，直到必要的资源出现

D. 将培训作为项目管理计划中项目工作的组成部分

98. 项目经理接管了一个多系统集成的复杂项目，项目中部分工作需要供应商协助。项目经理从资格预审名单中确定了五家潜在供应商。如果项目经理想要确保潜在供应商都能明确了解项目的各项需求，项目经理下一步应该怎么做？（　　）

A. 审查五家潜在供应商提交的建议书

B. 让评标委员会选择最适合需求的供应商

C. 询问项目发起人对潜在供应商的看法

D. 邀请五家潜在供应商参加投标人会议

99. 一个大型项目的团队成员来自多个组织，项目刚开始时，团队各小组之间存在对抗情绪。现在，团队已经变成了一个有序组织，而且项目也取得了重大进展。目前，项目团队处于哪个阶段？（　　）

    A. 规范阶段

    B. 成熟阶段

    C. 形成阶段

    D. 震荡阶段

    E. 解散阶段

100. 一个新媒体交流平台项目的项目章程和范围说明书已经发布，高级管理层需要在两周内拿到准确的预算，要求项目经理不要做 WBS，而是根据项目范围说明书和项目章程中的相关信息进行估算。若要按时提供准确的预算，项目经理应该怎么做？（　　）

    A. 不做 WBS，而是使用组织内类似项目的历史记录估计预算

    B. 向项目管理办公室咨询是否可以不制定 WBS

    C. 使用范围说明书估算，因为它包含项目范围、项目可交付物等的描述

    D. 创建 WBS，因为它是规划成本和进度、制定预算的基础

    E. 在专家的指导下根据现有信息制定预算

101. 敏捷团队特别强调知识分享。进行知识共享的最佳方式是什么？（　　）

    A. 如果可能的话，对团队表现出兴趣的知识进行分享

    B. 给予团队很多工具和机会来分享知识

    C. 如果在迭代结束时还有时间的话，促进团队开会分享

    D. 确保团队通过每日站会分享

102. 敏捷团队的关键开发人员编写的代码中存在一个重大错误。作为敏捷教练，你应该怎么做？（　　）

    A. 打电话给人力资源部门，要求更换好的开发人员

    B. 在团队的下一次回顾会上提出来，作为一个例子说明什么是不应该做的

    C. 安排一个培训课程来提高开发人员的编码技能

    D. 提醒该开发人员并与其讨论这个问题

103. 一家公司正在启动敏捷转型的工作，作为敏捷教练，你被要求审查公司现有的管理流程是否需要调整，以适应新的项目管理方法。你做的关键调整之一是什么？（　　）

A. 减少与团队开会和计划活动的时间

B. 随意调整交付期限

C. 增加客户参与度，让客户确定需求优先级

D. 要求提供更清晰、更详细的规格

104. 敏捷教练为确保敏捷团队不断提高效率，以下哪个是最佳选项？（ ）

A. 鼓励团队在每次迭代后做一个决策树分析

B. 在每次产品演示后，进行一次迭代回顾

C. 邀请关键的干系人参加团队的会议，以提供即时反馈

D. 定期进行风险审查，讨论计划中的风险响应的有效性

105. 一个严苛的项目干系人坚持要增加项目需求。项目经理希望满足该请求，但是许多需求超出预算并与商业需求不一致。项目经理应该怎么做？（ ）

A. 仅批准符合预算并与商业需求一致的请求

B. 将请求提交给变更控制委员会（CCB）

C. 与项目发起人开会，根据项目范围说明书评审请求

D. 拒绝请求，并通知项目干系人

106. 项目经理启动一个拥有复杂需求的大型项目，升级现有的企业资源规划（ERP）系统。然而，组织没有足够的具备必要技能和经验的资源。项目经理应该怎么做？（ ）

A. 咨询招聘公司，确定是否有具有必要技能和经验的资源可用

B. 减少项目需求，这样就可以使用现有的组织资源

C. 分包给拥有必要技能和经验的供应商

D. 要求人力资源部门开展能力评估，并提供必要的 ERP 培训

107. 下列哪一项表明缺少沟通管理计划？（ ）

A. 项目干系人收到会议通知，但未参加会议

B. 项目发起人批准项目范围说明，但没有表达其对一个关键假设的担忧

C. 项目发起人抱怨说，没有收到每周状态更新，虽然项目经理已通过短信发送了这些更新

D. 由于一个意外事件未能被识别为风险，项目进度需要延期

108. 一个罕见病药品研发项目接近主要里程碑时，项目经理发现多个关键可交付物都难以如期交付，其中一个原因是团队中多名成员相继休假。为避免这种情况，项目经理事先应该怎么做？（ ）

A. 确保所有成员的可用性都已记录在资源日历中

B. 获得职能经理提供后备资源的承诺

C. 要求在项目执行阶段，团队成员不请假和休假

D. 项目计划获得所有团队成员的批准

E. 获得休假的团队成员加班工作的承诺

109. 一个新业务上线的项目接近完工，发起人因故退出，新的发起人介入该项目，并要求提高新业务的服务标准。项目经理首先应该怎么做？（　　　）

A. 更新干系人登记册

B. 与新发起人会面，以确定项目需要的变更

C. 根据原发起人的目标完成项目

D. 根据新发起人的要求开始变更控制程序

E. 请原发起人与新发起人协商，确定本项目的服务标准

110. 被分配到一个新的智能工厂生产线升级的项目后，项目经理收到项目章程的草稿，他发现一些重要干系人并未参与定义项目的初始范围。项目经理首先应该怎么做？（　　　）

A. 使项目章程获得批准，并确保关键干系人的需求被纳入需求文件

B. 维持项目章程中已有的需求，并获得发起人对项目章程的批准

C. 收集关键干系人的高层次需求，并完成项目章程

D. 获得发起人对项目章程的批准，并在项目执行期间确定干系人的需求

111. 项目经理管理一个要求高、工期短的应急灾害处理项目。在团队会议上，方案设计团队不断转移话题，导致会议中断，从而引发了其他与会者的不满。为避免该问题，项目经理事先应该做什么？（　　　）

A. 要求导致问题的方案设计成员立即退出会议

B. 在问题日志中记录该问题，并与项目团队讨论

C. 事先规定要限制方案设计团队参加该会议

D. 制定会议规则，确保会议高效召开

112. 以下哪个是敏捷团队与其他项目干系人分享其工作进展的工具？（　　　）

A. 看板

B. 备忘录

C. 每日站会

D. 回顾会

113. 一位传统项目经理被任命为敏捷团队促进者。他希望按照敏捷思想，让团队成员能够主动选择工作。但是他一直没有有效的手段达成这个目标。他应该怎么做会更好？（　　）

A. 在每日站会上，每天指定一个不同的人作为决策人，让他们都能适应敏捷角色转变

B. 与他们会面并指导他们，使每个团队成员的目标与项目的目标一致

C. 实施一个奖励计划，并正式向团队成员的职能经理报告成员不主动工作的情况

D. 向团队成员解释，在敏捷团队中他们可以自行选择工作，并要求他们按此执行

114. 以下哪个人际关系技能对于敏捷领导者来说最重要？（　　）

A. 解决团队成员之间人际冲突的能力

B. 理解和影响其他人的情绪的能力

C. 平衡不同干系人的不同需求的能力

D. 能够根据团队的讨论做出决策的能力

115. 敏捷项目发起人经常向项目团队询问很多问题，这导致项目团队的工作效率明显下降。作为敏捷负责人，你应该怎么做？（　　）

A. 告诉发起人，以后不要再询问团队了，解释这已经影响到他们的工作了

B. 让团队以后不要回答发起人的问题

C. 和发起人进行沟通，如果发起人有问题可以先咨询自己，并解释敏捷理念

D. 斥责发起人的行为严重违背了敏捷理念

116. 项目经理正与一名承认未遵守章程的同事讨论项目章程。项目经理向他解释项目章程很重要，因为项目章程的批准意味着下列哪一项？（　　）

A. 启动阶段可以开始

B. 执行阶段正式开始

C. 详细需求清单被正式批准

D. 项目被正式授权

117. 项目在执行过程中，遇到供应商缺货的问题。项目经理需要和干系人一起解决该问题。常见的问题解决步骤包括如下各项，其中问题识别之后的步骤是（　　）。

A. 定义问题

B. 调查问题

C. 解决问题

D. 分析问题

118. 项目已接近完工。董事总经理坚定地认为，该产品可令公司效率提高 30%。然而，许多最终用户抱怨产品难以使用。项目经理应该怎么做？（　　）

A. 请求其他最终用户提供意见

B. 说服董事总经理重新考虑一些产品功能

C. 收集用户负面反馈，并签发变更请求

D. 收集用户反馈并审查商业论证

119. 你的团队正在进行机器人项目的开发。产品负责人是位工程师，他告诉你，为用户故事排序是在浪费团队的时间，最好的产品应该全部功能都具备。你需要让他明白以下哪一点？（　　）

A. 使关键产品功能的预期货币价值最大化

B. 交付最高价值的功能是有意义的

C. 团队也需要休息，因此无法进行全部功能开发

D. 计算出所有机会和威胁所需的应急储备

120. 产品负责人最近很忙，因此希望敏捷团队通过发送邮件的方式评审产品增量。敏捷教练希望产品负责人能按时举行评审会议，请问他如何向产品负责人解释演示会议的重要性？（　　）

A. 亲自会面有助于让产品负责人更容易对产品有好感

B. 设置和测试一个虚拟的通信工具，通常比亲自见面要花更多的时间

C. 团队需要看到产品负责人的肢体语言和面部表情，以了解产品负责人的真实想法

D. 如果能进行面对面沟通并提出问题，团队将能更好地理解产品负责人的需求

121. 在燃尽图上看到什么趋势，表示项目是健康的？（　　）

A. 一个可靠和持续的上升趋势

B. 一个高速的下降趋势

C. 一个稳定的下降趋势

D. 一个稳定的状态，只有向上或向下的微小变化

122. 在项目开始时，一名关键人力资源计划退休，项目经理应该怎么做？（　　）

A. 修订工作分解结构（WBS）

B. 与项目发起人合作，找到适合的替代人力资源

C. 与职能经理协商，获得一名同等的人力资源

D. 更新风险登记册

123. 由于缺乏供应商支持，项目准备实施将一个外部软件模块替换成内部模块的权变措施。供应商没有答复计划日期，项目经理应该怎么做？（　　）

A. 等待供应商的答复，并将该问题上报给项目发起人

B. 将该权变措施作为一项变更请求提交给变更控制委员会

C. 遵循范围管理计划

D. 更新问题日志

124. 项目经理被任命管理一个复杂项目，目前正在收集初始项目信息。项目经理得知，在项目的预授权阶段，已对项目的可行性进行了讨论。项目经理下一步应该怎么做？（　　）

A. 开始审查商业论证、假设和效益，以获得资金批准

B. 与项目干系人开会，支持项目的可行性评估

C. 审查项目章程，以确认记录在文件中的收益与项目干系人的假设一致

D. 在假设项目可行性之前开展成本效益分析

125. 项目顺利完成并计划进行验收。在产品验收会上，一名关键客户代表提出，项目中的某个可交付物未达到期望，要求进行变更。项目经理却认为，这些变更与规划阶段所定义的验收标准不符。项目经理首先应该怎么做？（　　）

A. 将该关键客户代表排除在验收团队之外

B. 请求项目管理办公室介入

C. 向关键客户代表说明变更的影响，并附上规划阶段达成的验收标准

D. 保持权威性，确保验收工作按计划执行

126. 一个珍贵植物培育项目正在执行期间，项目经理按照计划要求团队成员提交项目进展信息。其中一名具有关键技能的团队成员不认可现行的项目管理方式，拒绝提交信息。项目经理首先应该怎么做？（　　）

A. 与该名团队成员私下讨论该问题

B. 继续执行项目，因为这不影响项目进度

C. 认可该团队成员对项目的贡献和能力

D. 在团队会议上解决该团队成员的问题

127. 一个客户需求多样且多变的项目需要团队成员及时沟通。根据沟通管理计划，项目经理安排了每周一次的团队会议，一些团队成员抱怨会议时间与其他安排有冲突，因而未出席团队会议。项目经理下一步应该怎么做？（   ）

A. 为无法参加团队会议的成员通过邮件传达会议内容

B. 与团队成员协商新的可行的会议时间，并记录在沟通管理计划中

C. 避开其他安排，另行设定团队会议时间

D. 更新会议频率，将会议调整为两周一次

E. 分批召开团队会议，以确保所有团队成员都了解项目信息

128. 一位重要干系人觉得每日站会的作用类似每日日报，作用不大，希望取消。作为敏捷管理者，你将如何和干系人讲述每日站会对团队的作用？（   ）

A. 可以向敏捷管理专业人士寻求帮助

B. 可以在每日站会上探讨可能的解决方案

C. 成员可以在站会上提出问题，以实现可视化

D. 可以在站会上探讨用户故事是否属于优先事项

129. 一家企业开拓市场，准备开展一项新业务，但之前没有在该市场中开展这项新业务的经验。项目经理应使用什么工具或技术来收集需求？（   ）

A. 原型法

B. 专业判断

C. 产品分析

D. 制定决策

130. 一家公司正在向敏捷开发方法转型，并将一个传统项目经理分配到了一个新的敏捷项目中。此项目经理如何避免敏捷团队成员积极性不高的问题？（   ）

A. 进行圆桌讨论、研讨会和一对一的会议

B. 成立一个委员会来确定敏捷方法

C. 要求人力资源部门参与该项目，以协助员工管理

D. 为所有项目团队成员协商更好的工资或项目奖金

131. 项目经理加入一个项目，该项目正处于实施阶段。该项目曾发生重大延期，且预算超支、范围蔓延。项目经理希望在即将举行的变更控制委员会（CCB）会议上讨论一项变更，该变更将会让项目回到正轨。项目经理在

CCB 会议上应说什么？（   ）

A. 变更成本及其对进度计划的影响

B. 变更带来的成本和财务收益变化

C. 对变更日志及进度计划的影响

D. 对变更日志的影响及变更的财务收益

132. 项目即将完成一个重要阶段，项目经理正在获得资源开始下一个阶段。在准备阶段收尾时，项目经理评审了绩效测量指标，发现了不明原因的变化。项目经理应该怎么做？（   ）

A. 检查之前项目的知识库

B. 在经验教训会上进行因果分析

C. 在团队会议上评审测量指标

D. 将工作分解结构（WBS）与实际可交付物进行对比

133. 最新的项目状态报告显示进度绩效指数（SPI）为 0.8，成本绩效指数（CPI）为 1.3，它还显示项目团队自项目开始以来一直在加班工作。项目经理应该怎么做？（   ）

A. 增加更多资源，让项目回到正常的进度计划

B. 提交变更请求，延后项目完成日期

C. 开展技能差距评估，以便在必要时进一步建设团队

D. 与团队共享项目状态，让项目回到正常的进度计划上

134. 一个城市给水排水工程建设项目发生重大问题，于是公司总裁起用了一名新项目经理。在第一次项目评审期间，项目经理发现项目的关键可交付物没有定义，也没有明确项目阶段。项目经理接下来应该怎么做？（   ）

A. 修改项目管理计划并尽快实施

B. 聚焦于按照项目管理计划完成第一阶段的交付

C. 与发起人和关键干系人一起确认项目范围

D. 争取在项目章程中写明被任命，并获得关键干系人的支持

E. 明确项目的阶段和可交付物并记录在项目管理计划中

135. 一个小规模项目出现产品性能的问题，项目质量保证经理建议项目经理针对产品测试进行过程改进，以提升产品合格率。项目经理接下来应该怎么做？（   ）

A. 在质量审计时加强对测试过程的关注

B. 与测试团队合作，针对实施的建议提交变更请求

C. 修改质量管理计划，更新过程测量指标

D. 执行过程分析，找到问题的根源并加以解决

136. 项目经理与技术架构负责人讨论技术难题解决进展，技术架构负责人声称技术难题的进展已经通过邮件发送给项目经理了，但项目经理认为邮件内的汇报信息不完整。为解决该问题，项目经理接下来应该怎么做？（　　）

A. 要求技术架构负责人严格按照沟通管理计划重新汇报

B. 要求技术架构负责人提供书面进展报告

C. 澄清对技术难题汇报的要求并更新沟通管理计划

D. 更新风险登记册和沟通管理计划

137. 根据下图所示的进度计划，活动 C 在执行时因遇到资源问题，导致延期 3 天完成。请问对项目的影响是什么？（　　）

A. 项目进度将正常

B. 项目进度将提前 1 天

C. 项目进度将延期 2 天

D. 项目进度将延期 3 天

E. 项目进度将提前 2 天

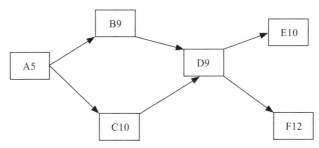

138. 产品负责人希望客户提供反馈意见，他应完成以下哪项工作？（　　）

A. 尽可能多地完成工作

B. 完成每次迭代的全部功能

C. 在完成主要工作时，准备一个会议演示

D. 按照优先顺序完成用户故事

139. 一个敏捷项目正在进行用户故事点的估算。Scrum 项目经理与团队和产品负责人开会，产品负责人负责澄清用户故事，团队成员先提供个人用户故事点估算，但团队共同决策用户故事点的数量。团队采用的是什么方法？（　　）

A. 敏捷扑克估算

B. 自下而上估算

C. 100 点法

D. 经验教训

140. 几位重要的客户对开发团队正在开发的一些用户故事提出疑问，认为这些用户故事没有市场价值。若要验证这些用户故事是否能够产生价值，产品负责人应该怎么做?（   ）

A. 在冲刺评审过程中，接受客户的建议

B. 在冲刺规划过程中，选择用户故事时设定冲刺目标

C. 向市场发布产品增量，通过用户和市场来验证

D. 检查冲刺燃尽图，在每日站会上重新确定用户故事

141. 以下哪项值得敏捷团队花费大量时间以提升产品质量?（   ）

A. 讨论一个用户故事

B. 技术债务

C. 每日站会

D. 规划会议

142. 项目经理要在一次回顾会议上总结项目中发现的问题。谁应该参加这次会议?（   ）

A. 指导委员会成员

B. 所有直接参与项目工作的成员

C. 项目管理办公室的负责人和项目经理

D. 参与该项目的每个团队的领导

143. 项目经理要求所有团队成员在整个项目过程中遵守质量标准和既定方向。若要考虑如何实现要求的质量，团队成员应查阅哪一份文件?（   ）

A. 质量测量指标

B. 质量管理计划

C. 质量核对单

D. 质量保证计划

144. 项目团队成员在地理位置、文化以及工作时间方面存在多样性。若要确保团队遵从共同的标准和方法，项目经理可以怎么做?（   ）

A. 采用由所有团队成员都同意的最佳实践

B. 在风险登记册中记录并接受相关风险，但允许有充足的项目应急

C. 使用帕累托图确定在哪里可以实现共性

D. 在制订项目管理计划时要求团队共同参与

145. 项目团队正在执行制作组织档案系统的工作包，两位项目的重要干系人提出了修改工作，包细节的要求，双方都认为自己的修订建议是头等大事。项目经理应该如何处理？（ ）

A. 让团队与客户开会讨论，决定哪个简单就优先考虑哪个

B. 从团队中指派专人负责修改优先级

C. 由于项目处于执行阶段，拒绝这两个变更

D. 在不影响团队的情况下，对变更进行优先级排序

146. 一个产业园运营系统项目的发起人批准了系统的开发预算，并且要求系统必须在年内上市销售。项目经理将该系统与竞争对手的产品对比进行初步可行性研究，发现项目可能无法满足所有制约因素。项目经理接下来该怎么做？（ ）

A. 制订一份风险管理计划，以应对制约因素无法被满足的风险

B. 启动项目，并通过缩小项目范围来降低制约因素的影响

C. 接受该项目，因为项目发起人批准了预算

D. 修正制约因素，并寻求项目发起人对项目的批准

147. 由于国家个人信息保护政策的发布，一个正在执行中的项目被叫停。六个月后，公司重启该项目，并任命了项目经理。该项目经理首先应该做什么？（ ）

A. 审查所有项目启动和规划的文件，并与项目干系人确认须变更的事项

B. 审查所有启动和规划的工作，并修订项目管理计划

C. 审查项目管理计划，并继续依计划执行，直到完成项目

D. 审查所有的规划工作并遵循变更管理计划

148. 项目经理负责的野外地质勘探项目预算为 75 万美元，在第三个里程碑节点上，项目经理发现项目完成 40%，成本已支出 50 万美元。在获悉项目的 CPI 之后，客户拒绝为项目追加投资。若要按时按预算完成项目，项目经理必须达到的成本绩效指数是多少？（ ）

A. 0.6

B. 0.8

C. 1.4

D. 1.8

E. 2.1

149. 项目经理召开团队研讨会，讨论质量管理计划。三名团队成员认为质量保证无法为项目增值。项目经理应该怎么做?(　　　)

A. 将这些团队成员介绍给发起人进行澄清

B. 评估质量保证的绩效

C. 提醒这些团队成员，执行质量保证可以降低项目成本

D. 派这些团队成员参加质量管理培训

150. 项目已完成并获得客户批准，IT 部门计划对项目进行不定期审计。项目经理应该怎么做?(　　　)

A. 请求审查 IT 部门的质量保证政策

B. 告知项目发起人 IT 审计不是质量管理计划的一部分

C. 审查公司政策并通知所涉及的项目干系人

D. 允许审计，因为它可以为项目提供更多价值

151. MoSCoW 方法的用途是什么?(　　　)

A. 跟踪进度

B. 验收产品

C. 确定用户故事的优先级

D. 估算用户故事

152. 产品负责人希望通过一些敏捷管理实践提高干系人的满意度，产品负责人应该怎么做?(　　　)

A. 审查产品需求，并安排干系人参与每日站会

B. 确保项目团队经常与干系人开会，审查项目进度计划

C. 邀请干系人参加待办事项列表梳理会，与客户一起讨论产品的优先级排序

D. 创建风险登记册，以便在下次每日站会上讨论

153. 项目经理了解到三名敏捷团队成员在争论如何为一个用户故事设计验收测试的最佳方式。他们陷入了僵局，无法决定如何推进项目。项目经理应该怎么做?(　　　)

A. 加入讨论，解释测试所需的要求

B. 召集团队所有成员讨论这个问题，并提出一个集体解决方案

C. 由于这已成为项目推进的障碍，因此要评估各种方法并确定最佳设计方案

D. 告诉团队你将告诉客户项目无法推进

154. 为满足青年家庭家居上的需求，组织发起了一个智能家居系统研发项目，高层要求产品必须按计划上市。项目经理确认了当前项目的状态：成本绩效指数（CPI）为 1.2，进度绩效指数（SPI）为 0.8。为达到高层的要求，项目经理应该怎么做？（　　　）

A. 增加资源，并考虑让团队加班，以解决进度问题

B. 申请缩小范围，以便让 CPI 达到 0

C. 不采取任何措施，因为目前项目进度超前，并且将能达到目标

D. 从管理储备中抽回资金

155. 在一个全球项目的启动阶段，项目经理与专家一起分析项目范围说明书。专家告知项目经理，由于国家进口政策的限制，某些项目可交付物将无法到位。项目经理接下来应该怎么做？（　　　）

A. 从项目范围说明书中移除无法到位的可交付物后，再启动项目

B. 按原计划启动项目，若可交付物出现问题，则将风险转移给外包方

C. 与项目发起人和关键干系人讨论项目新的范围

D. 将进口政策限制纳入风险管理计划

156. 一家公司准备上马新的软件开发平台，以提高公司内研发团队的工作效率。这个平台不仅适用于项目经理负责的团队，也适用于组织内其他所有研发团队。为了达到项目预期，项目经理应该使用哪一项风险应对方法？（　　　）

A. 转移

B. 减轻

C. 规避

D. 分享

E. 上报

157. 一家组织一直采用传统方式管理团队。目前，CTO 希望利用敏捷思想培养团队。若要提高团队对项目的投入程度，敏捷项目经理首先应该怎么做？（　　　）

A. 组织安排面对面的开工会议，构建人际关系

B. 与管理层达成共识，让团队成员的目标与项目的目标协调一致

C. 邀请演说者激励团队

D. 让团队成员参与规划会议，逐步培养他们的投入精神

158. 项目经理指出，一名位于另一个地点的团队成员的工作总是错过最后期限。由于这会影响到项目进度，项目经理应该怎么做？（　　）

A. 将该团队成员的工作重新分配给本地成员

B. 考虑将该成员的工作承包给本地供应商

C. 管理没有该成员的项目，并将此标记为项目干系人的风险

D. 与该成员沟通，了解情况，并提供指导和支持

159. 项目经理得知一名新团队成员完成了第一个工作包，项目经理感到很吃惊，因为该工作包之前落后于进度计划，而现在似乎按时完成了。项目经理首先应该怎么做？（　　）

A. 确认已对该工作包应用了质量管理计划

B. 祝贺该项目团队成员按时完成了工作包

C. 在接受工作包之前核实质量

D. 更新项目进度计划

160. 在过去的 10 个月，项目的实施阶段出现了大量缺陷，而且缺陷数量每个月都不同。项目经理应该参考下列哪一个工具来确定缺陷的发展趋势？（　　）

A. 控制图

B. 散点图

C. 流程图

D. 统计抽样

161. 在测试新的网络基础设施时，供应商发现由于存在潜在硬件缺陷，一个组件必须升级。为确保团队有效参与项目，项目经理应该怎么做？（　　）

A. 生成变更请求

B. 进行优势、劣势、机会与威胁（SWOT）分析

C. 更新执行、负责、咨询和知情（RACI）矩阵

D. 修订干系人登记册

162. 一个组织内部业务系统升级项目正在执行中，经过评估，项目经理发现该项目进度落后，但成本在预算内。项目如果不能如期交付，公司业务可能会受到重大影响。项目经理应该做什么来恢复进度？（请选择三个）（　　）

A. 请求额外的资源对项目赶工

B. 培训经验不足的团队成员以提升工作效率

C. 请求减少不必要的任务以恢复进度

D. 请求团队成员找出可并行的任务

E. 请求现有资源加班以恢复进度

163. 项目发起人要求项目经理及时汇报项目状态。在状态会议前，项目经理用电子邮件发送进度绩效报告。他使用的是哪种类型的沟通方法？（　　）

A. 推式沟通

B. 拉式沟通

C. 主动式沟通

D. 交互式沟通

164. 一名新上任的项目经理刚刚接手了市政美化工程建设项目，目前项目的进度和预算均符合计划要求，但项目经理发现，部分供应商的可交付物有可能会延迟交付。项目经理接下来应该怎么做？（　　）

A. 对风险进行量化分析，并确定该风险的应对措施

B. 与供应商开会，要求供应商承诺绝不延期交付

C. 更新风险登记册并评估该风险的严重性

D. 执行应急计划，以解决对项目进度的影响

165. 敏捷负责人在管理一个敏捷项目，对于干系人的管理，哪一方面是需要重点考虑的？（　　）

A. 确保团队成员在任何时候都有充分的时间

B. 规划团队成员与其他干系人的互动

C. 让团队独立解决自己的问题

D. 确保团队对项目目标有共同的理解

166. 一个关键项目的要求之一是产品的持续可追溯性，质量团队建议在制造过程中的每个步骤创建检查点。然而，这些检查点耗费了宝贵的时间和资源。项目经理应执行什么类型的分析来确定适当的检查点数量？（　　）

A. 备选方案分析

B. 成本效益分析

C. 帕累托图

D. 石川图

167. 新项目经理意识到项目团队和项目干系人并不清楚项目状态，他感到很困惑，因为已经每天都发送电子邮件给这两个群体。造成这种情况的原因是什么？（　　）

A. 团队成员收到太多电子邮件，无法一一阅读，因而错过一些重要的项目状态更新邮件

B. 沟通管理计划缺乏有关如何联系项目干系人和团队成员的详细介绍

C. 在项目干系人分析中没有明确如何识别项目干系人

D. 干系人管理计划定义不正确

168. 项目经理正在管理一个为期两年的市政工程项目，要满足客户的交付要求，项目经理必须与两家竞争对手合作。但两家公司为维护自身利益，都拒绝分享信息，结果项目进度延迟。项目经理接下来应该怎么做？（　　）

A. 开展干系人分析，以备高层审查

B. 与客户沟通，提出与各家公司开展团队建设活动

C. 向高层建议与各家公司开展团队建设活动

D. 制作 RACI 图表，澄清各家公司的角色和职责

169. 质量管理团队通知项目经理，在可交付物中发现了大规模缺陷，必须终止项目的所有后续工作。项目经理接下来应该怎么做？（　　）

A. 与团队会面审查可交付物的情况，并实施过程改进

B. 根据质量管理计划确定缺陷是否超出了误差范围

C. 将其登记为一个风险，并依据风险管理计划处理

D. 按照质量管理团队的要求开始对项目收尾，并通知干系人

170. 项目经理审查项目需求并与主题专家（SME）面谈。规划项目时，很明确并非所有需求都能满足。项目经理下一步应该怎么做？（　　）

A. 与关键干系人确认将满足哪些需求

B. 根据专家判断评价并排列需求的优先顺序

C. 为每个方案制订详细的计划

D. 要求项目团队协助

171. 为了节省一个项目的费用，公司管理层希望复制之前一个项目的需求。项目经理应使用什么工具或技术来制定项目需求？（　　）

A. 头脑风暴

B. 原型法

C. 标杆对照

D. 文件分析

172. 项目收尾时，项目经理审查上一个阶段的收尾信息，用来验证所有项目工

作是否完成。项目经理还需要做什么？（　　）

A. 集合团队，认可大家对项目付出的努力

B. 通知项目发起人项目已收尾

C. 在组织的过程资产中更新经验教训

D. 执行偏差分析

173. 质量经理发现一个重大绩效问题。解决问题之后，下一步应该怎么做？（　　）

A. 将该问题记录在问题日志中

B. 创建经验教训文件

C. 修订项目核对表

D. 更新绩效文件

174. 一个项目的项目经理被替换，新的项目经理识别到项目超出预算并落后于进度计划。新项目经理首先应该做什么？（　　）

A. 要求项目发起人增加预算并延长进度计划

B. 获得项目发起人的批准，重新组织团队

C. 减少项目范围以满足原始预算和进度计划

D. 识别改进领域和加强监督

175. 项目需要一批国外提供的关键设备，团队预计该设备将如期抵达。但在运输途中，突遇恶劣天气，设备可能无法按时抵达。该天气已被识别为一项风险，项目经理接下来应该怎么做？（　　）

A. 更新风险登记册，查阅并实施该风险的应对措施

B. 向变更控制委员会提交一项预防风险发生的变更请求

C. 联系运输公司，要求其采取措施，务必按时送达

D. 执行风险管理计划中的应急措施，以解决对项目进度的影响

176. 这是一个本地团队和远程团队合作执行的软件研发项目，远程团队请求将项目会议时间更改为在远程团队的工作时间内进行，然而该建议却遭到了本地团队成员的反对。项目经理接下来怎么做？（　　）

A. 安排一次所有各方都参加的团队会议，讨论确定一个合适的时间

B. 向发起人征求一个合适的时间

C. 接受远程团队的请求，并试运行一段时间

D. 拒绝远程团队的请求，因为这不符合沟通管理计划的安排

177. 项目经理为一次高风险采购举行投标人会议。在会议期间，一些潜在供应

商提出了项目经理无法回答的问题。获得这些问题的答案之后，项目经理下一步该怎么做？（　　）

A. 将问题答案包含进更新的采购工作说明书（SOW），并将其转发给所有潜在供应商

B. 向每个潜在供应商提供具体问题的答案

C. 与所有潜在供应商召开电话会议以提供答案

D. 邀请所有潜在供应商进行后续现场访问并提供答案

178. 项目经理负责的新能源电动车项目需要与外部供应商合作，供应商负责提供额外资源并完成关键项目任务。目前，双方正在协商合同条款。为了尽可能降低项目风险，项目经理应该选择什么类型的合同？（　　）

A. 成本补偿合同

B. 固定总价合同

C. 总价加激励费用合同

D. 工料合同

179. 为解决具有挑战性的客户请求，启动了一个项目，该项目必须在短时间内交付。项目经理应该怎么做以尽可能地提高项目的成功率？（　　）

A. 安排采购会议，加快采购

B. 将问题上报给项目发起人

C. 开始执行项目活动

D. 与团队一起制订详细计划

180. 在项目执行期间，一名团队成员识别到以前未被识别为项目干系人的职能经理提交了新需求。项目经理应该怎么做？（　　）

A. 与项目发起人开会，获得反馈

B. 启动整体变更控制过程

C. 对需求执行成本效益分析

D. 将该职能经理添加进沟通管理计划

○ 答案解析

1. 答案： A

　　解析： 要想减轻相关风险，需要先制定风险应对措施，通过各种规定的方式来减轻风险。A 选项为最佳答案。

2. 答案：A

解析：项目需要定期审查商业论证，才能保证项目的结果始终处于正确的方向。A 选项最正确。

3. 答案：A

解析：A 选项是第一步，首先要与关键干系人一起召开会议分析问题，然后再考虑具体的策略来解决问题。注意：PMP 考试题目里，特别要注意"先分析问题，再解决问题"的答题思路。

4. 答案：A

解析：沟通问题，与沟通管理计划相关。公司要使用新的沟通工具，对沟通计划有影响。不选 D 选项，"等待"不是积极主动的做法。

5. 答案：A

解析：集中办公是重要的敏捷原则。即使需求澄清了，也不代表需求后续不会改变。集中办公可以及时与客户交流需求和成果，因此应该坚持。B 选项是 A 选项无法做到的时候实施的手段。

6. 答案：A

解析：A 选项体现了干系人应该频繁参与项目，与团队经常在一起的敏捷思想。

7. 答案：D

解析：在敏捷合同中，必须考虑不断变化的需求和范围如何处理。因此 D 选项是敏捷合同中首先要考虑的因素。其他选项都不是敏捷合同中的考虑因素。

8. 答案：A

解析：根据预期货币价值计算公式可得：$-2.5 \times 30\% + 65 \times 70\% - 32 = 12.75$（万美元）。

9. 答案：B

解析：题目问事先应该做什么，A、C 选项是要解决项目的现状，不符合题目要求。项目规划工作未完成，则变更管理流程未制定或未确认，不能依据变更控制流程来处理，D 选项错误。

10. 答案：A

解析：找原因或根本原因，选鱼骨图（也叫因果图、石川图）。

11. 答案：B

解析：本题是项目干系人问题，用排除法，只有 B 选项为最佳答案，且干系人登记册和沟通管理计划与题干对应。

12. 答案：C

解析： 根据题干的要求，如果要制订进度计划就需要了解活动资源的需求。要想了解活动资源的需求，就需要获取活动清单。参考《PMBOK®指南》第 6 版 9.2 节，估算活动资源的输入有活动清单。而 D 选项无法满足题干关于制订进度计划的要求。

13. 答案：B

解析： 关键词：快速变化的环境，需求和范围难以事先定义，小的增量改进。上述特征与预测型、迭代型和增量型和适应型生命周期中的适用的项目特征相比，适应型比较合适。

14. 答案：C

解析： 作为敏捷项目的管理者，你不需要把管理计划作为单独的交付物来记录，相反，你可以依靠敏捷的工具和方法来管理突发的威胁和范围变更，最大限度地提高价值交付。A、B、D 选项都属于敏捷方法中的内容。

15. 答案：C

解析： 团队成员不能到现场工作，可以使用虚拟团队解决。

16. 答案：B

解析： 是否使用昂贵的测试程序，应根据测试成本和其收益的对比来决定，属于成本 - 效益分析。

17. 答案：B

解析： 项目已完成并运营无问题，应寻求对项目的正式验收。这是首先要完成的步骤，经协商无果再考虑其他途径。

18. 答案：A

解析： 产品路线图是敏捷的项目计划，而其他选项都不是计划。

19. 答案：A、E、F

解析： 用户故事是陈述需求的一种方式，通常使用以下格式：作为一个 < 角色 >，我想要 < 功能 / 目标 >，以便实现 < 商业收益 / 动机 >。

20. 答案：C

解析： 根据权力 / 利益方格，该干系人权力高、利益低，管理策略为令其满意。

21. 答案：C

解析： 首先确定题目描述的场景中，项目经理应该是乙方身份。从乙方的角度来讲，四个选项中，C 选项对于乙方来说风险最小。

22. 答案：A

解析：如果风险都发生了，概率就没有意义，不需要考虑了。风险发生，相应的代价是：天气需要 8 万元，材料节省 10 万元，人工需要 15 万元，8−10+15=13（万元）。

23. 答案：D

解析：收到变更请求后，CCB 要开会批准或否决变更，即群体决策技术。不选 A 选项，是因为 CCB 通常只做选择题，分析影响是项目经理的主要责任。

24. 答案：D

解析：敏捷项目欢迎变化。需要把这个请求提交给产品负责人，由他来决定如何处理这个请求。

25. 答案：D

解析：获得团队成员的承诺，一般是通过让团队成员在其负责的计划或任务书上签字确认。该活动多在开工会议上进行。B、E 选项直接将问题推给高层解决，是消极的表现，错误。C 选项未解决问题。

26. 答案：C、E

解析：与供应商就采购中某一情况或事实产生不同意见，合同是判断标准，应先审查合同，确认具体技术规范并据此验收。A 选项错误，在合同面前，买卖双方是平等的，一方不能强迫另一方。在双方就合同规定无法达成共识的时候才会选择 B 选项。如果双方意见无法达成一致，可申请 ADR 加以解决。

27. 答案：C

解析：评估项目的可行性，即对项目开展商业论证，以确认项目是否值得投资，C 选项正确。A 选项消极，项目经理不经过评估就将意见传达给发起人，错误。B 选项不符合项目经理的职业道德。D 选项在 C 选项之后进行。

28. 答案：C

解析：发生意外风险，应该动用管理储备以处理该风险。该风险在意料之外，无法提前预知，识别原因为无效的措施。应急储备针对已经识别的风险，A、B 选项错误。D 选项忽略风险，错误。动用管理储备需要获得高层批准，C 选项正确。

29. 答案：A

解析：要通过绩效审查查看供应商成本是否合理，因为已经超支了。项目经理可基于供应商的绩效问题对供应商进行采购绩效审查，判断供应商履约的好坏。

30. **答案**：D

   解析：敏捷团队需要通过合作来提升信任和凝聚力，所以 D 选项正确。其他几个选项都不是激励团队的方法。

31. **答案**：A

   解析：产品刚上线就出现性能问题，这明显是产品开发过程中留有问题隐患，属于技术债务，因此应该重视团队遗留的技术债务。

32. **答案**：D

   解析：发现问题，首先要确定问题的根本原因，D 选项为最佳答案。A 选项的错误在于，根据题干描述，问题已经产生，应该更新的是问题日志，而不是风险登记册。

33. **答案**：B

   解析：在敏捷项目中，产品负责人或客户负责确定产品待办事项列表的优先级，并保持优先级的更新。

34. **答案**：A

   解析：干系人参与度低，事先应制订干系人参与计划，要解决该问题需要审查干系人参与计划中的管理策略，A 选项正确。B 选项定位于当前问题如何解决，与题干不符，错误。C 选项的团建一般针对项目团队成员。D 选项不解决问题。

35. **答案**：D

   解析：关键词：职能式组织。在该组织结构下，资源归职能经理掌控。要获得资源，必须了解该资源的可用性，并得到其职能经理的同意。A、B、C 选项都绕过了职能经理。

36. **答案**：C

   解析：在项目生命周期内，项目经理应该持续审查项目的风险，A 选项错误。减少储备要基于具体风险，B 选项错误。C 选项符合项目管理的思路，即继续监控风险。

37. **答案**：B、D

   解析：当团队无法达成共识时，进行投票等集体决策可以帮助团队。敏捷教练可以主持一次团队会议以帮助团队。

38. **答案**：D

   解析：项目被提前终止，项目应该进入收尾阶段。C 与 D 选项相比，D 选项在前，C 选项在后，所以 D 选项更好。

39. 答案：D

解析： B 选项不是预防措施，是纠正措施，不符合题意。题干描述的是团队处于震荡阶段，通过团队建设能培养信任，预防冲突，D 选项为最佳答案。

40. 答案：A

解析： 敏捷期望并且欢迎对当前和未来的开发增量进行修改，敏捷的待办事项列表的内容会根据需求变更，由产品负责人和团队成员不断修改和调整。传统项目的变更管理方法确实与敏捷项目不同。因为在传统的项目中，需求的不确定性较小，我们可以更好地预先定义范围和计划工作，然后按计划工作，任何需求变更都将进入变更流程。

41. 答案：B

解析： 项目工作已经完成，干系人要求增加培训并提供系统支持，不应该走变更控制流程。最好的选择就是另立项目，把新提出的需求当成新项目来实施。

42. 答案：A。

解析： 项目具有渐近明细性，项目计划不是一步到位的，而是滚动式规划的。A 选项的说法最合适。

43. 答案：A

解析： 敏捷估算采用的是故事点估算，这是一种粗略估算，并且采取团队估算。

44. 答案：B

解析： 批准计划，需要采用交互式沟通，因为必须达成一致。B 选项最积极主动。

45. 答案：A

解析： 项目组织图以图形方式展示项目团队成员及其报告关系。基于项目的需要，项目组织图可以是正式或非正式的，非常详细或高度概括的。A 选项最准确。

46. 答案：C

解析： 职能经理反对项目目标，项目经理应按照干系人参与计划的管理策略与职能经理打交道，提高其参与度，降低其抵制度，C 选项正确。风险应记录在风险登记册而非风险管理计划中，A 选项错误。B 选项请求发起人干预，偏消极。

47. 答案：B

解析： 敏捷项目欢迎变化，需要把这个请求提交给产品负责人。

48. 答案： A

解析： 通过敏捷回顾会议，团队可以讨论和集思广益地分析及解决问题。直接要求团队做事不属于敏捷教练的行为准则。

49. 答案： D

解析： 题干中的问题在于沟通需求没有得到充分满足。要想满足沟通需求，需要更新沟通管理计划。

50. 答案： D

解析： 资源管理计划包括识别资源、获取资源、角色与职责等方面的内容。

51. 答案： C

解析： 在敏捷环境中，敏捷团队负责在项目执行过程中进行质量检查和验证工作，而不是项目经理。客户或用户只是负责验收和接受产品，不确保产品质量达标。

52. 答案： C

解析： 燃尽图向干系人展示项目的实际进度，发布计划只能知悉项目计划完成的时间。

53. 答案： D

解析： 正确答案是：计划扑克估算是用来确定计划中的每个用户故事的故事点数量，这是一种相对多少的粗略估算方法。

54. 答案： A

解析： 关键词：制约因素。对制约因素的新的判断要记录在假设日志中。B选项中制约因素不现实并不意味着变更。C选项是在A选项之后采取的措施。

55. 答案： A

解析： 迭代计划主要描述当前迭代需要完成的用户故事或分解后的工作任务。而 D 选项是发布计划的内容。迭代计划只包含当前迭代中的一系列工作，而 B 和 C 选项的工作，会在产品待办事项列表梳理会上进行。

56. 答案： D

解析： 技术债务一定要重视并且对其进行处理，应该将之视为需求，和用户故事一起排序，但不见得是最高优先级，或者独立出一个计划，因此 A 和 C 选项都不对。

57. 答案： C

解析： 敏捷中回顾会议是不可或缺的，可以通过总结经验教训改进今后的冲刺过程和冲刺成绩。

58. **答案**：C

   解析：敏捷转型应该结合企业环境及成功的敏捷实践，C 选项是正确的做法。敏捷转型的目的是获得更多的项目价值，而不是逃避责任，因此 A 选项不正确。即使按照题干的做法，B 和 D 选项也未必能够实现，因此 B 和 D 选项与题干无关。

59. **答案**：D

   解析：参考《PMBOK® 指南》第 6 版 1.3 节，项目的治理强调决策与控制，而管理强调执行和协调。D 选项更多属于项目管理层面的内容，而不属于项目治理的具体内容。

60. **答案**：D

   解析：团队迭代工作的速度不应受其他任何干系人影响。一旦干系人强迫团队提升速度，除了加班，团队还可能会通过改变估算结果，造成速度提升的假象，这都是不可取的做法。因此，敏捷项目经理必须让职能经理理解这种敏捷思想。

61. **答案**：C

   解析：题干要求回答进度安排的方式，而 A、D 选项是生命周期的类型，不符合题干要求。滚动式规划是一种迭代式的规划技术，即详细规划近期要完成的工作，同时在较高层级上粗略规划远期工作，因此 C 选项正确。若信息不够明确，工作包只能分解到已知的详细水平，因此 B 选项错误。

62. **答案**：C

   解析：团队出现沟通不畅时，项目经理应审查沟通管理计划，制定有效率、有效果的沟通方法。到底用推式还是交互式的沟通方法，应该按照沟通管理计划来确定。

63. **答案**：C

   解析：客户最关心的就是产品需求，因此应该提供产品的功能描述和优先级。

64. **答案**：B

   解析：敏捷项目中通常因为有太多的不确定性，无法预先准备一个详细的进度计划。因此，团队可以使用 T-shirt 估算法进行快速、粗略的估算，为开始工作提供计划。后期团队在整个项目中不断进行迭代细化。

65. **答案**：A

   解析：敏捷项目中，成本和时间是固定的，而范围可以根据优先级进行调整。

其他选项都是不好的办法。

66. 答案： C

解析： 质量审计的目的之一就是检查是否遵循公司规定的质量管理过程。

67. 答案： B

解析： 要求增加功能属于变更，要严格执行整体变更控制流程。

68. 答案： D

解析： 项目团队协作出现问题，应通过团队建设来预防其发生，D 选项正确。A 选项仅解决团队成员个人的问题，B 选项解决于个人能力不足问题，与题干描述不符。C 选项认为团队成员角色职责不清晰，题干未涉及，错误。E 选项针对现状提出解决方案，而题干问事先应该怎么做，不符合要求。

69. 答案： A

解析： 敏捷项目经理要让团队决策是否解决问题，而不是替团队做决定，更不应该只是通过管理手段，惩罚或者监控团队。

70. 答案： A

解析： 没有必要对这些结果感到担忧，敏捷团队的前几次冲刺通常波动很大，随后的冲刺速度稳定，就表示团队已经逐步适应了工作并走向正轨。

71. 答案： A

解析： 关键词：类似项目。类比估算是以过去类似项目的参数值为基础来估算未来项目的同类参数或指标。类比估算速度快、成本低，多用于项目早期进行估算，A 选项正确。自下而上的估算比较耗时，不符合要求。参数估算是指利用历史数据之间的统计关系和其他变量来估算成本，题干未涉及统计关系，故 B 与 C 选项错误。E 为陌生词汇。

72. 答案： A

解析： 培训属于预防成本。

73. 答案： B

解析： 对用户故事的澄清应该是产品负责人的工作，因此 B 选项最贴切。

74. 答案： A

解析： 敏捷团队的问题需要其自己解决，如果团队决定不解决，敏捷教练应该在回顾会议上把他的想法告知团队，然后由团队再次做决定。

75. 答案： B

解析： 需求跟踪矩阵是把产品需求从其来源连接到能满足需求的可交付物的

一种图，需求跟踪矩阵里面记录了如何跟踪可交付物的状态。

76. 答案：C

解析： 提升商业价值，包括有形的（资产）和无形的（品牌、口碑等）价值，是客户关注的最终目标。

77. 答案：C

解析： 项目发起人在项目交付后拒绝付款，说明没有进行正式验收，C 选项正确。利用排除法，A 选项是内部测试而非客户验收。B 选项是验收之后的动作。

78. 答案：D

解析： 题目中的风险是意料之外的，风险登记册中没有该风险的记录及应对措施，需要动用管理储备并制定权变措施，所以 B 选项错误，D 选项正确。应急储备只针对已知风险，所以 C 选项错误。

79. 答案：C

解析： 最好的答案是让团队重新评估本次迭代的工作量，并将未完成的工作重新在待办事项列表中规划。团队最好保持迭代周期的稳定，适当调整工作范围。

80. 答案：D

解析： 在这些答案中，项目进展的唯一跟踪工具是燃尽图。燃尽图将向干系人展示剩余的工作情况。

81. 答案：A

解析： 资源出现问题，应先分析问题再解决问题。A 选项是分析问题的最佳答案。资源平衡可以协调项目过程中出现的相关问题。资源日历是资源的提供的客观描述。

82. 答案：B

解析： 项目章程包含来源于商业文件中的相关项目信息，制定项目章程的输入里有商业文件。

83. 答案：D

解析： 资源管理计划中包含认可和奖励的相关规则。

84. 答案：D

解析： 识别主要原因，用帕累托图。帕累托图可以为缺陷排序，以便先解决主要的或关键的问题。

85. 答案：B

解析：潜在沟通渠道计算：干系人 32 名，沟通渠道 =32 × (32−1)/2=496 (个)。

86. 答案：C

解析：发现团队成员能力不足或缺少技能，基本围绕三个做法：培训、调整岗位、修改计划，其中培训是最积极的做法。A 选项为调整岗位，B 选项属于更换团队成员，C 选项为培训。

87. 答案：C

解析：集体决策是实现价值最大化的最佳方式。

88. 答案：A

解析：本题考查考生对敏捷环境下故事点的数量的理解。没有必要与其他团队比较故事点完成的多少，因为故事点是一个相对的衡量标准，如果团队的单位故事点规模相对比较大，则完成的故事点的数量当然会少，但是团队的工作速度并不低。

89. 答案：A

解析：敏捷优先考虑交付价值，但该价值的具体定义可能会在项目过程中发生变化。因此，最好是要求完成的交付物适合商业价值，而不是最初的需求说明书。

90. 答案：A

解析：这个场景考的是敏捷概念中的刺探，通过刺探尽快确定一个项目开发是否可行。如果一个有风险的项目不可行，最好尽快知道这一点，这样才能将资源重新分配给更有成效的工作。B 选项虽然也是正确的，但是没有 A 选项好。

91. 答案：B

解析：项目范围说明书包括产品范围描述、可交付物、验收标准、除外责任等内容。B 选项最准确。项目范围说明书的具体内容可以参阅《PMBOK® 指南》第 6 版 5.3 节的相关内容。

92. 答案：B

解析：风险登记册与风险管理计划是不同的两份文件。风险登记册是对风险的详细记录，风险管理计划则记录了如何管理风险。风险管理计划里有 RBS，记录风险的基本分类，便于以后识别具体的风险。

93. 答案：B

解析：A 和 D 选项先排除。按照风险控制流程，先做 B 选项识别风险，再考虑是否做 C 选项，因为 C 选项属于规划风险应对过程。有关风险管理的相关过程，可以参考《PMBOK® 指南》第 6 版第 11 章。

94. 答案：B

解析： 关键路径延迟代表项目进度落后，应该选择进度压缩的方法，如赶工或快速跟进。A 选项管理储备针对风险，不符合题干要求。B 选项为快速跟进。C 选项未提到假设的情景。D 选项没有必要计算。

95. 答案：A

解析： 排除法，团队中的不合作、不信任的问题，不要麻烦发起人。B、C、D 选项忽略了团队的冲突，只有 A 选项积极主动去解决问题。目前项目未结束，不能收尾，D 选项错误。

96. 答案：B

解析： 没有按照流程执行的变更、团队成员私自做的变更，都要补走变更流程。

97. 答案：D

解析： 缺乏必要的技能，首先应考虑通过培训的方式提升团队成员的能力。

98. 答案：D

解析： 题干关键词为确保潜在供应商都能明确了解项目的各项需求，考点为投标人会议。投标人会议的目的是保证所有潜在供应商对采购要求都有清晰且一致的理解。A、B 选项是正式开标后的动作，在 D 选项之后。

99. 答案：B

解析： 关键词为"有序组织、重大进展"，对应成熟阶段。

100. 答案：D

解析： 题目的核心问题是要不要创建 WBS。开展项目需要创建 WBS，这是规划工作的基础。A 选项类比估算，准确度低。E 选项寻求专家指导是可用的办法，但无法保证预算一定准确。

101. 答案：B

解析： 在敏捷实践中，知识分享是贯穿整个项目的。每日站会可以帮助团队成员分享信息，但它不是知识分享的主要活动。

102. 答案：D

解析： 作为敏捷团队的仆人式领导者，应该与开发人员私下讨论这个问题。在回顾会上向整个团队提出这个问题，应该是第二步。

103. 答案：C

解析：在这些选项中，只有 C 选项属于敏捷思想。

104. 答案：B

解析：定期举行回顾会议，可以使敏捷团队在工作进行中不断改进流程和生产力。C 选项不是最佳选项，可能会对团队的工作有一定干扰。A 和 D 选项都是传统项目管理的方法或工具。

105. 答案：C

解析：对于变更，首先应创建变更请求，分析变更，提交 CCB，然后由 CCB 确认批准或者否决变更。按照变更控制的步骤，C 选项应在提交 CCB 评审变更之前，其余选项都是在后。答案选 C。

106. 答案：C

解析：内部资源不足，可以分包给供应商。资源能力的评估及培训是项目经理的职责，不是人力资源部门的职责，D 选项不对。

107. 答案：C

解析：只有 C 选项的问题是与沟通有关的问题。沟通管理计划里记录了沟通需求、沟通渠道、沟通频率等与沟通有关的具体内容。

108. 答案：A

解析：项目日历及项目计划开展工作的时间，必须得到资源日历的支持，否则无法达到预定的项目进度，A 选项正确。B 选项是在 A 选项之后可能采取的措施。C、E 选项不符合职业道德。D 选项说法错误，项目计划需要关键干系人批准，而非所有团队成员的批准。

109. 答案：A

解析：干系人发生改变，需立即在干系人登记册中反映出来，A 选项正确。B、D 选项都在 A 选项之后。

110. 答案：C

解析：项目章程确定项目的成果标准以及目标，因此需要关键干系人的输入。缺少关键干系人的参与，项目章程就不完整，C 选项正确。A 和 D 选项在 C 选项之后才能考虑。B 选项忽略了关键干系人的参与，错误。

111. 答案：D

解析：为确保会议高效，必须设立会议规则，D 选项正确。题干问如何避免，A、B 选项都是直接处理问题，不符合题干要求。

112. 答案： A

解析： 敏捷团队用来与其他项目干系人分享其工作进展的工具包括看板。每日站会是在团队内部分享信息，不在团队外部。

113. 答案： B

解析： 团队成员目标一致，才能更好地自主工作，这是敏捷思想。其他选项都不是敏捷的方法，都属于传统管理做法。

114. 答案： B

解析： 最好的答案是 B 选项，体现了情商这个敏捷领导者必备的技能。敏捷方法强调集体决策，而不是依靠领导者独立做出决定。敏捷领导者允许团队成员之间的大多数冲突由直接参与的人解决，除非冲突升级。平衡项目干系人的不同需求主要是产品所有者或价值管理团队的责任，而不是项目经理的责任。

115. 答案： C

解析： 敏捷教练很重要的工作之一就是让团队免受打扰，因此 C 选项是最好的选项，比 A 选项更加有利于让发起人接受。

116. 答案： D

解析： 项目章程的批准，意味着项目的正式授权。D 选项最准确。

117. 答案： A

解析： 问题解决的步骤包括识别问题、定义问题、调查问题、分析问题、解决问题和检查解决效果。识别问题之后需要定义问题，将问题分解为可管理的小问题。

118. 答案： D

解析： 遇到问题，首先应该了解事实，然后根据事实去分析和解决问题。D 选项是先要进行的步骤。

119. 答案： B

解析： 交付最高价值的产品功能是敏捷项目中非常重要的核心思想，产品负责人必须理解并接受这个事实。

120. 答案： D

解析： 敏捷方法依赖产品负责人的反馈，因此必须使用互动性沟通方式。面对面的会议是最互动的沟通方式。C 选项描述的内容，如果向产品负责人解释，沟通效果没有 D 选项好。

121. 答案：C

　　解析：燃尽图顶线稳定向下移动时，意味着项目的工作量正在减少。如果速度太快，在大多数情况下都会存在问题，例如估算不准确。

122. 答案：D

　　解析：关键资源退休，需要考虑风险应对方案，D 选项为最佳答案。B 和 C 选项只是应对方案中的一种场景，应该先分析，再应对。D 选项在 B、C 选项之前。

123. 答案：B

　　解析：未知 – 未知风险的应对，需要制定权变措施。权变的执行需要走变更流程。B 选项为最佳答案。

124. 答案：A

　　解析：本题考查启动一个项目需要做的工作，即制定项目章程需要做什么。

125. 答案：C

　　解析：范围变更应该走变更控制流程。用排除法判断。C 选项为分析变更影响的动作，其他选项都比较消极。

126. 答案：A

　　解析：对于该问题，项目经理首先应通过私下沟通，了解原因，然后再制订解决方案。B、C 选项都回避了该问题，没有加以解决。

127. 答案：B

　　解析：沟通需要按照沟通管理计划来开展，如果时间不合适，需要重新协商并更新沟通管理计划。A 选项无法判断邮件是否为符合沟通管理计划的沟通方法，C 选项只强调了由项目经理安排，团队未参与，不如 B 选项合作意识强。D 选项不符合题干"及时沟通"的要求。

128. 答案：C

　　解析：每日站会除了要说出工作进展和工作计划之外，还要说出遇到的问题。通过提出问题，大家都清楚了问题所在，实现了可视化。但是在每日站会上不讨论问题，而应该另外创建会议讨论问题。

129. 答案：A

　　解析：对一个项目没有经验，意味着项目的需求是不确定的，符合敏捷项目的特点。可以采用原型法收集需求，不断请客户反馈，以应对不确定性。

130. 答案： A

解析： 在敏捷方法中，敏捷项目管理者应该通过指导和支持方式，引导团队自我承诺、自我组织，激发团队的积极性。

131. 答案： A

解析： 进行变更前要全面分析对各方的影响，相对来说，A 选项较其他选项更全面。

132. 答案： B

解析： 阶段已完成，结果已不需要改变了。发现了项目过程中的一个不正常现象（如绩效指标的不正常变化），可以研究分析其原因，并当成经验教训记录下来。

133. 答案： A

解析： 题干中的信息表明，项目当前进度落后，成本处于节省状态，可以增加资源赶工。

134. 答案： D

解析： 此题为"新任项目经理"问题，应制定项目章程并正式任命新项目经理。题干所提到的没有定义可交付物以及没有明确项目阶段，都是规划的工作，应在制定项目章程后。A、B、C、E 选项都在 D 选项之后才会发生。

135. 答案： D

解析： 关键词：过程改进。通过过程分析能定位测试过程中可以改进的环节，D 选项正确。B 选项涉及对过程的改进措施，在 D 选项之后进行。项目经理无权直接修改计划，C 选项错误。

136. 答案： C

解析： 团队出现沟通不畅，项目经理应审查沟通管理计划，制定有效率、有效果的沟通方法。A、B 选项重新汇报和书面汇报不一定符合沟通管理计划的规定。

137. 答案： D

解析： 根据进度计划图，项目共有 4 条路径：ABDE=33 天，ABDF=35 天，ACDE=34 天，ACDF=36 天。关键路径为 ACDF，活动 C 在关键路径上，所以项目将延期 3 天。

138. 答案： C

解析：C 选项指的是评审会，可以得到客户的反馈。其他选项都无法得到反馈。

139. **答案**：A

解析：A 选项是敏捷的团队估算，B 选项是传统项目估算，C 选项是用户故事优先级排序的方法。

140. **答案**：C

解析：敏捷的思想就是通过迭代产生产品增量，然后通过市场发布验证产品增量的价值。C 选项符合这个思想。

141. **答案**：B

解析：技术债务的解决是产品提升质量的重要手段之一，而其他几个选项都无法提升产品质量。

142. **答案**：B

解析：回顾会应让所有成员都参加，大家可以互相总结，共同进步。

143. **答案**：B

解析：实现质量指标，是质量管理计划的核心作用。B 选项为最佳答案。

144. **答案**：D

解析：制订计划采用共创、共同参与的方式，可以减少后期的风险。这是一种非常有效的风险处理方法，也是《PMBOK® 指南》倡导的一种理念。

145. **答案**：D

解析：项目经理的工作包括确定变更的优先级，在此阶段，不要分散团队成员的注意力，也不能因为项目处于执行阶段就拒绝变更。

146. **答案**：A

解析：关键词为"可能"，即制约因素蕴含着风险。项目经理应制定应对措施。B 选项缩小项目范围应走变更控制流程。D 选项制约因素是对项目执行有影响的限制性因素，项目经理无法修正，错误。

147. **答案**：A

解析：项目不符合国家的新政策而被叫停，项目重启后必须确认已符合该政策，而合规性的要求需要在项目启动时确认，A 选项正确。B 选项修订项目管理计划超出了项目经理权限，错误。C 选项对合规性的问题未加以确认，错误。D 选项只审查了规划的工作，不全面。

148. **答案**：D

解析：题目考查的是 TCPI 的计算，根据公式，TCPI=(BAC−EV)/(BAC−AC)
=（75−75×40%）/（75−50）=1.8。

149. 答案：C

解析：质量保证是有好处的，必须进行。团队成员有不正确认识，要影响、转变他们。C 选项是首先要做的，如果仍然有不同的意见，需要提供培训等，然后再考虑其他选项。

150. 答案：D

解析：审计工作是保证项目顺利完成的重要环节，应该予以重视，D 选项为最佳答案。

151. 答案：C

解析：MoSCoW 方法是给用户故事排序的一种方法，它将用户故事分为必须做的、应该做的、可以做的和暂时不做的。

152. 答案：C

解析：客户最关心的就是产品需求，因此通过 C 选项可以提升客户的满意度。B 和 D 选项都是传统管理的做法。

153. 答案：B

解析：敏捷环境中解决团队问题的最好方法是集体讨论和决策。敏捷项目的管理者应该允许团队成员自己做出技术决定，而不是替他们决定。

154. 答案：A

解析：当前项目状态：进度落后，成本节省。项目经理要解决进度落后的问题，赶工与快速跟进相比，此时赶工更优。高层关注项目进度，而非 CPI，B 选项错误。C 选项判断错误。即使要动用管理储备也应先获得批准，D 选项错误。

155. 答案：C

解析：排除法。项目范围说明书已经制定，但由于外部因素变化，范围需要调整。A 选项为直接移除，需走变更控制流程。B 选项忽略了政策限制。D 选项进口政策限制应纳入风险登记册而非风险管理计划。C 选项相对较好。

156. 答案：D

解析：本题考点为风险应对策略。题干描述的风险是机会而非威胁，选项中只有 D、E 是机会的应对策略。E 选项针对不影响本项目或超出项目经理权限的风险, 不符合题干情景。

157. 答案: B

解析: 敏捷团队向自组织团队发展的开始, 通常要求团队成员对项目目标达成共识, 愿意为项目付出。C 选项激励团队可以做, 但是 B 比 C 选项更要提前做。

158. 答案: D

解析: 遇到问题, 首先应私下沟通, 分析问题, 然后去解决问题。D 选项为最佳答案。

159. 答案: C

解析: "核实"是内部对正确性进行检查。对于可交付物, 应该先经过内部检查变成"核实的可交付物", 再经过外部验收变成"验收的可交付物"。C 选项正确。

160. 答案: A

解析: 控制图的横轴是时间, 可以描述趋势并进行相关分析。

161. 答案: C

解析: 团队参与, 用 RACI 矩阵查看角色与职责比较方便。D 选项更多强调对外部和内部干系人的识别。相对来说 C 选项最好。

162. 答案: A、D、E

解析: 进度落后应该选择进度压缩的方法, 如赶工或快速跟进。A、E 选项为赶工, D 选项为快速跟进。B 选项培训针对的是团队成员技能不足, 不符合题目要求。C 选项减少工作任务必须走变更控制流程。

163. 答案: A

解析: 电子邮件是推式沟通。

164. 答案: C

解析: 根据风险应对流程, 风险被识别之后需要先记入风险登记册, 即更新风险登记册。然后实施定性、定量分析, 再制定应对措施。C 选项正确。A 在 C 选项之后。

165. 答案: D

解析: 对项目愿景和目标的共同理解对于一个敏捷团队的成功至关重要。C 选项中, 虽然团队成员被授权解决自己的问题, 但这并不意味着其他团队成员不给予帮助, 敏捷负责人不提供任何支持。

166. 答案：B

解析：成本效益分析可以分析质量成本的投入与产出是否合适。

167. 答案：B

解析：题目描述项目过程中出现沟通问题，需要参考沟通管理计划。B 选项正确。

168. 答案：D

解析：由于存在利益上的冲突，竞争对手之间不会主动配合并分享信息。该问题无法通过团队建设来解决，只能制定规则，明确各自的角色和职责。干系人管理、团队管理都是项目经理的职责，不应该让高层介入。

169. 答案：A

解析：可交付物出现大量缺陷，必须对过程进行改进，从根本上加以解决。B 选项是针对单个质量缺陷而采取的措施，C 选项属于风险识别后的措施，本题问题已经发生，不用再识别风险。

170. 答案：B

解析：需求太多，需要进行优先级排序，以便定义项目的准确范围，进行范围管理。

171. 答案：C

解析：借鉴、参考之前的项目，更接近标杆对照（虽然不是完全一样的，但标杆对照是相对最正确的答案）。

172. 答案：C

解析：收尾需要完成成果移交、经验教训总结、文档归类、资源遣散等步骤，C 选项的内容属于收尾的重要内容，为最佳答案。

173. 答案：B

解析：偏差、问题解决之后，需要记录经验教训，以备后续项目使用。在问题出现时就需要将其记入问题日志，而非问题解决后才记入，A 选项错误。

174. 答案：D

解析：发现问题后，先分析问题，再采用不同的方法解决问题。D 选项为最佳答案。

175. 答案：A

解析：针对一个已识别的风险，风险登记册中已制定了应对措施。B 选项错误。风险应对措施记录在风险登记册而非风险管理计划中，D 选项错误。

176. 答案：A

解析：当团队成员意见不一致时，需要运用冲突解决办法让大家达成共识，A 选项正确。应平等考虑或对待不同时区的团队成员，C、D 选项错误。解决该问题是项目经理的责任，不要麻烦发起人，B 选项错误。

177. 答案：A

解析：本题考查的是投标人大会的公平原则，A 选项为最佳答案。

178. 答案：B

解析：对于买方而言，风险最小的合同是固定总价合同。

179. 答案：D

解析：与团队成员（核心成员）一起制订项目管理计划是良好的实践，这样可以减少相关的风险，并且起到团队共创的效果。D 选项为最佳答案。

180. 答案：B

解析：增加新需求属于范围变更的问题，应该执行整体变更流程。B 选项为最佳答案。